JN304191

貨幣と欲望

資本主義の精神解剖学

佐伯啓思

筑摩書房

目次

序章　市場主義に抗して　011
Ⅰ　グローバル化、情報化は「革命的」か　012／「失われた十年」の経験　016／資本主義の「精神解剖学」　022
Ⅱ　社会的価値の解体　027／倫理なき資本主義　030

第一章　重商主義者のつかの間の夢　039
Ⅰ　グローバル・エコノミーという怪獣　040／グローバル資本主義理解の難しさ　044／アダム・スミスの「大転換」　047
Ⅱ　貨幣の流通の意味　054／重商主義者の秘められた認識　059／重商主義の「表象的思考」　062

第二章　ジョン・ローと「資本主義」の発見　069

I　重商主義を越えた重商主義者　070／不本意な実験　073／貨幣金属説　078

II　二つの思考に隠された意味　080／ロック的秩序における貨幣　084／金銀の両義性　091／不確かなものへの渇望　093／資本主義の誕生　096

第三章　二人の「錬金術師」——ジョン・ローとニュートン　103

I　金銀の二重性　104／浮遊する存在　107／自己言及的システム　111／価値増殖システムの限界　116／貨幣という民主主義者　118／ローとスミスをつなぐもの　121

II　「最初の金本位主義者」ニュートン　123／自然哲学と錬金術的思考　128／千年王国運動　134／欲動と疚しさ　139

第四章　〈市民的資本主義〉と悪魔の貨幣——ウェーバーとプロテスタンティズム　151

I　賤民資本主義の精神　152／呪術からの解放?　158／救済の合理化　162／隠蔽された神

秘主義　167／罪の意識の希薄化　171
Ⅱ　欲望の抑圧と昇華　174／神の代理としての金銭愛　178
第五章　「罪の意識」と〈ユダヤ的資本主義〉――ウェーバー、ニーチェ、フロイト　189
Ⅰ　プロテスタントとユダヤを分かつもの　190／ユダヤ教の倫理の起源　194／略奪的資本主義を生んだもの　204
Ⅱ　ルサンチマンと良心の疚しさ　211／フロイトの「モーセ殺害説」　217／神経症と貨幣愛　223／資本主義と罪の意識　228
第六章　ユダヤ人と「余計なもの」――〈ユダヤ的資本主義〉から帝国主義へ　241
Ⅰ　ゾンバルトの議論の可能性　242／生活の合理化　244／市場経済活動と資本主義活動　248／ユダヤ人のパーリア性　252／ユダヤ人と資本主義の内的連関　255／「罪の意識」の交換　259

Ⅱ　資本主義が覆い隠したユダヤ性　263／「余計なもの」の二十世紀　268

第七章　「主体なき欲望」と貨幣――〈分裂症的資本主義〉の成立　281

Ⅰ　帝国主義的膨張をもたらしたもの　282／「根無し草性」と貨幣　285／「根」を失った過剰性　289／存在の空無を埋める消費　291／存在の不安　296／過剰な階級脱落者　299

Ⅱ　去勢がもたらすもの　304／自己という空無　310／ヴァーチャリティにおける分裂症　313／資本主義と分裂症的精神　318

第八章　「過剰」と「退屈」のグローバル資本主義　331

Ⅰ　「退屈」という魔物　332／資本主義と市場経済　338／「ライフスタイル」への還元　341／可能性を先送りする貨幣　345

Ⅱ　「過剰性」のパラドックス　350／ケインズの見た変換　355／過剰性を生み出す貨幣愛　358／欲望自体を追い求める欲望　362／資本主義からの脱落者　364／「確かなもの」の

必要　368
終章　「大地」と「世界」の抗争——結論的覚え書き　377
「作品」としての経済　378／「世界」と「大地」の抗争としての経済　387／「分裂症的資本主義」に抗する「文化」　397
補論　411
二つの経済原理——資本と労働　412／欲望と貨幣の増殖　414／自由主義と民主主義の分裂　416／グローバル資本主義の構造的矛盾　418／賢明な破局主義　422／歴史的理性の復権　424
あとがき　427
文庫版あとがき　433
解説　故郷の山河　三浦雅士　435

貨幣と欲望——資本主義の精神解剖学

序章　市場主義に抗して

I

グローバル化、情報化は「革命的」か

現代の経済は大きな転機にある。このことに異議を唱える者はまずはいないだろう。それどころか、この転機は、ただ経済構造の変化というだけでなく、もっと大規模な社会的な転換であり、人々の価値観や生活スタイルまで含めた歴史上の大転換である、とも言われる。一九八九年に「突如として」生じたソ連・東欧社会主義の崩壊、つまり冷戦の崩壊が、すでにその前から生じていた世界の地殻変化に決定的な方向性を与えた。世界経済の急速なグローバル化とIT革命と称される情報技術の展開が、世界規模での市場競争圧力を生み出したと言うのである。

確かに現代の経済もわれわれの社会生活も大きな変化を被りつつある。だがそれが一体どのような変化なのか。そしてどのような規模の変化なのか。そのことは決して明らかなわけではない。冷戦以降の「大転換説」を唱える者は、グローバルな規模での市場競争化と、これに結び付いた情報化が、あたかも世界全体をほぼ均質な市場と情報ネットワークで一体化するかのようなイメージをもって語る。これが楽天的に夢想された単なる未来イ

メージにとどまる限りは、別にさして問題とすることもないのだが、実際に九〇年代の日本で生じたのは、このイメージをもとに日本の経済構造を、ひいては日本の社会構造を、この世界的な規模のグローバル市場に向けて根底から変革すべきだという主張であった。日本型と呼ばれる経済システムがこのグローバル市場の中では機能しないと言うのである。

いわゆる「日本型」という限定詞を冠せられる我が国のさまざまな経済制度や慣行に今や多くの問題が生じていることは事実である。何らかの変革を要求されていることも間違いない。だとしても、それを「グローバル・スタンダード」と言われる世界的規模で形成されつつある市場競争システムに無条件で一致させよという主張はやはり無謀なものであろう。それぞれの国には、それぞれの歴史的なコンテクストで形成されてきた制度があるのだから、その文脈を無視して、「グローバル・スタンダード」へ向けて一気に改変するなどということはできるはずもないし、決して望ましいことでもない。ところが、コンテクストを無視した抽象的な「グローバル・スタンダード」というような奇妙なスローガンがほとんど何らの検討に付されることもなく唱えられたのは、「自由な市場経済は個人の公正な競争を促し、経済の効率を最大限に実現する」という「市場主義」の主張がほぼ全面的に受け入れられたからであった。こうして九〇年代の日本では、まさに「市場主義」が主導する経済構造改革論が世論を支配し、この世論の後押しを受けて、「改革」は最重要な政治的課題として政治・行政のレベルにまでもち上げられたのであった。

こうした市場主義、そして市場主義を打ち出した改革論には、明らかにいくつかの思い込みがあったと言わねばならない。第一に、「日本型経済構造」なるものは特異なものであって「世界」の標準からズレているという「日本特異論」の思い込み。第二に、日本を除く主要先進国はおしなべて、現下のグローバリズムや情報化を推進しており、日本はこれに乗り遅れているという「乗り遅れ論」の思い込み。第三に、グローバル化や情報化はいわば市場経済の新しい段階を切り拓くものだとする「楽観的未来論」の思い込みがあった。

だが、これらは決して確かな形で検証されたものではない。検証という言い方が強すぎるとしても、そもそもほとんど検討されたこともなければ議論された形跡すらもないのである。少し考えてみれば分かるが、構造改革論を主導してきたこの三つの前提は決して明らかなものではない、それどころか相当程度に疑わしいものであると言うべきであろう。

例えば、「日本経済特異論」は明らかに問題を含んでいると言わなければならない。絵に描いたような、個人の自由競争、公正な競争を理念としても掲げているのは、せいぜいアメリカぐらいのもので、そのアメリカでさえも、実態は決して自由な市場競争が支配しているとは言い難い。ましてヨーロッパ諸国となると、EUの中でさえイギリス、フランス、ドイツ、イタリア、スペインとそれぞれに異なった経済制度をもっていて、決して世界は一律に市場競争というグローバル・スタンダードなどというものによって支配されているわけではない。「特異」と言えば、それぞれの経済が「特異」な面をもっているのであって、決して日本経済の構造だけが特異なわけではないのである。

「乗り遅れ論」について言えば、この議論は当然第三の「楽観的未来論」を前提としている。それはグローバル化や情報化をいわば「革命的」な潮流だとし、その流れは不可避で、しかもそれはほぼ無条件に望ましい方向だと見なしている。だがこの前提は果たして正しいものだろうか。

グローバル化やIT革命（情報化）が産業社会の構造を大きく変えるという議論はしばしばなされる。この「グローバル・情報革命派」は次のように言う。この潮流は、経済構造を製造業つまりモノ作りから、情報・金融・サーヴィスへと移行させるであろう。その結果、製造業を中心にした産業社会は構造変化を不可避的に被るであろう。ケインズ政策や産業政策を軸にした国家と経済の密接な関係はもはや続かない。雇用の安定を図ってきた大企業組織やモノ作りの効率化のための安定した取引ネットワークもうまくはいかない。そして何よりも政府が行政的に市場を管理したり指導したりすることはもはやできない。なぜなら、金融はすでに国境を越えて国際化し、またインターネットが世界を覆うことによって情報・通信ももはや国境を越えてしまった。これまで、国家の管理のもとに置かれていた金融と情報・通信が国境を越えてしまったために、国家が広い意味で経済の外枠を定義し、それを支えてゆくというナショナル・エコノミーという観念はもはや無意味となりつつある。これが経済のグローバル化、情報革命の帰結である。「グローバル・情報革命派」はこのように言う。

確かに事態がその方向に進行していることは事実であろう。しかし、この議論の中心をなしている、国家管理を越えたグローバル化と情報化によって、もはや国家の役割は終わり、またナショナル・エコノミーの概念はほとんど無意味となった、という主張は果たして支持できるものなのであろうか。

「失われた十年」の経験

まず実際に生じたことは一体どういうことであったろうか。市場主義と改革論が乱舞したかに見える九〇年代は、しばしば「失われた十年」などと言われるが、この十年の経験とは何だったのだろうか。ここで詳論はできないが、日本にとってこの「失われた十年」である九〇年代に起きたことをざっと眺めただけで、われわれの目にまず飛び込んでくる光景は、一部で言われているような「国家の退場」どころか、グローバル化や情報化を前にした国家と国家の深刻な綱引きであり、利害の相互調整であったと言って間違いないだろう。

そもそも金融のグローバリズムとＩＴによる情報・通信化は明らかにアメリカが政策的に推進したものであった。八〇年代に生じた社会的混乱と製造業を中心とする競争力の低下、そして双子の赤字に強い危機感をもったアメリカは、製造業から金融・情報・サーヴィス部門へと産業の重心を移動し、市場競争の強化によって経済の立て直しを図ったのであった。そしてその結果が九〇年代の世界的規模でのグローバル化と情報化であった。ここでアメリカは金融と情報部門での比較優位を確立することで、再び経済的覇権を確立したかに見える。そして、この比較優位を世界規模に展開するために、アメリカは日本やアジア諸国に対して構造改革や市場競争化を強く迫ったのであった。

このアメリカの要求に対するアジア諸国の対応はさまざまである。正面から対決したマレーシアから、民主化に踏み出し大きく混乱したインドネシア、少なくとも表面上はIMF方式を受け入れた韓国までである。中国はいまだに態度は明確にせず、政治的統合と経済的開放を戦略的に融合させようとしている。ただ、確かに言えることは、ここには、アメリカが軸となって推進したグローバル化と情報化に対して、それぞれの国が、それぞれの国の事情（国内政治、社会構造、文化的風土など）に応じて、国益を追求しているということである。IMF方式を受け入れるにせよ、それを排斥するにせよ、明らかにそこには国益についての相当強固な判断があると言ってよいだろう。

ところが、日本はどうだろうか。九〇年代を覆った構造改革論は実に無邪気なものであった。アメリカから突き付けられた構造改革論をほとんど無条件の真理であるかのように受け入れたのである。市場競争は消費者のためになる、グローバリズムは経済の相互依存を強めて世界を平和にする、ＩＴ革命によるe－エコノミーは、透明で効率的で公正な市場を実現する、こうした論調が支配的となったのである。

しかし、ある意味で、それはいわば論調の表面だけだったとも言える。幸か不幸か、日本経済の実態は、構造改革要求にもかかわらず、この要求が全面的に受け入れられたわけではない。それどころか、皮肉なことに、構造改革路線に入る頃から経済は急速に悪化したのであった。そしてその中から、雇用の確保、景気の安定といったまさにナショナル・エコノミーの安定を政府に対して要求する声が高まってきたのである。しかもそれはアメリカからの要請でもあった。

このように見てみると、実際に九〇年代に生じたことは何であったのか。一方では確かに、グローバリズムや情報化は進展した。しかし、同時に、そのグローバリズムのさなかで、以前にもまして大きな課題となったことは、いかにして国民生活の安定や雇用の確保を実現するか、つまりナショナル・エコノミーを安定させるか、いかにして国益を確保するか、というまさに「国家の作用（work of nation）」だったのである。グローバリズムのさなかにあって、国家はそれぞれの国情にあった形で資本主義を後押ししたり、特定の市場を創出したり、また景気を調整したりというやり方で、経済をコントロールしようとしているのである。少し強い言い方をすれば、グローバリズムや情報化の中で、「新国家資本主義」とでも呼ぶべきものが進展していると言った方がよさそうにさえ見えるのだ。

少し考えてみれば分かることだが、そもそもグローバル化は、一方で、国家を越えた貨幣やモノの流れによって生み出されるのだが、それは別の言い方をすれば、まさに国家があるからこそ可能なのである。例えば、金融市場は今や急速に統合されつつある。外国為替市場はすでに最高度に統合された市場となっているし、八〇年代から九〇年代にかけての金融自由化、証券業務の自由化によって、債券市場も株式市場もかつてなく相互に結び付き合っている。投資家は世界の市場を見渡した国際分散投資を行っている。その意味では、明らかに、資本の移動はグローバルなものとなっている。だが、その移動をもたらす誘因は何かと言えば、それぞれの場所における経済事情の違いなのであり、この場合、それぞれの場所とは基本的に国家なのだ。最も高度に統合された外国為替市場においても、資金移動とは結局、各国の通貨の交換に他ならず、この交換はそれぞれの通貨価値の事情によって引き起こされる。そして通貨の価値の背後には国家が存在する。債券市場や株式市場についても同様だし、工場やオフィスの国境を越えた分散をねらう企業のグローバル戦略も、それぞれの国情の相違によって引き起こされている。つまり、金融グローバリズムによって生み出される利益は、実際にはまさに異質な国家が存在するという、多様な国民国家システムのゆえに可能となっていると言わねばならない。

このことは逆に、国家の側からすれば、グローバルな市場形成によって国家利益や国民経済の状態が大きく左右されることを意味していると言ってよい。言い換えれば国家はもはや、かつてのケインズ主義的景気調整と福祉政策によってナショナル・エコノミーを安定化するというだけではすまないのである。ある分野においては市場開放と規制緩和を行い、ある分野においては市場規制やリスク管理を行う、また、ある部門については積極的な産業政策や産業育成を行う（ある種のベンチャーについてもそうであろう）、こうした種類の政策が不可欠であり、この選択的な戦略性を実行できるためには、明確な国家ヴィジョンや社会のヴィジョンが提示されなければならないのだ。何らかの国家ヴィジョンに基づく選択的戦略性をうまく発揮できる国家だけがこのグローバル経済の時代に国益を確保し、国内経済をうまく運営できることとなる。

むろん、今日ではこうした国家的戦略性がまさにそのものとして露骨な形で正面から押し出されることは少ない。九〇年代のアメリカにしても、国益を正面から押し出すというよりも、透明で公正な競争という一見中立的とも見える市場イデオロギーによって他国に対して構造改革を説得したのであった。あるいはＩＭＦという国際機関を通じてアジアの市場化を推し進めた。そして国家間の利害の対立は、正面からの対立というよりは、Ｇ７、サミット、ＷＴＯといった国際会議や機関によって調整することが試みられたのである。

しかし、ここに大きな二つの課題があったことは間違いない。一つは、このグローバル経済の時代こそ、国家と国家の経済利害が、相互的に高まるとともに、他方では少なくとも潜在的には激しく対立しかねない、ということである。グローバルな競争は国家間の利益の競合をもたらすのである。国家間の相互依存と相互確執の両方が生じるのだ。それゆえに、それをいかに調停するかが重要な課題となる。

そして、第二に、ここで国境を越えて自由に利益機会を拡大しようとする市場の論理と、国民生活を支えようとする国家の論理（これはまた民主主義的な要請である）の間に、やはり潜在的な対立が生じる。往々にして市場的自由主義と、民主的な政治の要請が対立する理由もここにある。市場の自由主義は、規制緩和や市場開放を要請するであろう。だが他方で民主的な政治は、経済的機会の平等化や雇用の安定を要請するだろう。そして言うまでもなく近代の国民国家とは民主的な政治によって成り立っているのである。

近年の経済的グローバリズムをめぐる議論においては、もはや国家の役割をもち出すことは時代遅れである、もしくは時代錯誤であるといった論調が中心となっている。国家の役割が終わったとは言わないまでも、経済はますます脱国家化（denationalization）の方向へ向かっているという議論が支配的である。多国籍企業の登場、国際金融市場の展開、国際的な格付け機関やコンサルタントの登場、インターネットによる国境を越えた情報移動、WTOのような国際機関の形成、といった例を挙げれば確かに脱国家化の趨勢は否定できない(1)。

私はむろん、こうした傾向を否定しないが、しかし本質的に重要なことは、上で述べた意味での、新たな市場と国家の関係の時代に入りつつあるという認識であろう。まさに

「脱国家化（denationalization）」と「再国家化（renationalization）」が並行して進行していると言ってよいであろう。

資本主義の「精神解剖学」

だが、これは本当に「新しい」事態なのだろうか。そもそも、グローバリズムということそのものが「新しい」事態なのだろうか。

経済のグローバリズムは何もこの二十世紀の世紀末になっていきなり生じたものではない。確かに、戦後五十年ほどの冷戦体制の中では、自由主義世界の世界経済の枠組は比較的安定していた。少なくとも、ブレトンウッズ体制に支えられてきた七〇年代の前半までは、世界経済体制は、その内部に矛盾を含みながらも、比較的安定した制度的様式のもとに置かれており、それぞれの国家は、主として固有のケインズ主義政策、福祉政策、産業政策などを組み合わせてナショナル・エコノミーの安定と成長を達成してきた。この戦後経済システムからすれば、九〇年代に入ってからの世界経済の動きは新たな段階に入ったかのように見える。だが、もう少し長い歴史的な展望のもとで見ればどうだろうか。むしろ、ナショナル・エコノミーの枠組が安定していた冷戦期の約五十年の方が例外的だとさえ言えるのではなかろうか。

実際、資本主義経済の歴史とは、ほとんどグローバリズムと国家との間の抗争と依存の歴史だと言ってもよい。国境を越えて利潤機会を求めて拡張しようとする「資本」の論理と、国民生活の安定条件を保証するという国家の要請は根本的に対立する面をもっている。この対立は常に正面切って争われたわけではない。だが、潜在的であれ存在するこの対立が、経済についての二つの見方を形作ってきたと言うことはできよう。一定の場所からは容易に動くことのできない人間の生活を軸にして経済を理解するという見方が一方にあり、他方には、逆にグローバルな資本の動きから「国益」を見ようとする経済の見方がある。この二つの見方、あるいは二つのロジックが経済の歴史を貫いていると言ってもよい。

そして、おそらくいくつかの歴史状況の中で、この対立がきわめて鮮明に現れ出た時代というものをわれわれは見ることができる。例えば、まだ西欧で近代資本主義が成立し、急速な展開を見せ始める頃、十七、十八世紀がその一つである。新大陸からの金銀の流入と対アジア、新大陸貿易の拡大という事態を背景に、オランダ、イギリス、フランスを中心に急速な商業の展開が見られたのであり、これはまぎれもなくグローバリズムと称してしかるべきものであった。そして、このグローバリズムという現実に対して、重商主義と重農主義、さらには重商主義とアダム・スミスの経済学という二つの経済の見方が対立したのである。

グローバリズムが明瞭に問題となる次の時期は十九世紀後半から二十世紀初頭の第一次大戦までである。いわゆる帝国主義の時代であり、まさに帝国主義という名の経済的グローバリズムがこの時期を支配した。今日、マルクス、レーニン主義的な意味での帝国主義という呼称はあまり使われないし、マルクス主義的なレジームのもとでの帝国主義の理解はもはや適切なものではない。それに代わって、ロビンソンやギャラハの言う自由貿易帝国主義もしくは自由帝国主義なる観念が支配的となったが、彼らが「自由貿易帝国主義」と言ったときには、多くの場合ユダヤ的資本とも結び付いたイギリスの金融、大商業を中心としたグローバルなジェントルマン的金融資本に主導された経済を考えており、これはむしろ、イギリス国内の産業資本とはときには対立するものであった。ここにも、明らかに二つの経済の類型を見ることができるのである。

グローバルな金融と国内の産業の対立という構図は、第一次大戦後、一九二〇年代のイギリスが直面した課題でもあった。戦時経済の混乱と破壊された経済の立て直しという課題を抱えつつ、金本位制に復帰したイギリスが直面したのは、まさに、グローバルな資本の動きと、国内の雇用や産業の再建をいかにして調整するかという問題であった。ケインズが経済学者として活躍の舞台を与えられたのは、まさにこの課題に直面してのことである。二〇年代に書かれたケインズの経済評論は、ほとんど、このグローバリズムとナショナル・エコノミーの対立という問題を扱っていると言ってよい[2]。

ところが、この第一次大戦は、別の意味で、経済の構造を大きく変えるターニング・ポイントともなっている。というのも、第一次大戦を契機として、世界経済の中心はイギリスからアメリカへと移行したからである。そして、まさにアメリカ中心的なレジームのもとで、経済の中にある二つの類型、グローバル・エコノミーとナショナル・エコノミーの対立というモーメントは背後に退いたのである。このことはまた本書の以下の章で述べるが、戦後のわれわれにはほとんど自明であり所与のように見える。しかしアメリカを中心とした戦後の経済構造こそ、むしろ歴史的には特異なものであったと言うべきだろう。その意味では、今日のグローバリズムの潮流は、そしてそのもとでの国家間の確執は、決して目新しいことではなく、むしろそれこそが、経済の歴史を貫いている基本構造だと認識しておいた方がよい。歴史は再び回帰してきたのである。

本書の意図は、こうした認識を背景において、経済の二つの類型について論じようとするものだ。重商主義の意味、帝国主義という時代背景のもとでのマックス・ウェーバーとゾンバルトの対立、「ユダヤ資本主義」をどう理解するか、アメリカ資本主義の意味、こうした論点を展開しながら、経済を貫いている二つのモーメントの意味を探ろうと思う。ただそれは決して歴史的分析ではない。また経済学説の検討でもない。経済の歴史も経済学説もここでの関心の対象ではない。

では本書で私が試みようとすることは一体何なのか。それは強いて言えば、人間の根源的な欲望や精神の反映として経済なるものを理解するということに他ならない。だから多少々おおげさだが、本書の意図を、「資本主義の精神解剖学《サイコアナトミー》」とでも呼んでおきたい。経済を貫く二つの類型の奥底にあるものを「資本主義の精神心理」の産物とまでは言わなくとも、それと結び付いた何物かとして理解したいのである。

あるいは「資本主義の精神分析」とでも端的に言ってしまえばよいのだろうが、「精神分析」はもちろんすでに一つの分野として確立してしまっており、私は精神分析の専門家ではないので、この呼称を使うのは控えよう。だが、いずれにせよ、本書が関心をもつのは、資本主義を動かしている人間の心理の奥底にあるものである。

資本主義の拡張が常に人間の欲望の拡大を伴っている以上、人間の欲望を衝き動かしているものが何であるかを論じることは、資本主義理解には不可欠なはずであろう。だが一体、それをどのように論じればよいのか。経済学がこの役割を完全に放棄している以上、この問題の糸口は、経済学ではなく、むしろ精神分析や哲学、心理学といった方面に求めざるを得ないであろう。本書は、きわめて不完全であることを承知の上で、ある種の精神分析や哲学的議論の助けを借りてこの問題にアプローチしようと思う。

II

社会的価値の解体

だが、この「資本主義の精神解剖学」という本書の主題には実はもう一つ大きな意味がある。それを次のように述べてみよう。

最初に書いたように、九〇年代の金融・情報を中心とするグローバリズムの中で、日本経済はかつてない長期的な停滞を余儀なくされた。そして、この「失われた十年」と呼ばれる停滞の時代は、ただ「経済」の領域のみに限定されたことなのではない。この十年は、社会生活の次元で見ても、例えば、オウム事件、阪神大震災、神戸の小学生殺人事件、それに続くほとんど理由なき少年犯罪、女子高校生たちの援助交際、奇妙な擬似宗教の横行の時代でもあった。社会の秩序の基底が、少しずつ、しかし確実に崩壊しつつあるという感覚を抑えるのが難しいのである。それなりに確かな社会の価値観を前提とした、信頼をもった人間関係や社会システムが崩壊しつつあるようにも見える。

こうしたことは、数値で計測したり表現したりできるものではないがゆえに、どうしても印象論的な面を払拭できない。そのため議論の俎上に載せにくいことは事実であろう。だが、統計的に計測されないから重要でないなどということは決してない。むしろ、真に深刻なのは、決して統計的に数値化できない社会生活の基底にある変化、精神の中で生じている目に見えない変化なのである。

仮にそれを「社会的価値の解体」と呼んでおくと、この「社会的価値の解体」と九〇年代の経済の停滞は決して無関係ではないように思われる。一見したところこれは暴論に見えよう。私は、経済の停滞が、社会的価値の解体をもたらしつつあるなどと言おうとしているのではない。そうではなく、九〇年代に顕著となった経済のグローバリズム、金融・情報への経済のシフトという事実が、一国の社会的価値の解体や崩壊と無関係ではないと言いたいのである。だがこの場合、「無関係ではない」とはどういう意味だろうか。

九〇年代の社会的価値の解体という現象は、もとより、ただグローバリズムや金融経済への移行によってのみ説明されるものではあり得ない。そこには、戦後日本の五十年の歴史がいわば煮詰まったという日本独特の側面もあるだろう。戦後日本の民主主義、自由の観念、独特の集団主義、戦後教育の問題などが絡み合っていることは間違いない。そのことは私自身、別のところでも論じたし、また別に改めて論じたいと思う(3)。

だが、確かに言えることは、八〇年代から九〇年代へと至って、先進国においては、生活の必要という点で言えば、経済はもはや決定的な問題ではなくなったということである。絶対的な貧困というマルクス主義的なテーマはもちろん、先進国においては、人間が社会生活をしてゆく上での欠乏の感覚はもはや決定的な問題ではなくなってしまった。つまり、経済は本当は第一義的な問題ではなくなったのである。だがそれにもかかわらず、経済を成長させることこそがこの十年の決定的な課題となっているのである。

こういう世界の中で、一体、人間の欲望や欠乏感はどのような意味をもつのだろうか。

社会的規模での、生存や生活の必要に支えられた欲望や欠乏感はもはやほとんどあり得ない。にもかかわらず、経済を拡大させる欲望や欠乏は作り出されねばならないのである。明らかに、このことは人間の精神や人間欲望の創出に大きな変更を加えることになろうし、それは当然、社会的価値観の変化を生み出す。こうした条件の登場、つまり一言で言えば、経済活動そのものがいわば「過剰」な域にまで達してしまったという事実こそが、二十世紀末世界の本質的な条件なのである。

このように考えれば、経済のグローバル化や金融・情報へのシフトという経済的現実と、安定した価値の崩壊という社会的現実がおよそ無関係ではない、という本書の立場も多少は理解していただけるであろう。いやそれどころか、ほとんど強迫観念のように展開されるまでになった、九〇年代の資本主義のグローバルな拡張という経済現象は、ほとんど必然的にと言ってよいほど、ここで言う「社会的価値の解体」という社会・心理現象を随伴していると言ってよい。

これは、決して日本だけのことではないようで、日本とは対照的にかつてない「繁栄の十年」を謳歌したアメリカにおいても見られることのようである。経済の好調とは裏腹に、この十数年におけるアメリカの社会的価値の解体はすでに多くの者が指摘しているところである。家族の解体、地域コミュニティの解体、宗教倫理の解体、性道徳の崩壊、勤労倫理の崩壊、こうした「……の崩壊」というアメリカ保守主義者のお得意のテーマは七〇年代以降絶えず反復されてきたことではあるが、しかしもはや決して保守主義の決まり文句という領域のものではなくなってしまった。

倫理なき資本主義

興味深いことに九〇年代の後半になって、グローバル経済批判の書物がいくつか目につくようになってきた。しかも、注目しておきたいことだが、それらの多くの中心的論点は、グローバルな競争主義が、市場秩序の前提である社会的な価値を破壊してしまうという点に向けられているのである。イギリスの政治学者ジョン・グレイが書いた『グローバリズムという妄想（*False Dawn*）』（一九九八年）は、その意味での代表的な一冊だが、この中で、彼は、アングロ－アメリカ型の自由市場主義を強く批判している。彼の批判は次のようなものであった。市場はあくまで、それぞれの社会の価値や構造の中に「埋め込まれていて」初めて安定的に機能するものだが、アメリカ的市場主義の世界化は、それぞれの社会に基底的な価値や構造を崩壊させてしまい、結果としてそれは市場の秩序を破壊してしまう、と言うのである。

グレイの批判はしごくもっともなものである。「グローバル市場は最悪の資本主義をもたらす」という彼の議論のポイントは、グローバル市場が、市場経済が基礎づけられるはずの「根《グラウンド》」を失ってしまうという点にあるが、この指摘は重要なものと言わねばならない。そして、皮肉なことに、あるいは興味深いことに、このグレイの著書の表紙には、国際的なヘッジファンドの大御所であるジョージ・ソロスによる推薦の言葉が載せられているのである。ここでソロスは、「グローバル資本主義の不安定についてのすばらしい分析。世界経済の将来に関心をもつ者の必読書」などと述べているのだ。

むろん、ソロス自身が、まさにその金融グローバリズムの推進者でありながら、また、その金融グローバリズムの批判者であることはよく知られている。こうしたうさんくささはともかくとしても、重要なのは彼がグローバル市場を批判するポイントであって、『グローバル資本主義の危機（*The Crisis of Global Capitalism*）』（一九九八年）において、ソロスは、グローバル資本主義はそれぞれの社会の価値を破壊するとして批判しているのだ。「社会的価値観のない国は生き残ることはできない」のであり、社会的価値こそがコミュニティを可能にする。ところが市場主義はそのコミュニティを破壊してゆく。こうして「市場的価値」と「社会的価値」とは決定的に対立する、とソロスは述べる。

ソロスの議論が、分析的観点からして物足りなく、概念や論の立て方が曖昧だという批判はあり得るだろう。それは全くその通りだが、だからと言ってソロスの問題の重要性は決して減じるものではない。むしろ、注目すべきは、投機的なヘッジファンド・マネジャーの中心人物がこのようなことを書いていることの方なのである。

このソロスの議論のポイントは、立場も方法も全く異なるアメリカの経済学者G＆P・

デヴィッドソンが『文明社会の経済学（*Economics for a Civilized Society*）』（第二版、一九九六年）の中で「いかなる文明も直面する最大の危機は、国民が自分自身の文化や制度の価値を無視するときである」と書き付けている考えとも通底している。デヴィッドソンは、市場的な利己心に基づいた経済への過度の依存が「文明社会」の基底にある価値と公共心を破壊すると言うのである。重要なのは、「公民的価値《シヴィック・ヴァリュー》」を実現しようとする献身的な「公共心」を復興することだと言うのだ。

デヴィッドソンの書物の改訂版が出版されたのは一九九六年だが、その前後から、とりわけ九七年、九八年に生じたアジア経済危機、世界経済危機を背景として、九〇年代の後半には市場主義、グローバル資本主義に対する批判が登場するようになった。そしてそれらは、まさに市場主義やグローバル経済が、それぞれの国や地域の固有の価値を解体してゆくという点に向けられたのであった(4)。

明らかに、そこには、先進国に共通に進行している社会的価値の解体、道徳的規範の解体といった現象が影を落としている。既存の社会的価値の解体、地域コミュニティの解体、道徳的規範の解体といったことは、ある意味では繰り返し述べられてきたことで、一見するところ、いかにも保守的伝統主義もしくは権威主義の復古調に聞こえなくもない。実際、改革論者は、この保守的批判にたいして「守旧派」というレッテルを貼り、イデオロギー的に議論を封殺しようとしているし、左翼進歩派は、保守的ナショナリズムの復興というほとんど常套化した批判を繰り返している。

しかしこれらの批判は全く的外れである。今問題となっているのは、「守旧」でもなければ「ナショナリズムの復興」でもない。また、ここで課題となっていることは、ただ伝統的道徳の崩壊を嘆いて、その復興を唱えることでもないし、失われたコミュニティの復興を唱えることでもない。そうではなく、社会の基本的な秩序を解体する可能性をもったメカニズムそのものが問題となっているのである。上で私が「社会的価値の解体」と言ったとき、特に強い規範的議論を含んでいるわけではない。一つの事実を述べているに過ぎない。グローバルな市場主義が、それぞれの社会的文脈に即した社会的価値を崩壊に導くだろうという事実についての判断をまずは述べているのである。

問題は、この中で最小限の社会的価値はいかにして守られるのか、また何が解体されずに残るのか、という点にこそあるだろう。なぜなら、デヴィッドソンも言うように、確かにいかなる社会秩序も一切の共通価値や共通規範を解体してはあり得ないからである。ただ、何が残るにせよ、グローバルな市場主義と、共同社会を構成している社会的価値の間にはするどい確執や抗争が生じるだろう。だが最も困った事態は、この抗争が抗争として意識されずに、また議論の土俵に押し上げられることなく、いわばなし崩し的に何か重要なものを崩壊させてしまう場合である。グローバルな市場主義が、なし崩し的な「デ・ファクト」としていつの間にか侵入してしまい、それと連動しつつやがて社会的価値の崩壊が引き起こされてしまう、といった状態である。これは最悪であり、そして実際、この十年に我が国で起きたことはまさにこうしたことではなかったのだろうか。

本書で、私は、こうした現在のわれわれを取り囲んでいる状況を常に念頭に置いている。本書は現状分析の本ではないし、資本主義の現在について論じたものでもない。だが、「資本主義の精神解剖学」と言ったとき、まさに、グローバル資本主義のなし崩し的な拡大と、それと同時並行して進行している社会的価値や規律の崩壊、という事実が決して無関係なものではあり得ないという前提で書いているのである。「規律なき社会の資本主義」の特質をいかに理解するかがそのテーマだと言ってよいだろう。あるいは「倫理なき資本主義」と呼んでもよいかもしれない。そして言うまでもなく、それはマックス・ウェーバーのあのテーマ、資本主義と宗教的倫理というテーマを思い起こさせる。本書でも、宗教と資本主義というこのテーマについて、私なりの角度から論じている。宗教という観点からすれば、まさに現代の資本主義は「神なき倫理なき資本主義」と呼ぶべきものなのである。

（1）現代の経済のボーダーレス化、国家の役割の衰退について説いた、いささかジャーナリスティックな書物は次々と出版されているが、グローバル・エコノミーについてのまとまった分析を行った書物は案外少ない。K. Omae, *The End of the Nation State; The Rise of Regional Economies*, 1995 参照。

実際には国家の役割を認めつつ、その排他的主権性が限定され、多国籍企業や国際金融、国際機関などに部分的にとって代わられることをもって「国家の衰退」と見る者が多い。例えばサッセンは、いわゆるグローバル化の中で「国民国家の主権は脱中心化され、領土は脱国家化されてきた」と主張する。しかしサッセンの議論の興味深い点は、例えば、この場合に金融市場のグローバル化によって「脱国家化」されたのは、マンハッタンにある高度に専門化され機能化された金融的制度だけだ、という点を認識していることである。要するに、グローバル化と国民国家を正面から対立するものとして捉えることは間違っていると言うのである。実際、彼女が言うように、「多くのグローバルな過程が起こる戦略的空間は、しばしばナショナルである。グローバリゼーションに不可欠な新しい法形態が実施されるメカニズムは、しばしば国家制度の一部である。グローバルな規模で金融資本の超高速移動を可能とするインフラストラクチャーは、おのおのの国家の領域の中に作られる。私の考えでは、国民国家の位置が重要性を喪失することはありえない」と言えよう。ある意味で重要なことは、いわゆるグローバリゼーションに伴って、国家の中に、さまざまな形での超国家組織もしくは脱国家的活動が入り込んできていることであり、国家はそのようなものと折り合いを合わせる形で、その役割を再定義されなければならないのである。ただその場合、一方では、サッセンの述べるように、グローバリズムと国家を対立させることは不適切であるが、しかし、国家の中での「脱国家的活動」と国家に特有の役割の間に対立が生じることもまた事実であろう。例えば金融のグローバリズムと、貨幣を管理しようとする国民国家の政府や中央銀行の仕事は明らかに対立しかねないのである。S. Sassen, *Losing Control?; Sovereignty in an Age of Globalization*, 1996（サッセン『グローバリゼーションの時代』伊豫谷登士翁訳、平凡社、一九九九年）参照。

（2）ケインズが政府による公共政策の必要性を主張したのは、決して三〇年代の世界大恐慌に直面してのことではない。二〇年代を通じたイギリスの慢性的な失業の中で、ケインズは、イギリスの景気が回復しない理由を、金本位制復帰後のグローバル市場への資本流出に求めた。そして彼は、資本を国内で有効に循環させるために、政府によるパブリック・ファンドの管理とそれによる公共政策を説いたのであった。ケインズにとっては、金融グローバリズムと国内産業の発展の間には明確な齟齬があったということである。この点については、私の『ケインズの予言』(PHP新書、一九九九年)を参照。

(3) 社会の秩序の基底にあるものは、人間間の、そしてシステムに対する「信頼」と言ってよいだろう。両者の間に、直接の関係があるかどうかは別として、九〇年代には「経済改革」の掛け声の中で、日本の場合、経済の沈滞と、社会の秩序を組み立てている「信頼」の衰弱がともに進行した。この両面を見ることが重要だと思われる。私の『現代日本のリベラリズム』(講談社、一九九六年)、そしてできればその続編である『現代日本のイデオロギー』(講談社、一九九八年)も参照されたい。

また、同様な現象は決して日本だけのことではない。経済が好調のアメリカにおいても、社会秩序の根底である「信頼」が崩壊しつつある、という危機感はある程度広がっている。明確な統計的数値で表現できる経済的パフォーマンスは良好であるにもかかわらず、数値化できない、社会生活の次元での道徳観の衰退、コミュニティの衰弱、家族の信頼関係の崩壊といったことが流行しているという指摘は多い。近年のものでは、F. Fukuyama, *The Great Disruption*, 1999 (フクヤマ『「大崩壊」の時代』鈴木主税訳、早川書房、二〇〇〇年)がある。また少し前のものだが、C. Lasch, *The Revolt of the Elites; And the Betrayal of Democracy*, 1995 (ラッシュ『エリートの反逆』森下伸也訳、新曜社、一九九七年)。

(4) グローバリズムが、ある地域や国の固有の価値や文化に対立する可能性をもつ、という論点は重要なものであると同時に、多少、注意深く論じなければならない問題をはらんでいる。まずそもそもグローバリズムとは何かということをある程度明示的に定義しておかなければならない。本書はそこまで厳密なグローバリズム論を展開するものではないので、詳論は避けるが、少なくとも、グローバリズムと言われるものにもいくつかの側面があることを注意しておく必要はあろう。経済学者は通常、グローバリズムの語で、八〇年代あたりから生じた、世界的な金融自由化に基づく自由な国際金融市場の成立、国境を越えたインターネット経済、そして貿易財、人間（労働力）の高まりつつある自由な移動、企業の海外直接投資などの動きを総称する場合が多い。

一方、社会学者は、地球上の多様な場所での何らかの経験や出来事の接続、近接化のある種のやり方と見る。したがって、それは時間・空間の観念の近代的変化の延長上にあり、多くの場合、問題は、他の場所での経験（たとえ映像などを通したヴァーチャルなものであれ）が、ある場所のローカルな社会性、文化性にどのような影響を与えるかが議論の焦点になる。例えば、ギデンズは、グローバル化とは近代化の極限であり、それは、ある文化や様式を、その固有の場所から引き離す「脱－埋め込み」をもたらすと言う。またそれは、特定の場所性に依存しない「脱領土化」（モーレイ、ロビンズ）をもたらす。ここには、「場所はもはやわれわれのアイデンティティを支えるものではない」（モーレイ、ロビンズ）という認識がある。つまり、特定の場所に固着した文化はアイデンティティの基礎とはならないという認識である。トムリンソンは、こうした「文化の脱－埋め込み」や「脱領土化」の議論に依存しながらも、グローバリズムとローカルな文化を対立させる見方に異を唱える。トムリンソンは、「複合的結合」という概念を使いながら、地球上のある場所での出来事や活動が、他の場所での活動と複合的に結合した世界を、今日のグローバルな世界と考える。その結果、たとえ経済的なグローバリズムも、必ずしもローカルな文化と対立せず、「複合的に結合」してグローバルなものを含みもったローカリティを形成すると考えるのである。本書の最後にもまた少し述べるが、グローバリズムと場所性をもった文化との関係は一義的に単純化して述べることは難しい。

A. Giddens, *The Consequences of Modernity*, 1990（ギデンズ『近代とはいかなる時代か?』松尾精文・小幡正敏訳、而立書房、一九九三年）、J. Tomlinson, *Globalization and Culture*, 1999（トムリンソン『グローバリゼーション』片岡信訳、青土社、二〇〇〇年）、D. Morley, K. Robins, *Spaces of Identity: Global*

Media, Electronic Landscapes and Cultural Boundaries, 1995、M. Featherstone ed., *Global Culture; Nationalism, Globalization and Modernity*, 1990 などを参照。

第一章　重商主義者のつかの間の夢

I

グローバル・エコノミーという怪獣

「グローバル・エコノミー」という言葉が、二十世紀の世紀末から二十一世紀にかけて世界の経済構造を示すものとしてすっかり定着してしまった。かつては「帝国主義」と呼ばれ、また「世界資本主義」と呼ばれたような、経済の世界的な相互依存の体系が、今日では「グローバリズム」の語で呼ばれているのである。経済の世界的な相互依存そのものは何も今に始まったことではないが、「帝国主義」や「世界資本主義」が、いずれ資本主義経済はその内的矛盾によって崩壊し、社会主義に取って代わられるという図式を想定していたのに対して、「グローバリズム」という概念が置かれている文脈は、社会主義が崩壊した以後の世界なのである。その結果として、「グローバリズム」なる言葉を特徴づけるものは、まさに地球的一体化というほとんど無条件の楽天的イメージとなってしまった。もっともそれは、冷戦終結の勝利に沸き立つというたぐいの狂躁的楽観ではなく、誰もがその実態を知らないのに言葉だけが先行するという、なし崩しの楽天と言うべきであろう。社会主義という今世紀の巨大な実験が見事に失敗に終わり、その結果、「資本主義の崩壊」というマルクス主義の脅し文句に安眠をさまたげられる必要もなくなった九〇年代に、「資本の運動」が何一つ後ろめたさを感じることもなく、世界を闊歩しだした。「資本の運動」は、今日では世界をつなぐ平和の使者なのであって、世界を侵略するわけではない。恐慌や帝国主義は過ぎ去った悪夢であって、「資本」は世界の繁栄と平和を保証するだろう。こうした楽天的な「資本」に対する信頼、つまり新たに定義されるべき「資本主義」の現状に対して与えられた言葉が「グローバリズム」であった。

社会主義とマルクス主義の崩壊によって、「グローバリズム」の時代の資本主義に対する現実的な歯止めも思想的な歯止めもなくなってしまった今日、「グローバル・エコノミー」は、いわば無敵の怪獣となってますます太り続けている。それはやがて自分の大きさを三倍にした馬のように、自分の重さに耐え切れずに大地に転倒するかもしれない。いや転倒する大地があればまだよいのかもしれない。

いつどのような形で、そのような事態がやってくるのかは誰にも予想はつかないとは言え、「資本主義の無限の運動」である今日のグローバル・エコノミーが、その拡張の運動を調和裡に無限に続けてゆくとはどう見ても考えにくい。にもかかわらず、いかなる思想も、この無限拡張の運動に対する警鐘を鳴らすことも、この運動を原理的に批判することもできないでいる。アメリカ経済学（新古典派経済学）は、市場競争論や自由貿易論によって、この運動を後押しし、マルクス主義は沈黙したままである。環境主義は低開発国を納得させるだけの代案を出すことができず、従属理論はもはや有効性を失ってしまった。西欧の社会民主主義とケインズ主義が多少の抵抗を試みているものの、現実的勢力としてはどう見ても弱体である。

一体どうしてこのような事態に立ち至ったのであろうか。

そのことを論じることはまた、「グローバル・エコノミー」の本質をどのように見るかということにつながる。なぜなら、あらゆる経済学上の指向が、今日、グローバル資本主義を前にしてその有効性を決定的に喪失してしまったとするならば、それは、経済学の思考が根本的なところでグローバル資本主義の本質を捉え損なっているからに他ならないからだ。

むろん、このように言えば経済学者からの反論が矢継ぎ早に飛び出すだろう。新古典派経済学者は自由貿易論を展開したし、国際金融論はアセット・アプローチその他の理論を開発したし、現実問題としても、アメリカ経済学は、ロシアの市場経済への体制移行の理論的道具を提供し、またＩＭＦはアジア危機に対する処方を提供した、と。

だが国際経済学の理論は、決して今日のグローバル資本主義の分析枠として充分だとは考えにくいし、まさにそのアメリカ経済学の発想が、ロシア経済の破綻やアジア経済危機とは無関係ではないのである。市場の自由競争を唱える経済学は、例えば、一九七一年のニクソン・ショックによるブレトンウッズ体制の崩壊後の混乱を見ながら次のように述べた。為替市場に市場競争原理を導入すること、つまり変動相場制への移行や為替の自由化こそが為替市場を投機から守り、国内の金融政策の独立性を保証するだろう、と。そして、事実はどうだったか。まさに逆のことが生じた。為替市場は一層の投機に翻弄され、国内経済政策の独自性をもつことはもっと困難になったのである。

どうしてなのか。一つの理由は、変動相場制への移行によって、経済活動における為替市場そのものの役割がはるかに重要になったのであり、為替市場自体が大きな利益と損失を生み出す機構となったからである。そのために、利益を目指す投機的資本とリスクをヘッジするための資本が為替市場に流れ込む。こうして為替レートの動きはきわめて予測困難でかつ不安定となり、そのことが政策に影響を及ぼし、もしくは各国独自の政策を困難としたのである。つまり決して、自由な市場競争はそのまま予定調和的に作用するわけではない。

また一九九七年の夏のタイの通貨バーツの大暴落がアジア経済危機の引き金になったが、ではどうしてバーツは暴落したのか。経済学者は次のように説明する。バーツはドルと固定的にリンクされていたのであり、ここには市場原理が働いていなかった。だから、市場原理の作用しない、つまりバーツとドルの間に市場競争が存在しない為替市場が崩壊したのだ、と。

だが問題はそこにあったのではない。すでに八〇年代からタイはグローバルに自由化されたオフショア金融市場を創設し、自由に流動する資本を多量に取り入れていた。つまり海外とつながった資本市場は年々拡大していたのであり、むしろ、資本市場が拡大しすぎたことこそがタイ経済に潜在的な不安定性を与えていたのである。

そして九八年の日本の金融市場の自由化（ビッグバン）についても同様のことが言える。経済学者は、金融市場の自由化が資金フローの効率化を促し、経済発展に資すると言う。だが、実際に生じたことは、金融市場の自由化が、この市場への資金流入を促し、しかも投機的心理をあおって、ときとして世界的規模で金融的不安定性を引き起こすということであった。

グローバル資本主義理解の難しさ

こうして見ると、グローバル資本主義の「問題」と、経済学的な思考との間には大きな乖離があるように見える。それは分析方法が不充分だというようなレベルのことではなく、もっと基本的なものであり、容易には埋めることもできない溝のように見える。今日のグローバル資本主義を根底で特徴づけている問題は、為替市場や資本市場が自由競争的であるべきかどうか、といったこととは無関係なように思われる。いや、それどころか、為替市場や資本市場が自由競争的になればなるほどその問題は深刻になる、といった種類のことなのだ。金融の自由化や市場原理の導入などということで事態を解決できるようなわけではなく、むしろそのことが事態を一層難しくしかねない。市場原理の広範な拡張がますますグローバル資本主義に深い病巣を作り出してゆくのではないか、ということである。

この種の問題がいかなるものなのか、それが本書のテーマとなる。このことは以下で論じてゆきたいのだが、差し当たり言っておけば、私は、ここで「グローバル資本主義」という言葉を、主として「国境や特定の場所を越えて流動する資本の動きに主導されて自己拡張する経済」というぐらいの意味で使っておこう。

したがって、この定義だけからしてもいくつかの基本的なキー・コンセプトを取り出すことができよう。「資本（貨幣）の運動」、「欲望の拡張」、それに「脱国家の運動（脱大地化と呼んでおきたい）」、これらが「グローバル資本主義」を特徴づけるものだ。資本（貨幣）、欲望、脱大地化、この三者が、私にとってはグローバル資本主義を論じるキー・コンセプトとなる。それは、市場競争、自由貿易などで特徴づけられるインターナショナル・エコノミーとは異なっているし、また、需要・供給や価格メカニズムによって特徴づけられる市場経済とも異なっている。

そして、資本、欲望、脱大地化といった概念で論じられるであろう経済の理解が、経済学において論じられる市場経済論とはむしろ対照的なものであることは充分に予想のつくことであろう。なぜなら、市場の経済学においては、「資本」ではなく「実物財」が、「欲望」ではなく「効用」が、「大地（具体的な場所）」ではなく「市場の抽象的メカニズム」

こそが問題だからである。私には、グローバル資本主義の問題とは、こうした市場経済学の道具立てとはそもそも異なった概念によって理解されるべき問題だと思われる。だが、そうだとすれば、経済学はもともとここで言う「グローバル資本主義」を扱うには不適切だったのではなかろうか。経済学の思考は、本書で言うグローバリズムとは全く異なった部類の道具立てをもっていたのではなかったのか。もしそうだとすれば、今日のグローバル資本主義の時代に、われわれは全く間違った思考習慣を適用しようとしているのではないだろうか。だとすれば経済学の長い旅はもっぱら徒労の旅だったのだろうか。

少々挑発的に言えば、ここで言う「グローバル資本主義の問題」について言う限り、答えはイエスなのである。だからこそ、今日、経済学はその充分な影響力にもかかわらず、現代のグローバルな経済に関して決定的なヴィジョンを打ち出すこともできず、問題のありかを鮮明に論じることもできないのだ。

確かにわれわれは、金融理論をもち、国際経済学をもち、自由貿易論をもち、高度な市場理論をもっている。それらは強い参入障壁をつくって、経済学者というあの誇り高い専門家の独占物ともなっている。またわれわれはありあまる統計数字も駆使できる。各国経済制度の比較研究も、国際金融の実態も数量的に知ることはできる。だが、問題は、それらを足しあわせて「グローバル資本主義」について何か決定的なことが了解できるかといえばそうではないことだ。今日われわれが目にしている「グローバル資本主義」とはそれらを超えた何物かなのである。

われわれは、どのようにして（how）九七年のアジア危機は生じたのか、また九八年の世界的危機（それは事実「大恐慌手前」まで行った）に至ったのかを後から知ることはできる。だが、本当に知りたいことは、なぜ（why）グローバル資本主義においてそのようなことが起きるか、ということだ。言い換えれば、グローバル資本主義はいかに（how）作用しているかではなく、それは何か（what）ということである。問題は経済学ではなく思想の次元にある。

だが経済学は、その意味でどうして有効でなくなったのだろうか。そもそも最初からそのような問題を抱えていたのだろうか。まずは、そのことを論じておこう。(1)

アダム・スミスの「大転換」

言うまでもなく、経済学の歴史の入り口にはアダム・スミスが立っている。スミスが、市場経済の体系的な把握を可能とし、彼が市場メカニズムの最初の発見者であり、また自由貿易論の提唱者である、という共通理解ができている。端的に言えば、グローバルで普遍的な市場主義の最初の提唱者はスミスである、ということだ。

だが、アダム・スミスとは一体何者であったのか。本当のところ彼は一体、何を主張しようとしたのか、それを論じることはそれほど容易ではない。今日の市場原理のメガネをかけて『国富論』を読めば、われわれはそこに生成途上の市場論を、いまだ不完全な市場メカニズムの発見過程を見出すことも可能であろう。しかし、一度そのメガネを外せば、大きく異なったスミス像が浮き上がってくることもまた事実である。そのような解釈の試みを、私は別の書物で行ったのでここでは繰り返さない。関心のある読者は『アダム・スミスの誤算——幻想のグローバル資本主義（上）』（PHP新書）を参照していただきたい。今ここでスミスを引き合いに出したのは、スミスが市場経済の認識を思想史の前景にまでもち出したときに、一体、いかなることが生じたのか、もっと言えば、何が後景へ退いたのかを明らかにしておきたかったからである。

言うまでもなくスミスは重商主義を攻撃した。このことを今日われわれは次のように理解している。スミスが批判したのは、外国貿易を管理して国富の増進を図る一国中心的な保護主義的政策であり、これに代えてスミスは、自由放任的な市場と自由な貿易を唱えたのだ、と。

では、スミスはどのようにこの種の転換を行ったのか。それは「富」の観念の相違による。重商主義においては「富」は貨幣つまり金銀と等置されていたのに対して、スミスはこの重商主義者の幻影を打破して、「富」とは日常品であり労働生産物であると考えたからである。金属貨幣の幻影に惑わされた重商主義の蒙昧を、スミスは合理的で冷静な目で打ち砕いたという。これが大方の理解だ。

だが、このすでに広範に受け入れられている言い方を管見しただけでも、いくつかの疑問が生じてくるのではないだろうか。例えばここでは次のように言われている。重商主義は外国貿易を管理することによって国富を増進しようとした。しかしスミスは労働生産物こそが国富の基礎だと見なした。

確かに、ここには両者の大きな認識の相違がある。だがこの認識の相違はどちらが正しくてどちらが間違っているという評定を要する種類のものではなく、両者が想定している経済の「現実」の相違を示しているのではなかろうか。スミスが書いた十八世紀中葉のイギリスはまだ二百年にわたって続いてきた重商主義政策が支配的な時代であった。ということは両者の間には、時代的な共時性はあった。だが、その同じ時代を前にして、問題としていた「現実」は相当異なったものだったのではないだろうか。

重商主義はまず国富の問題を外国貿易から始めているのである。言い換えれば、そこでは、国境を越えて移動する諸財貨と、これと交換される金銀の国境を越えた動きという「グローバルな現実」が前提とされている。この「グローバルな現実」の中で、重商主義は貿易の管理という一国中心的な経済政策を説くのである。確かに重商主義の政策は一国主義的で閉鎖的なものに見えるが、この政策を帰結する前提となっている現実はあくまで「グローバルな経済」であった。

一方、スミスはどうか。彼は、「富」を労働生産物と見なした。ということは、富の基礎はあくまで国内経済にあるということだ。「グローバルな経済」はここでは想定されていないのである。少なくとも議論の前提としてはそうである。結果として、スミスは自由貿易という一見したところ「グローバリズム」へと直結するかのような結論に到達はするものの、経済の基本認識はあくまで一国の国内経済から出発する。一つの国の労働生産物こそがその国の富であった。外国との関係つまり「グローバリズム」とのかかわりはあくまで最後の段階で生じるのである。富はまずは国内の生産から始まる。国内の土地が改良され、次に国内の製造業が発展し、最後に外国貿易が起こる。ここに「事物の自然な順序」がある、とスミスは言うのだ。

　もしそうだとするならば、真に「グローバルな経済」を問題にしていたのは、果たしてスミスなのか、重商主義者だったのか、一体どちらであろうか。答えは明白であるように思われる。「グローバリズム」という現実に直面していたのは重商主義者だったのである。だからこそ彼らはその「グローバリズム」という現実に依拠し、あるいは振り回され、その中でいかに富を確保するかという速効性のある状況論的回答を求めたのであった。重商主義政策のもつ一国主義的な外観に欺かれてはならない。それはここではさしたる重要性はもたないのである。特記しておくべきことは、いかに一国主義的な帰結に到達したにしても、重商主義者たちの関心はあくまで「グローバルな経済」のさなかにおける国富の確保にあったということだ。

とするならば、スミスによる重商主義の否定も、通常考えられているよりもはるかに大きな意味をもっていたのではないだろうか。彼は、ただ、自由貿易という「国際主義」の観点から、重商主義の「国内主義」を批判したのではない。この外観にだまされてはならない。むしろ逆である。スミスは、「グローバリズム」に翻弄される重商主義を批判し、まずは「国内主義」から出発すべきことを述べたのであった。富は金銀にあり、とする重商主義の思考から、富は労働生産物にありとするスミスの思考への転換は、明らかに国富の基盤を「グローバルな経済」から「ナショナルな経済」へ置き換えようという意図を含んでいる。それはただ、金銀に目をくらまされた重商主義者の迷妄を批判するというようなことではない。

スミスは、重商主義が国富の基礎をその上に見出そうとしていた「グローバル・エコノミー」という現実そのものを批判していたのであった。「グローバル・エコノミー」の中で外国貿易から富の蓄積を始めることは「事物の自然な順序」ではないのである。「グローバル・エコノミー」という現実そのものが、重商主義という長年にわたる誤った政策の帰結に他ならない。「ヨーロッパの近代諸国家のすべてにおいて、事物の順序は全く転倒されてきたのである」(『国富論』第四巻)。だからこそスミスは重商主義を批判した。彼が批判もしくは否認したかったものは、国内の土地や労働の生産性の向上を一切もたらすことのない「グローバル・エコノミー」の展開そのものであった、と見ることは決して的外れではないだろう。

スミスが企てた「大転換」は、したがって、ただ啓蒙主義者らしく、重商主義のもつ蒙昧や非合理を批判したなどというレベルのものではない。それは当時の「順序が転倒された」ヨーロッパ経済それ自体の大転換でなければならなかった。そして自由主義的な政策が、この大転換を可能として「事物の自然の順序」を実現し、「グローバル・エコノミー」の展開という誤った秩序を是正するだろう。市場経済は、国内の生産基盤をまずは確かなものとし、その上で外国貿易によって利益を得るだろう。これが正しい「秩序」なのだ。スミスが企てたことは、イギリス経済を、ひいてはヨーロッパ経済を、グローバリズムという間違った現実から救い出し、正しい秩序の上に引き戻すことであった。

だが、この企ての中で、決定的なことが生じたのである。それは「グローバル・エコノミー」という「現実」と、それを否認することによって成り立った経済学の間に決定的な溝が生まれたということだ。十七世紀の経済も十八世紀のそれも、そしてスミス、リカード流の自由主義ドクトリンを受け入れたと言われる十九世紀のイギリス経済さえも、常に基本構造として「グローバル・エコノミー」という「現実」をもっていたのである。スミス的に言えば、資本主義の発達はひたすら「転倒」し続けてきた。

だがもしそうだとすれば、われわれは次のように問うこともできたはずである。「事物の自然の秩序」というスミスの発想こそがスミスの自然神学的偏向の産物に過ぎないのではないか、そもそも「事物の自然な秩序」などどこにもないのではないか、と。これは考慮に値する問いであった。だが誰もその問いを発したものはない。

その結果「正しい秩序」を記述する経済学は、重商主義が直面したグローバル・エコノミーという現実から目を背けてしまったわけである。「グローバル・エコノミー」の現実は、経済学の中では、重商主義という誤った体系とともに葬り去られた。しかも、スミスの経済学が重商主義の「国内主義」を「国際主義」へと転換した、という誤った外観のおかげで、「グローバル・エコノミー」という現実はほぼ経済学の世界からは放擲《ほうてき》されたと言ってよい。重商主義が問題にしたことは、経済学の認識の中ではあたかも消しゴムで消し去るかのように消されていった(2)。

大事なのは、重商主義のパンフレットが記している政策や経済の論理ではない。それが問題としようとしたことが何であったかということだ。重商主義の「経済理論」(仮にそういうものがあるとして)が、理論として不完全だとか誤っていたということは問題なのではない。問題は、いかなる現実の中で、彼らは何を問題にしようとしていたのか、ということであり、まさにその問題意識こそが、スミスによる「大転換」の中で忘れ去られていったものなのである。

II

貨幣の流通の意味

さてここまでくれば、重商主義が問題にしたのはいかなることだったのかを論じないわけにはいかないだろう。それを私は次のように述べてみたい。

重商主義の時代とはおおよそ十六世紀から十八世紀にかけての二、三百年を言うが、この時代の経済史の詳細は別としても、一見して顕著なことは、ヨーロッパ全体の経済活動の急速な展開と相互の緊密化であり、しかも経済の展開と不可分な国家の盛衰である。この二、三百年の間に、ヨーロッパの大国は、ポルトガルからスペイン、そしてオランダ、さらにフランスとイギリスの勢力争い、最終的にはイギリスの覇権へと推移する。そしてこうした覇権的国家の推移は、まぎれもなくそれぞれの国家の経済発展と不可分であった。そしてこのことは、われわれに二つのことを示している。

第一に、一方で都市や都市同盟を軸とし、他方で局地的な半ば自給自足的な経済圏をもち、それをつないでいた中世末期から近世にかけてのヨーロッパの経済構造に、十六世紀以来、大規模な構造変化が生じ、そのことがヨーロッパの経済に大きな刺激を与えた。

第二におそらくそのこととは無関係ではなく、「国家の経済」と「国家を越えた経済」という分節が生み出されていった。言い換えれば、この二、三百年がまた、ヨーロッパにおける最初の国民国家の形成期であり、またナショナリズムの誕生期であった。そしてこの事実は、経済の展開を引き起こした原因と無関係ではないだろう、ということである。

十六世紀にヨーロッパに経済発展を起こさせる一つのしかも重要なきっかけを与えたものは何か。それは言うまでもなく、その世紀の少し前に生じた地理上の発見であり、とりわけ新大陸からの金銀のヨーロッパへの流入であった。金銀の流入がヨーロッパ経済の展開にどれほどのインパクトをもったかは必ずしも定説はなく、学者によってはそれを過大評価することを避けようとする者もあるが、金銀の流入が、アジアとの交易経路の開発とともに、ヨーロッパのいわゆる商業革命を引き起こした条件となったことは認める他ない。実際、金銀の流入とアジア交易の拡大は対をなした補完的な事象であった。香辛料や絹、陶器などのアジアから輸入される物産の対価として金銀、とりわけ銀貨を支払う以外になかったヨーロッパは、新大陸からの金銀の流入によって初めて大規模なアジア交易を可能としたのであり、またアジアの物産への強い志向がヨーロッパへの金銀の流入を促したとも言えよう。

金銀の流通によるヨーロッパ内部の交易あるいはイスラム商人との東方交易はすでに中世以来行われており、国境を越えた経済活動そのものは何も十六世紀に始まったわけではない。しかし、ヨーロッパで産出される金銀はいずれにせよ限界があった。信用つまり為替手形が貨幣流通の代用をしていたと言ってもその規模も限られている。そこへ流入してきた金銀は、ブローデルの言い方を借りれば、ヨーロッパ人にその資力を越えた贅沢な生活を可能とし、また貯蓄を超えた投資を可能としたのであった。

いわばヨーロッパは新大陸に対して出超だったのである。しかし、それはどういう意味で出超だったのか。実際には、ヨーロッパにもち運ばれた金銀は半ば略奪によるものだったし、もう少しましだとしても奴隷的労働によって採掘されたものであった。だからヨーロッパは貿易差額を稼いだわけではない。ただ金銀をもち込んだだけであった。言い換えれば、ヨーロッパに対し、金銀はあたかも神の贈り物であるかのように、外部世界から届けられたわけである。この資本主義の発達の「最初の暴力」あるいは「最初の略奪」の記録を、例えば、われわれはラス・カサスの『インディオの虐殺に関する簡潔な報告』に見ることができるが、実際に生じた血みどろの世界はむろん「簡潔な」虐殺などというものではなかった。

そしてこの「外部」から導入された金銀という貨幣の流通は一体どういうことを意味しているのだろうか。

ヨーロッパ資本主義の発展が、もっぱらこの「外部」から導入された金銀という「最初の暴力」によって開始されたという見方は間違っている。ウォーラーステインやブローデルが述べているように、すでにヨーロッパには「地域経済圏」を越えた交易の広がりがあったからだ。少なくとも、地中海を中心とし、ヴェネチア、ジェノヴァなどの商人を中心とする地中海交易圏と、バルト海からドイツや中欧までを結ぶハンザ同盟都市商人を軸にする交易圏があり、その背後にはポーランドなどの東欧の商業地域があった。これらを結ぶ国境を越えたヨーロッパ規模でのグローバルな経済活動は充分に活発であった。

しかし、十六世紀の金銀の導入、アジア、新大陸との交易の開始は、これらの比較的秩序だって棲み分けられていた交易組織をいったん打ち壊し、遠方の大規模交易をも含めた経済構造の再編成を不可避とした。確かに数量の上では、ヨーロッパ内部での交易、それも農産物や材木の取引が圧倒的に多いものの、利益率と社会に対する影響という点で言えば、奢侈品を主とするアジア、新大陸交易が決定的な意味をもっていたことは否定できない。また主として銀を支払い手段とするヨーロッパ内部の交易そのものも、「外部」からもたらされた金銀によって刺激されたのである。

こうして、金銀を決定的な触媒として、ヨーロッパ内部で経済システムの再編が行われ、この再編は差し当たり、国民国家を単位とする経済と、それを超えた超国家的経済の二重構造をもたらすものであり、ウォーラーステインの言い方を借りれば、ヨーロッパそのものが一つの「世界経済」の様相を帯びるようになったのである。

この中で、ヨーロッパの外部からもたらされた金銀の再分配が行われたと言ってよい。

金銀は典型的な国際商品であり、金銀から鋳造される貨幣は国境を越えた「グローバル」な商品であった。そして、このグローバルな国際商品をヨーロッパの強国の間でいかに配分するかが、この時代の重商主義政策を導いたのであった。

それゆえ、重商主義が富を金銀と同一視したという言い方は正しくない。また、ただ貿易差額を稼ぐ(そのために輸出を伸ばして輸入を抑える)ことが彼らの政策とされたわけではない。これは、重商主義の典型的なパンフレットと言われているイギリス東インド会社の重役であったトーマス・マンの『外国貿易によるイングランドの財宝』(一六六四年)を一瞥するだけで明らかだ。彼は次のように述べているのである。

確かに国が富を増進するには原則がある。それは「年々、我々が消費する外国商品の価値額よりもなお多く外国人に販売すべし、ということである」。つまり貿易差額を稼ぐことだ。だが彼は、やみくもに輸入を抑え、金銀の流出を抑えるべきではない、と言う。それどころかまずは輸入を増やす(つまり貨幣を輸出する)べきだと言う。それによって貿易が活発となり、貿易が活発となればやがて輸出が増加し貨幣は増加する。「それゆえ、活発な貿易を作り出すものは、我が国の貨幣を国内にひきとどめることではなく、我が国の商品に対する諸外国の必要と、諸外国の商品の消費を生ぜしめるところの我が国の需要、これである(3)」。重要なことは、貨幣を流通させることであり、財宝として蓄積したり保有したりすることではない。貨幣を国際的に流通させることによって貿易は増加し、そのことが国富を増進させるというのである。これは理にかなったことだ。

重商主義者の秘められた認識

では、重商主義のキャッチフレーズとも言うべきあの命題、「一国の富は貨幣つまり金銀にあり」は一体何を意味しているのだろうか。それはスミスが述べたようにただの幻影であり、錯覚であったのだろうか。

この命題を、スミスの立てた命題「一国の富は労働生産物にあり」と比較してみよう。確かに、われわれは貨幣そのものによって生活するわけではなく、労働によって生産された日用品によって生活する。だからスミスの命題の方が合理的であることは明らかであるように見える。だが、それは必ずしも正しくない。この両者の間には、経済を理解する視点として思いの外重要な相違が横たわっている。

重商主義者はむろん、貨幣そのものを富だとしたわけではない。彼らにとっても、貨幣（金銀）を退蔵し、流通から引き上げることは望ましいことではなかった。貨幣が富と見なされるのは、あくまでそれが他の商品と常に交換され得るからである。そしてこのことは二つの重要なことを示唆している。

第一に、貨幣が他の商品と交換可能だということは、貨幣は他の商品の価値と等価だということだ。つまり貨幣はあらゆる商品の価値を代理するのである。もしも、貨幣数量説が意味するように、貨幣価値が一国の商品価値総額と等価であるならば、貨幣は一国の商品の総体を代理することになる。同時に、貨幣は自由に価値を分割することによって、あらゆる個々の商品の価値をも代理する。ここで貨幣は、あらゆる商品の価値を、その個別においても総体においても「表象」しているのであり、その価値の「表象」であることによって、貨幣は富を指し示すと言ってよかろう。

そして第二に、貨幣があらゆる商品の価値を代理し、また「表象する」と言ったときには次のことが前提になっている。それはあらゆる商品は貨幣と交換されるということである。それゆえ、あらゆる商品は貨幣との交換において価値を測られる。つまり、商品は商品と交換されるのではなく貨幣と交換されるのだ。

いやこの言い方は正確ではないかもしれない。「商品」と言ったときには、すでに貨幣を媒介とした市場交換が想定されているからである。モノは貨幣と交換されることによって「商品」となる。そして重商主義者の認識は、グローバルな経済においては、財は常に貨幣と交換されるということであった。財は財と交換されるのではないのである。

ここにグローバルな交易が「市場」を生み出すという根底的な理由がある。「市場」はただ、財と財が交換される交易をつないだだけのものではないのである。「市場」はあらかじめ貨幣を必要としている。貨幣のみがあらゆる財と交換されるからこそあらゆる交易は結び付けられる。なぜそれが可能になるのか。それは、貨幣があらゆる財の価値を代理できるからに他ならない。

とりわけアジアとの交易のような遠方交易においては、交易品は、少なくともヨーロッパにおいては容易には生産され得ないものであった。しかも多くの場合贅沢品である。それは、その場所に即した自給的な必需品ではない。自給的に調達ができないからこそそれは欲望の対象となるのであり、欲望は即時的に獲得できるものではなく、そこには存在しない「外」のものに向けられる。アジアの珍しい物産、オリエントの財宝という「外」のものが欲望の対象となる。欲望の対象となるには、そこに「距離」がなければならない。そして、それらの価値は、他の財貨によって測られるのではなく、貨幣によって測られるのだ。

これは局地的経済圏における必需品の物々交換とは違っている。グローバルな規模の交易においては、最初から物産の価値は貨幣によって測られるのであり、自給的には手に入らないモノへの欲望は貨幣によって満たされるのである。こうして、貨幣がまずは自己の「外」にある商品の価値の表象となり、さらには、「外」へ向けられた欲望の表象となる。

ここでは、市場交換は最初から貨幣を前提としている。そして、貨幣があらゆる財の価値の表象であり得るためには、市場は常にあらゆる財つまり商品の交換の「体系」である他ない。市場は本質的に、表象され得る、つまり欲望の対象たり得るあらゆるモノの世界に網の目のように自己を張りめぐらせてゆく。その結果、それは自動的に拡張する傾向をもった「自己生成的なシステム」となる他ないのだ。

重商主義者は少なくとも、このような認識の可能性を秘めていた。だから彼らは貨幣から出発したのである。彼らにとって交換とは、当然ながら貨幣的交換なのであった。

重商主義の「表象的思考」

このことの意味を明らかにするには、アダム・スミスの議論の立て方と対照させてみればよいだろう。スミスにとっては交換とは次のように生じる。本来、人々は必要なものを自給的に生産している。もしも余剰が出れば人々はそれを交換するだろう。そして交換が広範に行われるようになると、人々は便宜のために貨幣を使うようになるだろう。一度貨幣が導入されれば、交換の規模は一層拡大し、広範な市場が形成されるだろう。

これはジョン・ロックに始まり、現代の経済学にまでつながっているきわめて分かりやすい説明である。少なくとも論理の問題として言えば、およそ反論のしようもないほどに単純かつ明快な説明であろう。だが、重商主義者が暗黙のうちに描いている市場経済のヴィジョンと、これは著しく異なっている。

スミスの説明が、彼の「富」についての命題、「富は労働生産物にあり」という命題と対応していることは言うまでもないだろう。スミスにとって「富」つまり生活の必要物資は、まずは土地と労働によって得られる。「富」を与えてくれるものは、「土地」と「労働力」という二つの形態をとった自然の贈り物であり、神の恵みである。経済の始まりには「最初の贈与」がある。最初の価値は自然が与えてくれる。最初の不等価交換から価値が生み出されるのだ。自然とのこの最初の不等価交換が価値を生み、価値が剰余を生み出すから、そこから等価交換が始まる。したがって、交換は、たとえ市場交換であっても本質的には物々交換なのであり、貨幣は何ら本質的なものではない。

これがスミスの立場であり、まさにスミスがそれ以降の経済学に対して影響を与えた決定的な点なのである。一切の交換は本質的には物々交換であり貨幣は本質的な役割を果たさない、という認識が、スミス以降の経済学を重商主義から決定的に隔てている。

これに対し、重商主義者の認識は著しく異なったものであった。経済の始まりは「最初の暴力」もしくは「最初の略奪」なのである。最初に価値を生み出すものは、自然の贈与ではなく、金銀の略奪であった。贈与と言うならば、それも一つの贈与であった。後に自由貿易論者が述べたように、神は、この世界に多様なものを分散させて配置したのである。ついでに富の貧富と力の強弱も分散させたと言うべきかもしれない。神の配剤により、金銀はヨーロッパの外部世界からヨーロッパへと「贈与」されたのである。

しかし、なぜこの贈与＝略奪が必要であったのか。それは、貨幣のみがあらゆる他の商品と交換可能だったからである。貨幣だけが他の財の価値を表象できるのである。それは言うまでもなく、マルクスの言い方を借りれば、貨幣のみが「一般的等価物」だからに他ならない。少なくとも、重商主義者が問題としたグローバルな経済の現実においては、物々交換から市場交換が派生するなどということは意味をもたない。市場は始めから貨幣によって成立しているのである。始めに貨幣がある。貨幣がなければそもそも市場が成立しないのだ。

こうしたことが歴史的事実と見合っているか否かはここでは問題ではない。遠方交易ももともと各地の物産同士の交換から始まっている、という歴史的事実はここで述べていることとは何も関係のないことである。たとえそうだとしても、金銀といった金属を一般的等価物、一般的支払い手段と自覚したとき、多様で個別的であったそれぞれの市場が結び付けられ、市場経済なるものが成立するのである。

重要なのは、ここに二つの対立する思考方法が区別されるということだ。一方は、物々交換から貨幣が導入されて市場交換へと移行するというヴィジョンであり、他方は、市場交換はあらかじめ貨幣を前提としなければ成り立たない、とする思考方法である。第一の思考は、まずは財の生産（したがって土地と労働）ありきとし、第二のそれは、まずは貨幣ありきとする。第一の思考では、経済を構成しているものは、あくまで実体としての財であり、第二の思考では、経済の根幹にあるものは、あくまで貨幣の表象作用である。この二つの思考の相違は決して無視できるものではない(4)。

重商主義は、したがって一種の「表象的思考」を背後にもっていたと言ってよいだろう。

このことが、実体的なレベルでの価値をもたない「表象」としての貨幣に、もっぱら彼らの関心をつなぎ止めたのである。より正確に言えば、重商主義こそが、金銀という実体的価値をもった貨幣から、表象としての貨幣への移行を目撃していた。ミシェル・フーコーの言い方を借りれば次のようになる。「重商主義が富と貨幣の間にもうけたのは、多かれ少なかれ、漠然とした同一性ではなく、貨幣を、富を表象し分析するための道具となし、逆に富を貨幣に表象される内容とする、熟慮された連接関係だったのである⑤」。

確かにそれは当時の現実でもあった。まずは貨幣は、金銀、つまり富そのものでなければならなかった。貨幣は富の内部に属する財（金銀）によって代理されたのである。それは富の換喩《メトニミー》であった。しかしそれが代理であることを確認するや否や、貨幣はもはや金銀である必要はない。それは金銀さえも代理すればよい。こうして貨幣は、富の内にもっていた実体的な根を断ち切り、それ自体が富と対峙して富の隠喩《メタファー》となる。このとき、貨幣は富から切り離されることによって、逆に富そのものと等価と見なされる。つまり貨幣は富そのものの表象であり、端的に言えば、富そのものと見なされるようになる。

現実の世界では、このことは、貨幣の飛躍的な流通、銀行業や金融の飛躍的な拡大として誰の目にも明らかだった。貨幣にまつわる活動つまり金融が大きな利益を生み出すような世界が到来しつつあった。オランダでは十七世紀の前半にはすでに銀行業や株式市場が大きな利益を生み出していたし、イギリスでもこの世紀の後半には「貨幣的利益階層《マネード・インタレスト》」が登場していた。彼らは、まさに、貨幣の表象性と、金融と商業のグローバリズムを背景として活動していた。有名なジョン・ローの銀行もこうした状況の産物なのである。重商主義の思考は、例えばローの実験などと軌を一にしているのである。

ところがスミスが否定したものは、まさにこの種の思考であった。スミスはその現実を見ながら、貨幣的現象やグローバリズムが、富の「自然的順序」と異なるとして批判したわけである。しかし、そのスミスを後継した後の経済学は、まさに、市場形成の原初にあった問題、「最初の暴力」「貨幣の表象性」「グローバル・エコノミー」といった問題に蓋をして闇の中に閉じ込めてしまったのである。

（1）むろん、経済学と言ってもさまざまである。本書の関心をアメリカの「新古典派経済学」に限っても、フリードマンやその弟子たちによるマネタリズム的自由主義学派から、アメリカ・ケインズ主義を含んだいわゆる「新古典派総合」、あるいは公共経済学や七〇年代以降に登場した制度主義的なアプローチと、決して一様ではない。だが、その核にあるテーゼは、価格メカニズムによる市場の均衡化と効率性の達成という点にあることは疑い得ない。公共経済学やケインズ主義、制度的アプローチは、その条件が成立しない場合に、いわばそれを補完するものとして構想されている。確かにアメリカ経済学は、全面的に市場の均衡や効率性を唱えているわけではなく、むしろその成立条件などを論じてはいるものの、市場の均衡モデルや伸縮的価格メカニズム・モデルが、その最も標準的な理念型であるという暗黙の想定をもっていることは否定し難い。ここで、経済学もしくはアメリカ経済学と呼んでいるものは、こうした前提の上に成立し展開されてきた議論である。と同時に、もう少し言えば、その方法上の特質として、多くの場合合理的・個人主義的な前提をもち、経済のパフォーマンスを合理主義的、個人主義的なベースに還元して説明しようとする（要素還元論、方法的個人主義）とともに、経済システムを独立した閉鎖系として抽象化して取り扱う（孤立系、抽象系）ものである。

（2）この観点からすると、後の経済学の歴史はいささか奇妙なものに思えてくる。一種の転倒が生じたのである。「グローバリズム」の中での国益を求めた重商主義が、「誤った体系」として、スミスによって否定された（と理解された）後、経済学は事実上、グローバリズムという現実を背後に押しやってしまった。それに代わって、スミス、リカードにつながる自由貿易論が、グローバル・エコノミーを論じる代補となってしまったのである。もともとは、一国のナショナル・エコノミーの国富から出発した議論が、あたかもグローバル・エコノミーの原理であるかのように見なされてしまったわけである。私には、経済学の歴史が、例えばその萌芽的段階で重商主義が垣間見たような二つの重要な問題を背後に隠蔽することによって、「見事な」論理体系を築き上げてきたように思われる。その二つの重要問題とは、金融を中心としたグローバリズムの問題と、消費における人間の欲望の問題である。言い換えれば、「貨幣」と「欲望」という、経済を動かす支柱についての正面からの考察を放棄した。実際には、この二つのモーメントは絶えず経済の中で暗躍し、経済学を脅かしているものの、主流の経済学は、この契機を隠蔽することによって成り立っている。

（3）トーマス・マン『外国貿易によるイングランドの財宝』一六六四年（渡辺源次郎訳、東京大学出版会、一九六五年）

（4）多少興味深いことに、市場均衡理論の最初の体系化を試みた一人であるジョン・ヒックスは、おおよそこの二つの区別に気づいていた。彼は、一方で生産物の局地的な交換からは商業体系は発生しないと言い、大規模な商業活動は、局地的な交換とは異なった次元をもっていると言う。極端に言えば、「商人は、最初、海賊か山賊であったに違いない」というわけである。商業のもう一つの可能性は、共同社会（王国）の間での大規模な交易、とりわけ王に対する贈与から発展した交易である。いずれにせよヒックスは、剰余生産物の局地的交換から市場が形成されるのではなく、国家間の、半ば略奪も含んだ大規模な商業活動から市場が形成されると考えるのである。J. Hicks, *A Theory of Economic History*, 1969（ヒックス『経済史の理論』新保博・渡辺文夫訳、日本経済新聞社、一九七〇年）

（5）ミシェル・フーコー『言葉と物』（渡辺一民・佐々木明訳、新潮社、一九七四年）。ここでフーコーは、通念とは異なって、重商主義がむしろ、貨幣＝金銀という発想から解放されていたからこそ、貨幣を富の表象と見ることができたという逆説を述べているのだが、これは半ば正しく、半ば誤っている。一方で、貨幣は表象作用を行うことで、交換にあるすべてのものを記号として扱うことを可能とする。貨幣との交換によって富は記号となり、ここで初めて富は意味をもつ。確かにフーコーが言うように、「記号がなければ富は動きのない、無用な、いわば沈黙したままのものに留まるだろう」。その意味では、無限の交換の体系の成立と富の記号化は同一の事象であり、それを可能とするのは、まさに貨幣の表象作用に他ならない。だが他方で、フーコーも述べているように「貨幣が富の記号であるためには、貨幣自体が富でなければならない」のだ。ここにいわば特異な表象、もしくは表象作用のゼロ点とでも言うべき「担保」の観念が生じる。それは交換体系を支える価値の不動点であり、交換されるものであると同時に、交換の外部にあって交換を可能とするものなのである。金銀がその役割を果たしたことは想像に難くない。重商主義は、金銀と貨幣のこの二重の関係を見ていたと言うべきであろう。

第二章　ジョン・ローと「資本主義」の発見

I

重商主義を越えた重商主義者

彼自身を重商主義者と呼ぶことが適切かどうかはともかくとして、ある意味で重商主義的な思考を最も極限的な形で表現したのはジョン・ローであろう。果たして彼は思想家なのかそれとも実践家なのか、経済学の先駆者なのか賭博師なのか、こうした性格づけはローの場合あまり意味はない。なぜなら、ローのような活動家を際立った形で引き立てることとなった十八世紀初頭のイギリスやフランスの経済社会という舞台では、そもそも思想と実践を、あるいは投資と賭博とを截然と切り離すことなどできなかったであろうから。だがジョン・ローは明らかに重商主義者として彼の議論を始めている。それは次の一節からも明らかだろう。

一国の富と力は、その人口と自国商品および外国商品の蓄積からなる。これらのことは貿易に依存し、貿易はまた貨幣に依存する。そこで他の諸国と同様に力をもち富裕になるためには、我が国も同じくらいの貨幣を持たねばならない。貨幣がなければ、いか

に法律がよくとも、人々を雇用することも、生産物を改善することも、商工業を発展させることもできないであろう。(1)

ここでまずローは、一国の富と力を問題とする。そしてそれは貿易に依存する以外になく、貿易は貨幣によると言う。この点では彼は、重商主義と全く共通の基盤に立っていると言ってよい。だが、彼が通常言われる重商主義を越え出てしまうのは、次のような点だ。国富は貨幣に依存するとしても、では貨幣を獲得するにはどうすればよいか。第一に考えられるのは、輸入や対外支払いを制限し貿易差額によって金銀を導入することである。第二に考えられるのは、貨幣改鋳によって貨幣の実質価値を切り下げ、また正貨の増価つまり平価の切り下げを行うことである。

第一は言うまでもなく重商主義政策の典型であり、後者は実際に重商主義政府が採用してきた方策であった。そして、ローはこれらはともに適切な方策ではないと言う。国内に貨幣を供給するはるかに適切な方策があると言うのだ。それは何か。貨幣が足りなければ貨幣を作り出せばよい。つまり銀行貨幣を発行することだ。これが彼の提案であった。ここに重商主義を越えた重商主義者ジョン・ローの独創があった。

むろん、現代のわれわれからすればこれは当然のことであり、何も今さら耳目を引くことがらではない。これでは彼はただ発券銀行制度の先覚者だというだけのことだろう。しかもよく知られているように、彼もまた多数の「先駆者」の例に漏れず「失敗した先覚者」であった。ただそれだけのことである。しかし、なぜこの時代にローは、銀行券を発行するという方策を考えついたのか。現代のわれわれからすれば当然と思われるこの事態を可能とし、かつ不可能とするそのせめぎ合いに一体何があるのか。もっと言えば、われわれが現代知っているような意味での「貨幣の供給」が可能となるためには、どのような精神の作用が背景にあるのか、このことを知る手掛かりをローは与えてくれるのではないだろうか。

この問いはそれほど無意味なものではない。なぜなら第一に、現代のわれわれから見て当然と思われる「貨幣の供給」という事態が、その実験の先駆者であるローによってこの時代には見事に失敗したからであり、第二に、これは一層重要なことだが、まさにアダム・スミスはそのようなことを実施すべきだとは思いつきもしなかったし、仮にその可能性を考慮しても即座に拒否しただろうからである(2)。

それは、スミス的な自由市場の考え方とは決定的に異なるものだったのである。実際、ローの正統な後継者を得るまで、われわれは二百年待たなければならなかった。J・M・ケインズの登場までである。

ということは、スミス的な自由市場の思考とは決定的に異なる何物かを、「貨幣の供給」という事態ははらんでいる、ということであろう。そしてそのことは、スミスから始まって現代の正統とされる経済学へ至る市場経済論とは全く異なった思考が、貨幣をめぐってあり得た、いや必要とされたという事情を示唆しているのではなかろうか。言い換えれば、貨幣的交換経済のロジックは、スミスに開始される自由主義的な市場経済とは異質のものだということである。

不本意な実験

現代ではすでによく知られた事項となっているが、念のためにまずはジョン・ローの履歴をざっと振り返っておこう。ローは一六七一年、スコットランドの富裕な金匠銀行家の長男として生まれた。ゾンバルトは、ロー一族がユダヤ系であったのではと示唆しているが、祖父がグラスゴーの大司教であるところを見るとユダヤ系とは見なし難い。後に彼はフランスでカトリックに改宗するが、その以前にはカルヴァン派であった。いずれにせよ、ロンドンに出た彼は放蕩生活のあげく決闘を行い、相手を殺して海外に逃亡する。この逃亡生活の際にアムステルダムで見たアムステルダム銀行にいたく興味を引かれ、これが後のローの銀行のモデルとなる。経済への関心を抱いて祖国に戻ったローは、通貨の不足こそがスコットランドの停滞の原因だとし、土地を担保とした紙幣の発行によって経済を刺激し雇用の拡大を図ることができると主張する。

これは現代のわれわれの観点からすれば別に新奇なことでも奇矯な発想でもない。しかし、ローのこの提案はスコットランドでは棄却された。その後、再び大陸にわたったローは、財政苦境にあえぐフランスのルイ十五世の摂政オルレアン公に取り入り、発券銀行を作るという彼の構想は日の目を見ることとなる。そしてその後の事態はよく知られたことであり、またローの名を歴史に残す出来事であった。ローはオルレアンの庇護のもとにいわば私営の中央銀行を作り（一七一六年）、振替業務や割り引き業務の他、金銀正貨の預金を集めて紙幣を発行した。ローの銀行は国家への貸し付けを行うとともに、その銀行券の価値を政府によって保証され、さらに、彼はミシシッピー開発のための西インド会社を設立し、この会社からあがる利益を銀行券の裏付けとした。当初、ローの計画は大成功を収め、西インド会社の株価は上昇し続けた。一七一九年はローの「システム」の最盛期である。ローの銀行（それは王立銀行となっていた）は年率二％の低利で安定的に貸し付けができ、フランス経済は急成長を遂げ、キンカンポア街は株式を売買する人々であふれ、インド会社の株価は高騰を続けていた。

しかし、一七二〇年になると株式のバブルははじける。とともにローの銀行から正貨が流出し始める。人々は、紙幣の将来価値に不安を抱き、紙幣を金銀や財宝に換え始めたのである。この中で、「人民のために」インド会社の株と銀行券の価値を切り下げるという勅令が発布された。そしてそのことは、価値の安定だけを命綱としていたローの銀行券の信頼を決定的に失墜させたのである。こうしてローの実験は失敗に帰した。破産した彼は命からがら国外へ脱出し、一七二九年にヴェネチアにおいて風邪がもとで死亡する。

さてローのつかの間の実験からわれわれは何を読み取るべきであろうか。未成熟な時代の性急な中央銀行の破綻の物語であろうか。あるいは今日と同様のバブル経済のもたらす悲惨の教訓であろうか。

むろん、今日の観点からして、なぜ彼の実験が失敗に帰したかを論じることは容易であろう。信用の限界を越えた紙幣の発行、さらに、銀行経営を西インド会社と結び付けた点。とりわけ西インド会社の利益を銀行券の裏付けに利用したため、銀行券の信頼性そのものが西インド会社の経営に依存し、しかも後者はその評価をまだ未整備な株式市場に託することとなった。こうして、銀行の信用そのものが株式市場のバブルに依存する構造ができたのであり、これは明らかに信用の基礎としては不安定なものだった。その意味ではローの実験は確かに性急すぎたし、失敗すべくして失敗したとも言える。しかし、今ここでの問題はローの実験についての評価ではない。そうではなく、この実験がどのような思考の布置を伴って可能であったのかを見てみることである。そしてその点で差し当たり次の点に注意しておきたい。

それは、これはローにとっては実は不本意な実験であったということだ。

スコットランド議会に提出した本来のローのプランでは、紙幣はあくまで土地に基礎づけられたはずのものであった。ローは貨幣を金銀に基礎づけることを極度に嫌っていたのであり、実はそこにこそ本来のローの意図があったはずなのである。そのことをローは次のように述べている。

貨幣の本質について述べたことから明らかなように、貨幣に必要な性格を有するならば、いかなる商品も、安全性と便宜さをもって、その価値に等しい貨幣となりうるであろう。われわれが銀を貨幣としているのは単なる気まぐれや思いつきではない。それがこの用途に適当であると判断したからにほかならない。（だが）今、私が立証しようとしているものは、銀以上に貨幣に必要な性格を有し、そのうえ銀ももっていないような別の性格を有する別の貨幣を創設することである。

ローがここで貨幣の基本性質と考えているものは、「安全性」と「便宜」を備えて、かつ最も価値の変動の少ないものに他ならない。「貨幣は、それを商品と交換に受け取っても、契約しても、あるいは商品を評価しても、最も安全な価値であり、少なくとも価値の変動のもっとも少ないものである」。

貨幣の安全性とは、価値が変動しないという点にある。そして金銀が貨幣として不適切なのは、まさにそれが需要と供給によって価値を変動させてしまうからなのだ。それは「価値において確実性を欠く」のだ。だがそれでは、こうした需給の変化によって価値の変化を受けないものは一体何か。それは土地である。だから貨幣は土地に基礎づけられなければならない。これがローのアイデアであった。

だから、次のようなしばしばなされる解釈は決して正しいものではない。それは、ローこそが、貨幣は一切の実体から切り離された「名目上」のものだという「近代的認識」をいち早く確立した人物である、という理解である。われわれはしばしばそのようにローを理解する。すなわち彼は、貨幣がその実体（つまり金や銀）とは無関係であり、貨幣の本質をただ人々の信用の中にある、と見抜いた最初の人物であるとする。

ここから、ローは、貨幣の本質が一種の詐術と無関係ではないことをいわば賭博者の本能において知っていた、というドラマチックな解釈も出てくる。貨幣の本質は、金銀という素材にあるのではなく、それが流通するということそのこと自体の中にある、というのだ。「貨幣は貨幣であるがゆえに貨幣である」というトートロジカルな命題の真実性をローこそが発見した、というわけだ。そしてここからわれわれは、貨幣の成立は一種の詐術の共有によって成り立っているというポストモダン的命題にたどり着くだろう。彼は、少なくとも一時的には、ただの紙切れを流通させることに成功したのであり、ただの紙切れを、人々をして貨幣だと見なさせることに成功すれば、ただそのことだけによってそれは貨幣となることを示した、ということになる。

この理解は間違っているわけではないものの、少なくとも事態の半面にすぎず、もう半面と結び付けなければここでローを取り上げた意味はない。そのことをまず述べてみよう。

貨幣金属説

ロー自身の議論を見てみよう。すると、すぐに分かるように、実際にはむしろ逆に、ローは、徹底して、貨幣がモノと同じ資格で交換されると考えているのである。例えば、彼は、貨幣はあくまで約束によって成立したノミナルな存在で、その価値は「想像的な価値」に過ぎないとするロックの理解に強く異を唱えている。

もしもロックの言うように、貨幣が銀であり、同時に貨幣がその本質において規約によって成立した「想像上の価値」をもったものならば、銀はここではただ規約によって価値を表象しているだけであり、それは貨幣のいわば仮の姿でしかない。銀であることは半ば偶然の現象である。したがってまた、たまたま銀の姿をとったとしても、貨幣はあくまで人為的な発明物にすぎず、何ら銀や金であることの特性を引きずるものではない。ここから出てくるのは、貨幣はただ便宜のために考案された交換の手段にしかすぎないという理解だ。ロックからヒューム、スミス、そしてさらに現代の正統的な経済学に引き継がれている理解はこのようなものである。

これに対して、ローは、まずは貨幣は銀や金そのものである、という貨幣金属説にこだわる。この限りで貨幣は表象でも何でもなく、銀や金そのものなのである。そしてローの主張は、だからこそ貨幣は銀であってはならない、という点にあった。理由は簡単だ。貨幣が金銀そのものであれば、その価値は金銀の市場の需給によって変動するからである。

この変動は、たまたま金銀山が発見されるという種類の偶然によって引き起こされるものではなく、まさに金銀が貨幣として使用されることによって必然的に引き起こされる変動である。なぜなら、金銀が貨幣となることによって金銀の需給が変化を受け、それが金銀の価値を変動させるからだ。金属としての金銀と貨幣としての金銀が価値においてつながっている。したがって、貨幣に対する需要が増加すれば、これは金銀への需要を増加させ、その価値を変動させるだろう。これはまた貨幣価値を変化させることとなる。

こうして、貨幣＝金銀の世界では貨幣の価値は安定しない。その理由は、貨幣の価値が「想像上のもの」であるどころか、まさに実体的で具体的な市場交換の中で決まるからに他ならないのである。

だが考えてみれば、ここにこそまさに重商主義的思考と古典派的思考を分かつ決定的な点があった。

II

二つの思考に隠された意味

前章で述べたように、重商主義的思考の核心は、端的に言えば「モノはモノと交換されるのではなく貨幣と交換される」という点にある。重商主義者が直面した世界は、モノが貨幣によって買われる、いや貨幣によってしか買われ得ない世界であった。言うまでもなく、この場合の貨幣とは金銀、つまり金属である。モノは本質的に貨幣＝金銀に対して等価性が設定され、貨幣のタームで評価される。モノの世界とはそのような形でしか「価値」をもち得ない世界なのである。ここではモノは、貨幣＝金銀との交換と等価の設定によってしか価値を確定できない。

ところがロックからスミスに至る、そしてさらにはリカードから新古典派経済学に至る古典派的な思考の核を表現すれば、「モノは貨幣と交換されるのではなくモノと交換される」ということとなる。一見したところ、市場においてモノは貨幣と交換されるように見えても、それは「見せかけ」であり、貨幣はモノとモノの交換にただ差し挟まれた媒体に過ぎないのだ。「現象」の背後にある「本質」においては、モノはあくまでモノと交換されている。

だが興味深いことには、この二つの全く異なった思考から引き出される帰結が、その表層の見かけと、隠された意味の関係において全く逆転してしまう。それは次のようなことである。

まず一見したところ、われわれは次のように考える。古典派的思考から導き出されることは、貨幣は、それ自体で価値をもたないもの、ノミナルなもの、それゆえ貨幣の価値はあくまで「想像上のもの」であり、それは他の財貨の価値をそのつど表象するに過ぎないということだ。一方、重商主義的な思考から導き出されることは、貨幣は金銀という実体そのものであり、それゆえ貨幣の価値は金属の価値という「実体的なもの」によって規制されており、それは一切他の財貨の価値を表象するものではないということだ。

ところがさらに考えてみると、この結論は見かけだけのものであることが分かる。なぜなら、古典派的思考の中において貨幣の価値が「想像的なもの」であり得るのは、貨幣は実際には市場の中に存在していてもいなくてもよいからだ。もっと言えば、便宜的であるという理由を除けば、貨幣が市場交換の世界に登場する理由はどこにもない。それゆえ、貨幣はただ外挿される他ない。人間の理性と約束によって、それは気づかれないようにそっと世界の外から挿入される。人間の約束にしたがって、神はその見えざる手によって貨幣をそこに置く。金や銀は人間にとって使いやすくするための可視的表現であって、貨幣の本質は透明なのだ。だから、その価値が想像上のものであるのは、その存在が透明で想像上のものに過ぎないからであり、したがって、ここでは貨幣は、その見かけと異なって、実際にはいかなる財の価値をも表象などしてはいない。財の価値はあくまで他の財の価値との相対関係ですでに決まっているのであって、貨幣との関係で決まるのではないからだ。交換され配分されるのは、さまざまなモノの価値であって、ここにはいかなる意味でもそれを表象するものなど存在しない。あらかじめ決まっているモノ同士の相対的価値の世界に対して貨幣は外から投じられただけであり、貨幣はあらかじめ決まったモノ同士の価値をただ事後的に実現してゆくだけなのである。

　これに対して、重商主義的思考はどうか。あらゆるモノは貨幣によって価値を測られ貨幣と交換されるのだから、貨幣は神がそっとそこに置くようなものであってはならない。モノとモノとの交換の後でそこに外挿されるのではなく、経済の端緒においてそこになければならない。しかもそれは、たとえ人間の発明であったとしても外部から導入されるものではなく、端緒の経済がその内部に自らの力で生み出し、見出すものでなければならない。だからこそ、貨幣は、貝殻であれ、首飾りであれ、石であれ、金、銀、銅であれ、何らかの独特の刻印をもった特権的なモノだったのである。ヨーロッパを中心とする、あるいはもう少し範囲を広げて、ヨーロッパ、イスラム世界、アジア・中国世界を通ずる近代的世界経済においては、それは主として金と銀であった。近代的世界経済における交易は、むろんモノとモノとの交換もあるが、中心になるのは交易品と金銀との交換であった。ここで金銀は貨幣であり同時に商品であった。

まさにこの二重性こそが貨幣の本質なのである。この二重性がなければ、貨幣は市場という世界の内部には成立しない。貨幣をモノとモノの交換の世界の外部から外挿するのなら話は簡単なのである。そのときにはこのアンビヴァレンスなど存在しない。だが、貨幣はまずは貨幣によって交換される市場世界の中で成立しなければならない。

むろんヨーロッパは、やがて、金銀をその「外部」から、つまり新大陸から略奪することによって自らの内に取り入れる。そしてそれが近代資本主義の展開を引き起こす衝撃となったことは事実である。それは拡張する資本主義を可能とした「最初の暴力」だった。しかし、それにしてもその場合にも貨幣的交換の市場は成立していなければならないのであり、貨幣は市場交換そのものの中にあって交換を可能とするものでなければならない。ここから貨幣の二重性は生じる。そしてここに、貨幣は金銀でなければならない、という重商主義的信念の基礎があった。

注意してもらいたいが、貨幣はもともとモノと交換される、いやより正確に言えば、モノはもともと貨幣と交換されるがゆえに、貨幣はモノの価値を代理し、富としてのモノを表象することができるのである。物々交換の世界ではモノは特定のモノとのみ交換できる。これを支配するのは余剰と必要の出会いという状況依存的な偶然性に過ぎない。ここでは価値の代理や表象などという観念は生じない。

ところが、貨幣はあらゆるモノと交換可能であるためにあらゆるモノの価値を表象できる。また逆に、あらゆるモノの価値を表象することが可能なために、貨幣経済においてはあらゆるモノが、市場価値という共通の一点に収斂し、その価値を比較できる同一平面に置かれることになるのだ。貨幣はあらゆるものを共通の土俵の上に引き寄せる。

だからここで、表面的な意味とは裏腹に、その本質的な理解は重商主義と古典派とで逆転する。古典派においては、一見したところ、貨幣は単なる想像上の価値にすぎず、何ら実体をもたない表象と見えるとしても、本当はその逆が正しく、貨幣は何らの他の価値をも表象しはしないのである。スミスが貨幣など富ではないといった理由もここにあった。これに対して、重商主義においては、一見したところ、貨幣は金属というそれ自体の価値に縛り付けられているように見えながら、実際には、常に他のモノと交換可能であるがゆえにモノの価値を表象できるのである。こうして重商主義は貨幣＝金銀によって国の富を代理しようとしたのであった。

ロック的秩序における貨幣

われわれはとりあえず、こうして、古典派的思考と重商主義的思考の相違を明らかにすることができるだろう。表層的には経済学の歴史は古典派的思考の勝利と精緻化とも見えるものの、経済思想史の水面下で確執のドラマを形作ってきた。この二つの思考の流れを区別しておくことはことのほか重要だというのが私の考えである。(3) さもなければ、市場が貨幣の交換の体系であるということの意味は決して分からないだろう。重商主義者がその点を意識していたかどうかとは全く別に、しかし、重商主義的思考は、市場が貨幣的交換の世界であることのロジックを確かに指し示していたのである。

この意味で言えば、ローは明らかに重商主義的思考の土壌から出発していた。そしてローはさらにその先まで行った。だがそのことを論じる前に、もう少し、われわれが提出した市場についての二つの思考の対比が意味するところを見ておこう。

仮に、古典派的な想定、つまり本質的にモノとモノの交換からの自生的な展開として市場を理解する見方を「市場＝物財交換モデル」と呼び、重商主義的な、市場を貨幣とモノの交換の世界と見る見方を「市場＝貨幣的交換モデル」と呼んでおこう。スミスは彼の経済論を「市場＝物財交換モデル」の上に打ち立てている。そしてこの考え方のもととなっているのはジョン・ロックの考えである。ではロックはどのように考えたのだろうか。

貨幣の登場、交換についてのロックの議論は次のようなものであった。

自然状態において、「この世界は神がアダム、ノアおよびその子供たちに与えた賜物である」。つまりこの世界そしてこの大地は、神によってあらゆる人の共有財産とされている。しかしまた、人は、自然の権利として、彼自身の身体に対する所有権をもっている。

そこで、彼の所有になる労働によってこの共有大地から取り出されたものは彼の所有に属する。このことは自然権に属するのだから、共同体のすべての人々の同意によるものではなく、いわば本源的な権利としての所有権がここに成立する。「神と人間の理性とは、地を征服することを人間に命じる。すなわちそれを生活に役立つように改良し、そこに彼自身のものであった何ものかを、すなわち労働を、つぎ込むことを命ずるのである」(4)。こうして私有財産が導入される。

だがそこから導かれることは何か。一方では、人々はただ自給自足的に土地に働きかけるだけのいわば原始共産主義的世界が出現するだけだろう。あるいは他方では、逆にあらゆる土地がごく少数のものの手に帰すことを排除できない。少数の者がすべての土地に手を加えればすべての土地は彼のものになってしまうからである。そこでロックは、一方で所有の観念を拡張するとともに、他方でその概念に限定を付した。すなわち、一方で、労働になる所有物の「譲渡」と「交換」もまた自然法にかなった所有であるとし、他方で、共有の大地に働きかける一人の人間の占有は、あくまで他の人の所有をさまたげない、さらに生活の便宜の範囲内を越えるものではないと言う。

一方でロックはその所有観念を拡張し、他方では「但し書き」によってその範囲を限定した。そしてこの二つのことは補い合っている。なぜなら、労働によって人は生活の必要以上のものを大地から取り出すことはできる。それは「土地に働きかけよ」という神の命に従っている。しかしそのことによって、他人の所有の機会を奪ったり、また生産物を腐らせたりすることは自然法に反する。とすればどうすればよいか。余剰物を交換するのがよい。交換によって余剰物の価値は腐らない何かに置き換えることもできる。言うまでもなく、それは貨幣なのだ。こうして具体物の所有を「生活の便宜」の範囲にとどめるために、貨幣が発明される。貨幣は必要を超えた余剰を交換し、また価値を保存する機能を果たす。それはあくまで所有を自然法の範囲にとどめるための発明物なのである。

だが貨幣の登場によってモノの評価の方法は変わってしまった。もともと人間は、「自分の使用し得るだけの自然の事物」を労働によって自然の中から取り出すだけであった。したがって本来のモノの価値は、それを生産するのに費やされた労働の比較においてのみなされるべきであった。「価値の差等を与えるのは実に労働に他ならない」のである。

しかし、余剰が発生すると事態は変化する。「人間が必要とするより以上を持ちたいという欲望をもつようになると、ただ人間生活にとって有用であるかどうかに依存する物の本来の価値は変わってしまう。消耗滅失しないで長続きのする黄色い金属の一小片を、大きな肉の一片や穀物の一山に価するものと定めるようになってしまった」。

こうして、使用価値と交換価値が分離し、モノのもつ本来の有用性に代わって市場での交換価値が自己目的となってゆく、とマルクス主義者なら言うだろう。

だが、こうした議論の背景となっていることがらは何かと言うと、あくまで、「本来は」大地に働きかける労働による必要物の採取こそが所有の基礎だという考えなのである。貨幣は剰余が生じることによって発生する。貨幣はあくまで剰余の交換に対応している。しかしまた、一方におけるこの剰余は他方の側における必要であろう。したがって、剰余／必要の不均衡が貨幣的交換を生み出すことにもなる。とは言え、もともと一方の側での剰余が他方で必要と見なされるということは、この貨幣的交換の「本質」は、あくまで自然法によって支持された労働生産物＝生活の必要品の交換であることを意味しているのである。

言い換えれば、貨幣は、それ自体価値をもつものではない。ただそれは、余剰生産物の代理として価値の摩滅を防ぐために受け取るだけのものだ。そのことがまた交換を可能とする。だから貨幣は仮にそれが金銀だとしても、その価値は金銀という実体に依存するのではなく、あくまで同意に基づく想像上のものでしかない。

しかも金銀は、それ自体が大地と労働と生活から切り離されている。その意味では、金銀はすでにモノ（労働生産物）ではない。だからそれは余剰と交換され得るのだ。「金銀は、食物・衣服・車輛と比較すれば人間の生活にとってほとんど役に立たないのであるから、その価値はただ人の同意によってのみ得られるものである」。そしてそこから土地の不均等な所有も、ある程度正当化されることとなる。なぜなら「彼らは、暗黙かつ自発的な同意により、剰余の品物に対して金銀を交換に受け取ることによって、自分がその生産物を利用し得る以上の土地を正当に所有する途を、発見したからである」。

しかし、繰り返すが、ロックにとっては、これは、無条件に土地を占有し得ることでもなく、また貨幣を蓄積できることでもなかった。「ロックの但し書き」(ノージック)は、あくまでそれが他者の所有の機会を奪わないことと、さらに生活の便宜を越えて過剰な占有とはならないこと、という条件を課しているからだ。

しかもそのことはロックにとってもっと重要な社会的広がりをもっていた。というのは、一ノ瀬正樹も述べるようにロックの言う所有は、ただある人があるモノを占有するというだけのことではなく、そのことが彼の人格を形成し、またそのことによって彼の存在が神の前で正当化され、その存在が社会の同意によって承認されることを要求しているからである。財産の所有は人の人格と不可分である。なぜなら、最初の占有の正当化は、あくまで、人はまずおのれの人格だけは彼のものとして所有するという一点から始まったからだ。その上で人格と所有を結び付けるものは労働であった。万人に共有の大地に働きかける労働である。この労働が大地を切り取り、大地に線を引き、大地に固有名を与え、そこに名指しを受けた財産が成立する。この財産主こそが人格となる。それは神の承認と社会の同意によって確かなものとなる。所有と交換はこの限りでのみ自然法的基礎をもつ。貨幣はその自然法的基礎に基づいた交換を便利にする限りでのみ意味をもつのだ。なぜならそれは、土地の生産性を増大し、富を増やすことによって神の意図を実現することになるからだ。

　こうして貨幣的交換は、土地の生産性を上げ、労働の実質をより豊かなものとし、社会全体の富（労働生産物）を増大する限りで支持される。ただその限りにおいてのみである。これがロックのロジックであり、この同じロジックの上にアダム・スミスは、市場の発展が分業を可能とし、分業が労働生産物を増加し富を増加するという周知の議論を展開したのであった。

　さてそうすると、「市場＝物財交換モデル」が意味することは、ただ物々交換から出発し、余剰物の交換において貨幣が登場するという論理だけではないことが分かるだろう。重要なことは、モノが社会の中でどこか適切な場所に配置され、その配置が所有と交換によってなされるような一つの確かな秩序を形作っているということなのである。大地は所有によって固有名を与えられ、この固有名は労働と必要の調和によって確かなものと見なされる。

　ロックのモデルは、貨幣を使った交換や土地の不均等分布があろうと、それらは、究極的には必要物の再分配のプロセスを示すのである。貨幣と交換は、モノをともかくも社会の必要な場所に配置するための装置なのであり、この装置は、一方で経済的な必要をそれぞれ適正な場所に配置すると同時に、社会的には、相互に同意し承認し合った人格（財産主）の秩序を生み出す。

ここで市場がもたらす経済の秩序と人格がもたらす社会の秩序は見事に重なり合っている。そしてその焦点となるのは、大地と労働と必要に他ならないのである。この大地と労働と必要の調和において、固有名を与えられた土地と生産物は人格と対応し、財貨は社会の中にあるべき場所（必要）をもつ。それらは過不足なく社会の中であるべき位置を占める。

だが金と銀は、ここではただ存在はするものの何の役目も果たしてはない。それは、大地とも労働の帰結とも、したがって人格とも対応しない。それは固有名をもたず社会の中に収まるべき場所をもたない。あらゆるモノの意味が、社会の中で収まるべき場所（特定の労働と必要）との関係で確定されるとすれば、金銀はその意味を確定できない。それは最初から、ロックの秩序の中においては不要なもの、はみ出したもの、余計なものという他ないのである。

金銀の両義性

このことは改めて、重商主義の「市場＝貨幣的交換モデル」の意味を、さらにはローの実験の意味を明らかにするのではないだろうか。

重商主義的思考にとっては、市場交換は本質的に貨幣的なものであった。貨幣は、物々交換の上にヴェールのように覆いかぶさったものでもなく、人々が約束によって作り出したものでもなく、交換とともに成立し、同時に交換を可能とするものであった。一つの社会の中で承認された労働生産物の体系がまずあってそれを相互に交換するというのではなく、未知のモノが貨幣（金銀）と交換されることによって初めてそこに市場が成立する。だから貨幣は市場交換に内在し、同時に市場交換を支える条件ともなっているのである。

この二重性を可能とするものこそ、金銀という金属であった。金銀は、一方でモノ（財）であると同時に、「ロック的秩序」からははみ出した「余計な財」だからである。それは財ではあるものの、大地と労働、それに結び付いた生活の必要からは切り離されている。大地、労働、必要という神的な承認を得るはずの秩序からそれははみ出している。それはモノとしての価値をもつが、その価値は生活のレベルに定位した使用価値ではない。その価値は、いわば奢侈的価値、もっと言えば象徴的価値である。モノとしての金銀は、さまざまな奢侈品に変換されることによって贅沢、華麗、華美、豪華、希少、そして端的に富を象徴する。さらに奢侈品としての富の象徴から転移して、一層即物的に、金銀そのものが富の内包する価値を象徴する。

だから、金銀という存在のレベルにおいて、われわれは、「使用価値」と「交換価値」の他に「象徴的価値」というものを想定するのがよいだろう。「象徴的価値」という次元において、金銀は、一方で自己自身のモノ性（商品性）をもち、他方でシンボル性をもつという両義性を露わにする。この両義性によって、それは半身は「ロック的秩序」に属し、半身はそこから浮遊している。金銀といえども、本来は大地に働きかける労働によってしか地上には出現しないのであり所有され得ない、つまり交換の世界へは登場しない。この意味では、それは、半身は大地と労働にその価値を登記しているのだ。だが、ひとたび交換の世界への通行証を手に入れるや否や、それは大地と労働から切断され浮遊する。あるべきところにあるべき価値が配置されるという神の秩序からすれば、この浮遊する価値は「余計なもの」である。

言い換えれば、金銀を導入することによって、ロックの「神的秩序」あるいはアダム・スミスの「自然的秩序」は、そこに亀裂を生み出し、確かな秩序はほころびをもつことになる。確かな価値の秩序からできたこの世界は、その中心にぽっかりと開いたほころびを通してもう一つの別の世界へと移行する。そこでは確かな価値はなく、秩序は絶えず破壊され、価値は人為的に生み出されたり崩壊させられたりするだろう。それは「神的秩序」と「自然的秩序」の彼岸である。しかし、この彼岸へ至る通路は、「神的秩序」や「自然的秩序」がまさにその内部に「余計なもの」を生み出すことによってできてしまうのだ。ジョン・ローはまさにこの通路をこじ開けたのであった。

不確かなものへの渇望

金銀が、「ロック的秩序」つまり大地と労働と必要の自足的世界の中に導入された「余計なもの」だという認識は、幾分象徴的な議論のレベルで言えば、金銀が主として貴重なもの、奢侈的なもの、新奇なものと交換されるという示唆を与える。

抽象的に言えば貨幣は「余剰のもの」と交換されるのだが、これは、現実に即して言えば、金銀が、主としてアジア、イスラムとの貴重な物産、贅沢品の交易に使用され、またヨーロッパ内部でも自給的必要を超えた物資の中距離的な交易に主として使用されたという事実を示唆するであろう。それは、論理の問題として言えば、共同体の自給的経済秩序が拡大しただけの分業と交換の世界とは本質的に異質なレベルの交換なのである。「ロック的秩序」を成り立たせている、労働／必要の不均衡と調和によってもたらされる運動としての交換からはそれは離れてしまう。貨幣は共同社会の生活の必要と確かな使用価値を越えた「余剰物」の交換にかかわり、それも共同社会の内部ではなく、共同体や国家を越えた世界、むしろ共同体の間の交換にかかわる。

ここでは欲望は共同体を越えた外の世界へ向けられている。欲望は、共同社会の生活維持や秩序維持にかかわるものではなく、生活維持と必要の次元を越えた何かに向けられる。つまり、たとえその欲望の対象物は共同体の中で消費されるにしても、その欲望そのものは、共同体の外に向けられる。ここでは手元には存在しないもの、不在のものが欲望の対象となる。欲望は、目の前の大地に存在するものではなく、目の前の大地には存在しないものへ向かう。欲望は、大地と労働と必要にかかわる確かなものへ向かうのではなく、大地からは離れ、労働によっては獲得できず、必要とは無縁となったカテゴリーへ向けられる。それは不在のものへの渇望であり、不確かなものへの渇望と言ってよい。金銀が働きかけるのは、まさにこうした欲望に対してであり、金銀はこのような欲望に対して象徴的な等価性を設定してゆくのだ。

むろん、現実に史実を採り上げれば、市場が拡張し一般化する中で、金銀は日常の必需品とも交換されるし、また古代以来、局地的には金銀が食料と交換されたりしていることをわれわれはいくらでも観察できる。しかし、ここで論じていることはこの種の歴史的事実ではない。「市場＝貨幣的交換」が内包しているロジックだけがわれわれの問題だからである。事実との対応ではなく、意味解釈こそが問題となっている。

と同時に、そのうえであえて経済史との大きな対応を言えば、ブローデルが述べたような三層の経済構造の区別という論点がわれわれの関心を引くだろう。ブローデルによると、国家的特権と結び付いた大規模な交易や独占的商業活動の層、中規模のネットワーク的に結ばれた市場活動の層、そして自給自足や共同体の維持にかかわる局地的な経済の層、この三層が区別されるべきだという。言うまでもなく、この経済の階層を後者から前者へと上ってゆくにつれ、われわれは日常の必要品の生産から、贅沢品・貴重品の商業的交換へと視界を移すこととなる。そして、金銀の使用はこの上層へ行くにつれ、より一般的となるのだ。

重要なことは、「市場＝貨幣的交換モデル」と「市場＝物財交換モデル」は、類型として言えば異なった二つのタイプを示しているということなのだ。「市場＝貨幣的交換モデル」において決定的な役割を果たすのは、金銀という両義性をもった「象徴的価値」の存在なのである。ここでは貨幣は、（論理の問題として言えば）日常必要品ではなく、奢侈品、新奇なもの、貴重なものと交換される。価値は、大地から離れて浮遊し、労働と必要から切り離され、むしろ不在のもの、不確かなものへの欲望と結び付く。

一方、「市場＝物財交換モデル」では、貨幣はただ交換を便利にするだけのヴェールのようなもので、問題なのは大地と労働による生活必要物資の生産、そしてその社会的な配分としての交換だ。価値は、大地（共同体）に根をもち労働がそれを実現する。交換は、「ここにあるもの」と「あるべきもの」という、存在と確かさへの欲求にからんでいる。欲望は現に存在するものの節制ある享受に限定される。市場は存在の確かさにおいて秩序に組み込まれ、固有名を与えられた大地や生産物は人格によって社会の規範的承認を与えられる。こうして市場経済は、神的秩序もしくは自然的秩序と言うべき確かな秩序を同時にもっているのだ。

資本主義の誕生

われわれは差し当たり、市場交換のこの二つの類型を区別することができるだろう。そしてもう一つ重要なことは、ロックやスミスの議論、さらには古典派経済学者の重商主義批判にもかかわらず、「市場＝物財交換モデル」の与える市場秩序だけでは議論は完結しないということである。

ロックがすでに見抜いていたように、市場秩序への貨幣（金銀）の導入はいずれこの秩序に穴をあけるであろう。ロックにとってこの穴は差し当たりは財産の不平等化なのだが、より重要なことは、この穴は実際上、財産観念を大きく変えてしまう点にあった。財産観念の変更によって、この穴は市場秩序を崩してゆく。経済活動は大地と労働と必要の三位一体を打ち崩してゆく。市場秩序への貨幣の導入は、まさに金銀のもつ象徴的な力を通して、それを「市場＝貨幣的交換」の世界と結び付ける。それは、交換を、脱大地、脱労働、脱必要の上に浮遊させるような世界だ。そこでは、価値は絶えずそこにつなぎ止められる根（大地や労働や必要）をもたないがゆえに、常に価値を操作し、ずらし、変動させ、そのことによって価値を絶えず増大させてゆくことが可能となるような世界なのである。欲望は存在するものではなく、不在のものへ向かい、交換はそれ自体が必要性ではなく、余剰によってなされる。だから、欲望は絶えず刷新されて新たな不在のものを探し続け、経済は絶えず余剰を生み出し続ける。

こうして経済は無限に拡張するべきものとなるだろう。われわれが固有の意味で「資本主義」と呼ぶのはこのような世界なのである。だから「市場＝貨幣的交換モデル」が問題としたものこそ「資本主義」であった。したがって、改めてわれわれはここで、これまで「市場＝貨幣的交換モデル」と呼んできた世界を「資本主義」、一方「市場＝物財交換モデル」が問題としてきた世界を「市場秩序」と呼ぶことにしよう。スミスや古典派経済学が問題としたのは「市場秩序」であった。しかしそれは「資本主義」を無視するものであった。そして現実の方はと言えば、まさに「資本主義」のとどまるところを知らない膨張によって特徴づけられるべき近代の経済に突入していたわけである。

さてここで、われわれはもう一度あの失敗した賭博師ジョン・ローに議論を戻したいと思う。このような展望のもとに置いたとき、ローとは一体何者であったのだろうか。そして、改めて注意しておくべきは、ローは、確かにフランスにおいて金銀に裏付けられた紙幣を発行しようとしたのだが、彼は本来、貨幣を金銀と結び付けることには強く反対していたということである。貨幣＝金銀という金属貨幣論には彼は反対であった。これが上の考察の出発点であった。とすれば、貨幣が金銀であり、金銀の両義性こそが「資本主義」の本質にあるという上の考察は、一体、ローの思考とどのように関係するのだろうか。

しばしばローは錬金術師にたとえられる。これは、ルイ十五世の摂政オルレアン公がローを雇い入れたときに、同時に、宮廷から錬金術師をすべて追放してしまったという説と共鳴し合って、ローこそが錬金術師の代理であるかのような比喩を可能としている。確かにローは、人為によって価値を創出する方法を見つけ出した。その意味では実効ある錬金術師の代理とも見えよう。しかしまた実際には彼は金銀を貨幣から切り離そうとしたのである。彼の紙幣は、金銀ではなく、土地にこそ基礎をもつべきとされたのであった。一体このことは何を意味しているのだろうか。さらに貨幣の創造を錬金術にたとえるという比喩は、この時代の時代精神(それはキリスト教的であり、プロテスタント的であり、またユダヤ教的でもある)の中で一体何を意味していたのだろうか。そこにローの実験の意味を解釈する糸口があるのではないか。次章ではそのことを述べてみよう。

(1) ジョン・ロー『貨幣と商業』(吉田啓一訳、世界書院、一九六六年)より。吉田啓一『ジョン・ローの研究』(泉文社、一九六八年)に所収。また、以下に触れるジョン・ローの経歴等についても同書を参照した。

(2) 紙幣そのものの役割をスミスは充分に評価していた。例えば『国富論』の第四編「経済学の諸体系において」で、スミスは、金銀が不足したとき、商業活動を停止させないため「よく整備された紙幣」を流通させるべきだと言う。だが、その場合にも、貨幣の流通は商業活動の必要性に従うべきで、政府が貨幣量を管理すべきではないと言う。「貨幣は必然的に財貨の後を追わざるを得ない」のである。

(3) 経済学の歴史においては、通常、重商主義は絶対主義体制のイデオロギーと見なされ、「近代」社会の経済法則を見出したアダム・スミスの自由主義的な市場理論に取って代わられたと理解されている。そして、後の経済学は、スミスの市場理論の展開もしくは精緻化という方向をたどったとされる。現代の「新古典派経済学」と呼ばれる、主流をなすアメリカ経済学も、その理論的な整備や数学的な装いなどは、全く古典派とは異なるものの、市場メカニズムについての基本的な考えは、あくまでスミスに発する経済学の延長上にある。こうして、重商主義的な問題の設定が排除されてしまった。その結果、グローバリズムをめぐる経済的な国益の対立という問題、貨幣の独自の意味、国境を越えた大規模商業と金融の結び付きといった、経済史を貫く重要な課題が経済学の視野から脱落していった。ここに「経済学」と実際の「経済」の間の大きなギャップが生じる。

グローバルな経済の展開、国境を越えた大規模商業と金融の展開は、実際には決して重商主義で終了したものではなく、十九世紀を通じて、そして少なくとも二十世紀の初頭に至るまで、資本主義の展開においてはむしろ決定的な重要性をもっていた。ところが奇妙なことに、経済学においては、十九世紀から二十世紀にかけてのいわゆる「帝国主義」の分析は、一部のマルクス主義者やホブソンなどを除けばきわめて少なく、少なくとも、経済学のメイン・ストリームにはなっていないのである。十九世紀には、リカードの影響を受けた自由貿易主義的なマンチェスター学派や、理論的な分析用具の精緻化によって市場競争理論を高度化しようとする「限界革命」などが、今日的観点から評価されるのだが、ここには、重商主義が見出した問題、グローバリズムと国家経済の関係、国境を越えた金融という事実への着目はほとんど見られないのである。

その結果、序章の注（2）でも指摘したように、今日奇妙なことが生じた。今日のいわゆるグローバリズムとは、国境を越えた金融、情報、商業活動の大規模化の中での国民経済という課題である。これは本来、重商主義者が見出した問題であった。ところが、その重商主義がスミスに否定されたという単線進歩的思考が地歩を占めることによって、このグローバリズムという現実が、スミスに発する市場経済理論の枠組で理解されているのである。その結果、自由貿易論や金融市場の自由化論という市場の競争的均衡論が、このグローバリズムの解釈において適用され、また政策的指針を与えることになる。これは決して適切なことではない。そしてそれは、重商主義的な思考（問題構成）とスミス的な思考（問題構成）を区別しなかったことによるのである。

（4）ここでのロックの引用は、ジョン・ロック『市民政府論』（鵜飼信成訳、岩波文庫、一九六八年）による。以下のロックからの引用も同書からのもの。また近年のロック研究の中からとりわけ次の書物を参照している。一ノ瀬正樹『人格知識論の生成』（東京大学出版会、一九九七年）、下川潔『ジョン・ロックの自由主義政治哲学』（名古屋大学出版会、二〇〇〇年）。もっとも一ノ瀬と下川では、多くの点でむしろ対立する解釈を提示しているのだが、ここでの私の議論はむろん、そこまで立ち入るものではない。本書は、以下にあるように、いわゆる労働所有権に基づく、財産と労働の関係に関する思想の流れを押さえるものなので、例えば下川がなしている厳密な定義づけや解釈のようなレベルの議論ではない。だが下川の、プロパティについての解釈、パーソンの意味（「人格」ではなく「人身」）、財産所有についての議論は、本書とも無関係ではない興味深い論点を提供している。

第三章　二人の「錬金術師」——ジョン・ローとニュートン

I

金銀の二重性

ジョン・ローはしばしば錬金術師にたとえられる。ローを雇い入れたルイ十五世の摂政オルレアン公が、彼を雇い入れるにあたって、宮廷にいた錬金術師をすべて解雇したと言われているが、こうしたことが、ローこそが「本物の」錬金術師である、という比喩的な言い方をいかにも真実らしく見せるのに一役買っている。むろん、ローが「本物の」錬金術師だったというのは、もはや錬金術という比喩が比喩にはならないことを意味しているのであって、ローは、まさに無から貨幣を生み出してしまったということだ。

経済学者のビンスヴァンガーも『金と魔術』という本の中で、ローを錬金術師にたとえている。この比喩の背後にあるのは、錬金術師であったとされる十六世紀のファウスト伝説をジョン・ローと重ね合わせながら『ファウスト』の物語に仕立て上げたゲーテの試みに他ならない。ビンスヴァンガーは『ファウスト』の第二部を錬金術的作業そのものとして読み、さらに、ローの銀行貨幣の試みを錬金術の近代的継承だと言う。言い換えれば、ビンスヴァンガーによれば、近代の資本主義経済は「別の手段をとった錬金術の継続」そのものなのである(1)。

土地という自然に働きかける労働によってではなく、人為的に、しかも原理的には無限に富を増殖する方法を見出したという意味では、確かにローの実験は、錬金術を想起させるものであろう。だが、このいささか安易な比喩によって近代経済の仕組みが種明かしされると考えてしまうとすればそれは適切ではない。錬金術という問題そのものにはまた後で立ち返るとして、まずは、ローの実験の意味についてもう少し見ておこう。

ローの実験は、確かに錬金術と類比され得ようが、むろんそれは単なる類比に過ぎない。何よりも、錬金術は純粋な金を作り出すことを目的とするのに対して、ローの実験は、金銀を貨幣の価値体系の中からむしろ放逐しようとしたものだったからである。ローが価値を無限にしかも人為的に作り出せると考えたのは、貨幣を金銀から切り離せると考えたからであった。ローにとって金銀は、むしろ価値創造の桎梏となるのである。そしてここに、金銀という独特の存在が近代の経済に対してもったいささかトリッキーで両義的な役割があった。

金は、果たして、衣服や食器や家具などと同様なモノであり商品なのであろうか。それとも、それ以上の何物かなのであろうか。そもそもこのような問いが成り立つところに金という存在の特異な性格がある。金は確かに一つの商品である。それは主として装飾的な意味での価値をもっている。これを使用価値と呼べば呼べなくもないであろう。しかし、明らかに金は、それ以上のものであり、富の象徴、完全無欠なものの象徴、永遠性の象徴と言ってよい。それは現実の利便性や必要性はもちろん、奢侈的で虚栄に満ちた生活の装飾という役割をはるかに超え出たところで、現実の生の中に還元され、また指示される以上の何かを象徴する。この象徴的な意味作用のゆえに、金は錬金術師の夢をかきたて、またヨーロッパの冒険家をして、危険を省みることなく東洋にまで駆り立てたのであった。そして、近代の経済はまさにこの金という二重性をもった独自の存在の手によって孵化されたと言っても言い過ぎではないだろう。

金という類を見ない存在、それ自体で見事に自足しながらもそれ以上の何かを喚起する象徴的存在、この商品ならざる商品が近代経済の形成において果たした役割は、これまであまりに過小評価されてきたように私には思われる。いわゆる貨幣商品説と貨幣記号説が従来対立してきたが、ここでも貨幣が金銀であったということの意味はさして重視されたわけではない。一方の貨幣商品説（貨幣金属説）では、金銀は使用価値をもった商品という次元へと解消され、それ以上の意味は与えられない。他方の貨幣記号説では、金銀は単なる素材であり実質的意味をもたないとされる。貨幣商品説は、金銀が商品だからこそ貨幣も商品として交換可能となると考え、貨幣記号説は、金銀であることは単なる歴史的偶然であって、さしたる意味をもたないと言う。

だが両者ともに、金銀のもつ二重性をほとんど考慮しようとはしていないし、さらに言えば、その二重性のおかげで金銀が貨幣たり得たということの意味をほとんど問題にしようとしないのである。金銀が近代の世界経済の形成にあたって貨幣として機能したという事実は単なる歴史的偶然どころではない。それは、それ以上の意味をもっていた。だからこそ金銀の呪縛からいかにして経済を解放するかという課題は、近代経済の展開においては決定的な意味をもったのであった。ローの実験も、これと対立するアダム・スミスの所論も、ある意味で、金・銀と貨幣と市場経済の関係に関するものであったと言うと言い過ぎであろうか。

浮遊する存在

さてこの観点からすればローの実験はいかなる意味をもっていたのであろうか。

すでに前章で述べたように、銀行券を貨幣に仕立てるというローの卓抜なアイデアは、もとはと言えば貨幣を金銀から切り離すという発想に基づくものであった。金銀が貨幣となり得るのは、金銀が商品だからではない。しかし、現に金銀が貨幣たり得るのはそれが商品として流通しているからである。ここに貨幣＝金銀という事態がはらむ困難があった。

もう一度念のためにローの主張を追っておくとこうなる。金銀が貨幣であるとすると、まさにそのことのゆえに商品としての金銀の価値が市場において変動し、それがさらに貨幣価値の変動を引き起こすだろう。しかし、ある商品が貨幣として通用するためには、その価値は安定していなければならない。だが実際には経済は絶えず拡張してゆく。それゆえ貨幣量は増加しなければならない。しかし、それにもかかわらず金銀量が大きくは増加しないとなると、貨幣価値を安定化するにはどうすればよいか。同一の金に対する貨幣価値の引き上げを、つまり平価の切り下げを行う他ない。一種の「悪貨」を流通させるということである。だがそうすると、「良貨」は駆逐され流通から姿を消してゆくだろう。その結果、通貨はますます不足し、貨幣価値は不安定となる。これが、貨幣＝金銀という事態のもっている困難であった。この困難は、貨幣商品説に立とうが貨幣記号説に立とうが変わりはなく、いずれにしても、金銀を貨幣とする限り解決することはできないのである。

そこでローの解決は、貨幣を金銀から切り離そうというものであった。これは論理的にはきわめてシンプルでかつ明快なものである。だが、この現代のわれわれから見るとさして問題ともならないと思われる「解決」は、ローの時代には、決して自明のものではなかった。実際、十八世紀の資本主義においては、それは決して「解決」どころではなかった。いや現代でも本当のところ「解決」はされていないのかもしれない。なぜなら、今日でさえ、形式上は国際通貨体制はまだ金本位制から完全に切り離されているわけではないからである。

ローの実験はきわめて逆説的だったと言えよう。それは、彼の実験が彼の目指したことを次々と裏切ってゆくという意味である。すでに述べたように、経済が成長の経路に入りつつあった英仏などでは、金銀は貨幣としては不足していた。さらに戦費を獲得するための国家財政の悪化がさらに貨幣の不足をもたらした。そこで例えば十八世紀初頭のフランスではたびたび平価の切り下げが行われ、イギリスにおいても、同時期に悪貨がたびたび出回り、いわゆるグレシャムの法則の実践舞台となる。

ローの実験は、この鋳貨改悪に対する万全の解決策のはずであった。政府保証（政府の引き受け）によってローの銀行が発行した銀行券を貨幣として流通させるというローの計画は、それ自体はきわめて合理的なものであり、しかもすでに事実上貨幣の役割を果たしていた裏書き手形の流通を見れば、さして無理な計画ではなかったろう。ローにとっては、問題の根幹は、貨幣が金銀の市場動向によって左右されるところにあり、その結果、貨幣量が経済の動きに即応していない点にあった。

ローは、決して、金銀の価値が不安定で、人々の金銀への信頼が不確かであるという理由で、金銀を貨幣とすることに反対したわけではない。その逆に、金銀の価値が不安定となるのは、金銀が貨幣として使われるからなのである。だから、金銀そのものは富の基礎として安定し信頼されているとしても、金銀を貨幣として使用することによってこの富の基礎が不安定化してしまうことを危惧したのであった。

したがってここで貨幣は二重の要求の前に立たされることとなる。一方で貨幣は、その価値の基盤を安定した何物かにつなぎ止めておかなければならない。他方で貨幣は、拡大する経済、肥大化する財政の要求にこたえなければならない。そしてこの二つの要求は必ずしも一致するものではないのである。明らかに金銀は、その市場的条件が安定しているがゆえにむしろ、この二つの条件を同時に満たすことができないのだ。

ローが当初考えたことは、金銀に代えて、土地を銀行貨幣の担保とするというプランであった。土地は当時においては、まだ充分に市場化されていない富だったからである。だからそれは金銀のように市場条件によって変動しない。担保である富は市場の外部にある。担保とは、容易には価値の変動しないもの、その姿や形状が容易には変わらないもの、つまり確固とした安定したものでなければならない。それは確実なものであり状況に依存しない方が望ましい。しかも、土地はきわめて広大である。少なくとも当面のところ経済の発展にしたがって土地が枯渇する心配はないだろう。こうして土地は、差し当たり上の二つの要求を満たすように思われた。

だがこのローのプランは、そもそも富についての矛盾する二つの立場を無理に一つの体系の中に押し込んだようなものであった。なぜなら貨幣は、本質的に流動的であり、国境を越えて飛翔するものであり、絶えずもち手を変え、匿名の使用者の間を流通することによってますますその通用力を増大させるものである。ところが土地はあくまで一つの場所に固着し容易には所有者もその価値も流動しない。それは特定の国家、特定の地域、特定の家、つまり固有名詞と切り離せないものであった。両者ともに富を示す。しかし土地は、一国の、あるいは一族の富を換喩的に示し、事実上、それ自体が富そのものとなってしまう。だが貨幣は富を隠喩的に指し示し、この指示作用は貨幣の流動とともに人から人へと移り変わってゆく。土地が固有名とともに固着した富であるのに対して、貨幣は匿名であり浮遊する。両者は富の形式としては全く対照的なのである。

それゆえ、この二つの形態の富を、担保という直喩で結び付けようとしたところにローのアイデアの無理があった。そしてその矛盾は、フランスにおけるローの試みの挫折の基本条件をなしている。イングランドにおいてその提案を拒絶されたローは、フランスにおいては言うまでもなく異邦人であった。つまり、自身の銀行の担保とすべき土地などどこにもなかったのである。また異邦人のローに土地を提供してくれる貴族も存在しなかった。ロー自身が浮遊する存在だったのであり、この浮遊する存在は、決して土地という確かな場所に固定名を登記することはできなかった。こうして、国境を越えて流動する貨幣と、特定の場所に固有名を固着させる土地の間の対立は早くも顕在化せざるを得なかった。

自己言及的システム

だが、ローの独創性が発揮されるのはまさにこの計画が一時頓挫した直後であった。実際、それは考え方としては画期的なものである。あるいは無茶苦茶なものだったと言ってもよい。なぜならここでローは、貨幣の担保として何らかのモノを要求するのではなく、貨幣が生み出した価値そのものを指定したからである。貨幣をいわばそれ自身が生み出す価値を担保とするというとんでもない実験が始められたのである。貨幣の背後にその価値を保証する担保があるのではなく、貨幣そのものが価値の担保となり、そこで作り出された価値が再び貨幣を担保するのである。

それはこういうことだ。土地銀行をあきらめたローは、いわば不完全な金銀貨幣制を保持したまま、新たな銀行券の発行システムを生み出す。ローは自身の銀行券を政府貸し付けによって流通させ、その銀行券を手にした人々はローの作り出したミシシッピー会社の株を買う。こうして銀行券は特別な担保もなく流通する。強いて言えばここで事実上担保の役割を果たしているのは、ミシシッピー会社の資産価値と社会的評判だけである。それはただ株価に支えられたものにすぎず、この株価はローの銀行券に支えられているのだ。

こうして見事な循環が描かれる。内実をもたない循環、価値の自己言及的システム。ここでは、担保はこの循環の外部に存在するのではない。循環そのものが担保となっている。銀行券はいわば自己自身を抵当に入れて、株式市場で価値を作り出し、そのことを担保として流通する。市場の外部で確かな価値を担保しようとする土地のようなものはどこにも存在しない。市場の外部で市場を支える価値の秩序などアプリオリには存在しない。市場で生み出されるものだけが価値であり、このヴァーチャルな価値のみを担保として貨幣は市場を構成するのである。

「最初」の貨幣は、アプリオリな担保をもたない。それは、それが生み出すヴァーチャルな価値を当てにしていわば世界に投企されるのである。担保は事後的に確保される。ここでは将来が現在の中に取り入れられ、もしくは取り入れられるという人々の了解のもとではじめて事態は可能となる。

ここに、その価値の実現を常に未来に先延ばしし、先延ばしすることによって、言い換えれば将来を常に現在の人質にする(pledge = 担保にとる)ことによって、その存在を可能とする貨幣なるものの本質が示されたことになる。

このように書けばこれはいかにも奇妙なシステムのように聞こえるだろう。だが、実はこれこそが、まさに近代の資本主義経済の本質と言ってよい。そして、ローこそは、どこまで自覚的であったかは別として、この近代資本主義のロジックを先取りしようとしたのであった。なぜなら現代において、銀行券は究極には政府、中央銀行によってその流通が保証されているとは言え、現象的には、何の担保ももたずに流通しているからだ。それはただ流通することによって流通する。言い換えれば、あらゆる商品と交換可能であるという了解のもとでのみ流通している。そしてただ流通することによってのみ、貨幣は、それが指し示す価値を事後的に実現するのである。繰り返すが、貨幣そのものには何らの使用価値も実体的な価値もない。したがって、それが保有されるのは、あくまで交換の後に事後的に実現される価値をヴァーチャルに先取りしているからに過ぎない。

だがそのことは、貨幣はその担保を、それと交換されるあらゆる商品の価値に置いているというに等しいであろう。そして、この手品のような循環が可能なのは、貨幣のみがあらゆる商品の価値を表象するからに他ならないのである。かくしてフーコーが言うように「貨幣はよりすみやかに流通することによってのみ多数の富を表象する」(『言葉と物』)ということになる。あらゆる商品の総価値は、現代のマネタリズムの理論が明らかにしているように、貨幣によって作り出される。つまり貨幣は、それが表象するものの価値を事後的に実現するという意味では、貨幣こそがあらゆるものの価値を生み出すとも言えるので、もしそうだとすれば、これは、貨幣が自らその担保とする商品世界の価値を生み出している。端的に言えば、貨幣は自らを担保として流通しているとしか言いようがないのである。ニクラス・ルーマンが貨幣経済の自己組織性あるいは自己準拠性と呼んだのもまさにこのことであった。

ローがその先駆者となり、そして先駆者の宿命として破産したのはまさにこうしたシステムであった。しかもローのシステムは、近代経済の縮図であるという以上に、もっと徹底してその本質を露わにするものであった。なぜなら、ローがその銀行券の循環構造の担保としたのは、ただ日常の商品というだけではなく、株式という、それ自体が半ば貨幣的性格をもったヴァーチャルな価値を生む存在だったからである。

ここで貨幣は自らの兄弟の手をわたり歩くことによって価値を保証される。貨幣はモノという「外部」へ送り出されて価値を実現するのではなく、いわば身内で近親相姦的な関係の中で価値を生む。土地どころか、直接に生産にかかわる何物もこの価値の保証に関与しない。流通は生産から完全に切り離されてそれ自体で自閉的なサークルを作り出し、自己言及的な担保システムを完成する。

実際には、ローは、ミシシッピーからあがる生産物と金銀鉱山の開発をその担保にできると考えたようである。だが、ここでは、この彼のもくろみが外れたことが重要なのではなく、むしろ、この彼のもくろみが最初からインチキだったとしても、ある程度ローのシステムは維持された、ということの方が重要なのだ。鉱山開発のためにミシシッピーに送られたはずの人夫が次の日にパリの町角をのこのこ歩いているところを目撃されたからローの計画は頓挫したのであって、それがインチキであったかどうかはさして重要なことではない。もしローの計画が、ミシシッピーではなく月へでも行って鉱山を開発するというものであり、この延々と先延べにされ、いつまでたっても実施されることのない計画に人々が熱狂したなら、ローのシステムはうまくいったかもしれないのだ。

だがそれは崩壊した。まさにその「システム」そのものが自閉的に宙に浮いていたからである。サン゠シモンは、ローのシステムについて次のように述べる。「ミシシッピー計画、株式会社、甲に払うために乙から金を借りるという悪賢いやり方、こうしたことからなる機構は、金鉱も賢者の石（可金石）ももたない以上、必然的に崩壊せざるをえない」。

価値増殖システムの限界

ここで明らかになることは次のことである。

第一に、ローのシステムを支え、そしてまた同時にそれを失敗に導いたものは、貨幣の循環経済は、生産とは独立に成立し得るという認識である。言い換えれば、貨幣による価値の表象が貨幣による価値の創造を伴い得るということだ。価値は生産の現場においてのみ生じるものではない。貨幣の流通そのものが貨幣と交換されるモノの価値を生み出し得るのである。ここに市場価値というものの特徴がある。モノの価値は一方では生産の現場において作り出されるが、他方では、市場において貨幣によって作り出される。ここにスミスからマルクスに至る古典的経済思想における価値の二重性の問題あるいは価値の転形問題を見て取ることはできる。

だが一層重要なことは、これは本質的には、決して転形できない問題だということだ。それは相互に関係はするが、決して転形されたものなのではない。生産による価値という「本質」が交換による価値という「現象」に転形されたものではない。重要なことは、生産という現場をもたないモノ、つまり今日言う金融商品やさまざまな資産の価値は、まさに市場の循環の中でしか生み出されない、そしてそこでは市場価値と対立する生産価値や労働価値などというものは最初から存在しない、ということなのである。極端に言えば、「甲に金を払うために乙から金を借りる」ということをつないでいくことによって価値は創造されるのである。ここに金融《ファイナンス》の本質がある。事後的に実現するはずの価値を担保として貨幣を手に入れる。この、絶えず将来を現在に組み込むという時間の重ね合わせの延々と続く操作によって金融は自立するのだ。

そしてローのシステムがきわめて純粋だとももまた短絡的だとも見えるのは、まさにその「金融」の性格のせいである。ローが引き起こした経済の沸騰においては、市場価値が参照されつなぎ止められるはずの生産と労働の価値というものが存在しない。だが存在しないがゆえに、貨幣は自己を担保として無限に増殖できる。だから近代経済の価値増殖は、少なくともある程度までは、生産や労働とは無関係に、貨幣の流動性の自己展開によって可能となる。ここに近代資本主義の本質があった。なぜなら資本主義とはまさに「資本」の運動による経済の価値の自己増殖に他ならないからだ。

同時にまた、貨幣の自己担保による価値増殖には限界があることをもローの実験は充分に示している。生産や労働とつながらない価値増殖が、やがては生産と労働が生み出すモノの実体との落差の臨界を超えることによって、その名目価値を急落させるという事態である。このクラッシュが生じれば、貨幣の自己言及的価値システムは一挙に崩壊へと至る。外部に支えをもたない価値の循環的な増殖構造は、増殖を終えたとたんに破産する。価値の絶えざる増大によってのみ支えられていたシステムは、その増殖の限界という認識とともに崩壊の危機にさらされる。

つまり、貨幣の循環による価値のシステムは、実際には、決して、自己完結的で自己組織的ではあり得ないのだ。この価値増殖システムは自己組織的であろうとすれば、無限に価値増殖を続ける他ないのだが、実際にはそのようなことはあり得ないのだ。これがローの実験が露わにした実際面であった。こうしてローのシステムは崩壊した。そして言うまでもなく、現代のバブル経済は、まさにロー・システムの再来である。現代のバブル経済がバブルの破産にもかかわらず、経済全体の破産にまで至らないのは、政府が市場秩序を支えているのと、もう一つ、われわれがローの試みの失敗を知っているからに過ぎないと言えよう。

貨幣という民主主義者

ローの実験についてもう一つ述べておきたいことは、ローが金銀担保を排除したことによって、何が生じたかということである。ローの反対者は、カンティヨンからアダム・スミスに至るまで、貨幣は金銀に結び付いていなければならないと主張した。ここでローに対する反対者は、貨幣の基礎は貨幣自身の内部にある物的素材性、つまり金銀の金属性に基づいていなければならない、と言う。ローの批判者は、貨幣そのものの内に、貨幣の物質的本質（金銀性）を措定することによって、実際上、価値の担保を市場の外に移そうとするわけだ。言い換えれば、担保とは、市場の内と外を結び付け、市場システムの自閉化を回避するものであった。

これに対してローの試みは、貨幣の価値の基礎を貨幣と交換される商品に求めることによって、実際には価値の担保を市場の内部に置く点にあった。貨幣の価値は、その素材性に由来するのではなく、市場の中で交換される他の商品との関係のみからくる。貨幣の価値は金銀によってあらかじめ与えられているのではなく、市場で交換が実現して初めて実現する。逆に言えば、貨幣と交換されるあらゆるモノが価値の形成にかかわってくる。他の商品価値の表象としての貨幣の役割が拡大されればされるほど、貨幣の価値は、一般的なもの、すなわち確かなものと見なされるようになるだろう。貨幣は、より広範により速やかに流通すればするほど、その価値を確かなものとしてゆく。それは一層多くの商品の価値を、したがって富一般を表象するものとなる。

こうして、貴重品、贅沢品、要するに「余計なもの」に対してのみ等価であった初期の金銀とは異なり、貨幣が交換されるものの範囲ははるかに拡大し一般化してゆく。ここで貨幣が表象する富は、もはや貴金属や宝石や贅沢な食器などではなく、それが交換し得るモノ一般へと拡張される。それは、一部の貴族階層御用達の贅沢品や海外からの珍しい貴重品だけではなく、日常の必需品にまで広がってゆくだろう。

同時に、それはまた、株式や国債という他の「紙切れ」とも交換されるようになる。こうして、日常品も贅沢品もそして金融資産もすべからく「富」として一括される。言い換えれば、もはや贅沢品と日常品の区別、さらには金融資産の区別は、価値の次元においてはつかなくなってゆくだろう。なぜならここでは貨幣は、あらゆる富を、あらゆる商品の価値を表象し得るからである。

このとき、貨幣は、市場の内部の特定のものとの結び付きを断つことによって、あたかも市場の外部に立ってあらゆる価値を表象できるかのような特権的地位に自己を置く。それは市場に張り付きながら市場の外に立つ。あるいは市場の中にありながらも、市場の外部から市場全体を見渡すかのような位置にある。その結果として、あらゆる階層の富に刻印されていたはずの差異は消失し、すべての商品は、階級や社会構造から切り離され、市場の価値という画一化された計算の次元へと標準化される。銀行貨幣の一般化は富の大衆化と歩を一にするのだ。あらゆるものが、紙切れ一枚と等価に並べられる。

そしてここに「富」という一般的なカテゴリーとともに、「国民経済」というカテゴリーも成立する。それはもっぱら一部の商人や貴族の贅沢品を富と見なした重商主義の終焉でもある。大衆が富の形成の主役として登場してくる。ちょうどローのミシシッピー会社のバブルに大衆が群れ集ったように。

また後述のように、イギリスで言えばそれはちょうど同時期の南海泡沫会社事件に象徴されるものであった。ここで、貴族層、商人層、平民層といった階級構造の真っただ中に、近代を特徴づけるあの強大な力、すなわち「平準化の作用」が姿を現したと言えるであろう。貨幣というラディカルな民主主義者の登場である。こうして、政治の公共空間とは全く異なった意味で平準化された世界、ハンナ・アレントの言う「社会的なもの」が形成されてゆくことになる。ローの実験が先駆けたのは、ただ近代経済の貨幣制度だけではなく、こうした近代的経済社会の基本構造であった。

ローとスミスをつなぐもの

さてここで再びロー＝錬金術師というあの比喩に戻ろう。そこで改めて次の問題を考えてみたい。

それはこのようなことである。ローが示したような貨幣の自己言及的な循環システム、価値を自己増殖し、そのことによって支えられるシステム、これは、市場という循環構造の外部のいかなる確かなものにも自己を担保しないシステムと言ってよい。土地にも、また金銀という（半ば）市場の外にある確かな富にも根拠を置かない。そのゆえに、それは貨幣の流通するあらゆる場所にまで市場領域を広げることができる。貨幣に媒介された市場は脱土地化し、脱国境化する。それは浮遊する価値であり、一国にはとどまり得ないがために、一国の国富としてはあまりに不確かなものだ。一国の確かな富という観点からすれば、それはあまりに不安定なものである。浮遊する貨幣は、絶えず市場の秩序を破壊し、その中に不確定性をもち込むことによって利潤機会を生み出してゆく。市場はここでは決して安定した閉域を作るのではなく、その周回は常に揺らいでいる。市場は大地の上に秩序づけられ大地の生み出すものによって限定されるのではなく、貨幣という気まぐれに浮遊する媒体によって常にその秩序を動揺させられる。

そして、例えばスミスがローの実験を批判した理由もまさにそこにあった。スミスにとっては、富の構成や分配は「事物の自然的秩序」を反映すべきものであった。土地と土地に基づいた労働、それが国富の確かな基礎となり、市場は土地と労働の生産性を高め、富や富の基礎を適切に配分するための装置であった。市場は決して貨幣がその価値を自己増殖するための装置なのではない。

この認識は明らかにローの思考とは全く対立する。土地と労働に基づく事物の生産と配分に関する自然な秩序があり、市場はこの自然な秩序を実現するものだという認識。このスミス的な経済観は、明らかに、ローが切り拓いた沸騰するような狂気を含んだ賭博的な経済観（ロー自身は必ずしもこうした経済観をもっていたわけではないにもかかわらず）とは対立する。

ではこの両者は全く相容れないものなのであろうか。両者は全く異なった現実を見ていただけで、交差するところはないのであろうか。いや、むしろこの両者は、ちょうどコインの裏表のような関係にあるのではないだろうか。少なくとも、そのように考えてみる余地はあるのではないだろうか。

ローが実験を行った十八世紀の初頭の英仏という世界、すなわち勃興しつつある市場の世界を深いところで衝き動かしていたものは一体何だったのだろうか。その何かが、後にスミスが体系化するような自然秩序的な経済認識（それは中世のスコラ的なものの延長上にある）のただ中にあって、ローの実験を可能としたのではないのだろうか。このことを考えるために、ここで今しばらくローの同時代人であるもう一人の人物に登場してもらうこととしたい。それはアイザック・ニュートンである。

II

「最初の金本位主義者」ニュートン

たぶん、アイザック・ニュートンほど捉え難い、不思議な印象を残す人物はそれほどいないであろう。それは学究的とも世俗的とも言える彼の生涯を垣間見た印象としてもそうだし、それだけではなく、天文学、力学、光学、数学などの分野で彼がなしたきわめて精緻で論理的ないわゆる近代科学的業績の背面に隠蔽された、決して余技などとは言えないほど持続したオカルト的、魔術的なものへの関心、聖書研究、古代への文献学的関心、年代学研究を見れば、その印象は抜き難いものとなる。とりわけケインズが編纂したニュートンの膨大な錬金術研究は、ケインズをして「最後の錬金術師」と呼ばしめた近代科学者ニュートンのもう一つの相貌を明らかに示している。

もっとも、錬金術そのものは、近代化学の先取りという面もあって、いささか秘術的であるとは言え、確かに精密な化学実験の精神に支えられていたという言い方も不可能ではない。しかし、錬金術には明らかにそれでは捉え切れない面もある。とりわけその中に見られる、ヘルメス思想やグノーシス主義、カバラといった異端的思想と、ユダヤ、キリスト教的なるものからの影響を考慮すれば、錬金術には、ただ近代化学の先取りという以上の意味があることは否定できないであろう。とりわけニュートンの場合、そのいささか異端的な要素を含む非正統的な宗教意識、ダニエル書やヨハネ黙示録といった、支配的なプロテスタントの間においてもいささか異様な扱いを受けていた黙示的な文書に対する関心、終末論と至福千年や予言への関心（実際、一説では、ニュートンは西暦二〇〇〇年には終末がやってくると考えていた）、黙示録解読といった彼の「もう一つの」関心、それも生半可とは思われない強烈な関心を見れば、近代科学の先駆者としてのニュートンと一種のオカルティスト、さらにはケンブリッジ大学のトリニティにあって強い信仰をもったキリスト者という一見異なった複数の相貌は一体どのように調停されるのだろうか。このような疑問が生じても決して不思議ではない。

ここはニュートン論を展開する場ではないし、そのような準備も私にはない。ただ、自然の中に揺るぎない秩序を捜し求めるという精神と、ときには異端的な宗教精神へ傾斜するオカルティズムがニュートンという稀有の人物の中で同居していたことに注意を向けてみたいだけである。そして、それは、決してニュートン一人の特異な現象だったわけではなく、十七世紀から十八世紀初頭にかけての、とりわけイギリスにおいて見られるいわば社会精神、時代精神のある一つの凝縮もしくは象徴と言うべきものだったのではないだろうか。(2)

ニュートンは一六九六年に造幣局の監事に就任し、その後一六九九年にその長官に就任する(後にも先にも、監事から長官に就任したのはニュートン一人であり、これはニュートンが強く希望した地位であった)。造幣局における彼の仕事の中心は通貨の改鋳であった。

当時のイギリスはまさしく悪貨が良貨を駆逐するというグレシャムの法則の実験場であり、銀の含有量の多い良貨はたちまち流通から消えていった。その結果、慢性的な通貨不足となり、通貨の実質価値はどんどん低下しており、その中でニュートンの仕事は、額面通りの正確な価値をもった銀貨を鋳造し、それを粗悪貨幣に代えて流通させることであった。実際、この当時にあっては「正しい」硬貨(含有量の実質と額面の差異が公定差異の範囲に収まる硬貨)を鋳造することは、それ自体がコストもかかり大変な技術を要することだったのである。

しかし、ニュートンの多大な努力にもかかわらず、この銀貨の鋳造において彼が充分な成果をあげたとは言い難い。銀貨の改鋳にもかかわらず、銀貨は銀に変えられて海外へと流出したからである。これは銀の鋳造というよりも基本的に金銀比価の問題であった。とりわけアジア貿易においては銀はきわめて重要な役割を果たし、イギリスにおいては銀は金に対して、他のヨーロッパ諸国に比して過小評価されていた。言い換えるとイギリスにおいて金は過大評価されており、ここに銀が海外へ流出する理由があった。この認識に立って、ニュートンは、金貨の価値の引き下げを要求し、一七一七年には政府との妥協の結果、金銀の交換レートは引き下げられ、金貨一ギニーは銀貨二十一シリングと公定されることになった。

だがこれはニュートンの意図を充分に実現したものではない。ニュートンの試算では、金はもっと引き下げられるべきであった。しかし逆説的なことに、ここで金は銀よりも若干高めにレートが固定され、その結果イギリスは、銀貨の流出（これは逆に言えばアジアの贅沢品や嗜好品などの流入）という対価を払いながらも金の流入を経験したのであった。そして、この金の流入が後にイギリスの金本位制を支えることとなるのである。つまりニュートンは、彼の意図とは異なったものの、造幣局の長官として、事実上イギリスの金本位制度の条件を作り出したことになる。「最後の錬金術師」ニュートンは、「最初の金本位主義者」となったと言えるのかもしれない。

ニュートンが金銀公定レートを定めている頃は、ちょうどローの実験がパリでなされつつある時代であり、周知のようにこの実験は結局は大失敗に終わるものであった。同様に、イギリスでは、一七一一年に設立されたサウス・シー・カンパニーはやはりバブルの果てに一七二〇年には破綻する。いわゆる南海泡沫会社事件である。興味深いことにニュートンも南海泡沫会社の株をもっていた。ニュートンが、このバブルでもうかったのか損失を出したのかは明らかではないが、しかし、何らかの形でこの出来事に巻き込まれたことは間違いない。彼が会長を務める科学者のサークルである王立協会までが南海会社のバブルで大損失を被っているのである。

名誉革命という権力構造の変化を経験した十七世紀から十八世紀にかけてのイギリスとはこのような社会であった。科学的思考の急展開、宗教精神の革新、自然科学の登場、合理的な啓蒙主義の進展、そしてそれと同時に、貨幣経済の急展開、金融バブル、金本位制度への胎動、また紙幣の流通、こうしたことが同時に生じていた。そしてニュートンは、そのどれにでもかかわっていたわけである。

少なくともここには、全く異なった二つの精神態度が共存しているという印象は否めない。一方には、自然神学、深い信仰、秩序と法則の発見という、広い意味で科学と神学を結び付けた自然哲学的精神態度があり、他方には、錬金術や異端的聖書への関心、また現実のバブルへのかかわりがある。だがこうした二つの精神態度はどうして共存できるのであろうか。あるいはこれがこの時代の時代精神であるとすれば、この二つの時代精神を同時に生み出したものは一体何なのだろうか。

むろん、これは、正面から扱えるようなテーマではない。とても私の手に収まる作業ではない。それゆえここでの関心を、このテーマにかかわるごく一部に限定しよう。それは、自然哲学の背後にある自然神学的なキリスト教の精神と錬金術に示される異端的な精神の関係についてのスケッチに過ぎない。しかし、この簡単な迂回は、ジョン・ローの実験のような近代経済の背後に潜むある種の精神を理解する上で欠かせないもののように思われるのだ。だがまずはニュートンに行き着く準備として、錬金術の背景をなしている精神を覗いてみよう。

自然哲学と錬金術的思考

錬金術（alchemie）とは、文字通りには、卑金属から金のような「完全な」金属を生み出す一部の「達人」にのみ伝承された秘術であるが、より広く言えば、そこにはいくつかの神秘的観念が随伴している。とりわけフリーメイソンのような異端的な宗教結社の人々にとっては、錬金術は、一方で物的次元で金という完全な物質を追求しながら、他方では魂を浄化し、罪悪を清め「魂の黄金」を求める神秘学でもあった。この見解からすれば錬金術の真の目的は、人間と自然の内にある生命の法則を求め、堕落した人間に贖罪を施して、生命を浄化し再生させることなのである。

それはまず、人間を含めた万物がこの世界において罪に汚され堕落しているという認識から出発する。その上で、ちょうど卑金属の中にあるはずの完全な金属つまり金を再生させるように、人間の魂を再生させるという。この再生の技術が「変成術」であり、そのためにまずは「賢者の石」が必要とされたのである(3)。

錬金術の実際的手続きについてはここで詳しく述べる必要はないであろう。彼らは、アリストテレス的宇宙観つまり四元素の変成によって世界が構成されるという宇宙観を前提とする。あるいは、より実際的には、硫黄と水銀と塩こそがあらゆる物質生成の原基であるとするパラケルススの立場に立つ。そしてその上で、「賢者の石」を作り出す。この「賢者の石」が卑金属を金に変成することができる、もしくは本来の金に再生させるというのが文字通りの錬金術である。

ところでこの「物質的変成」が可能なのは、物質の根本が、つまり世界が究極的には一者であり、あらゆるモノは、この変形に過ぎないと考えられるからに他ならない。根源的に物質は一つなのであり、「第一質料」こそが始原にある。そして世界はこの始原にある一者が流れ出たものであると見ることができよう。これは例えばネオ・プラトニストのプロティノスの思想であった。

だがこの認識から一体何が出てくるのだろうか。世界がもしこの一者の流出であるとすれば、あらゆるこの世の物質の姿は仮のものであり、それらは本来、自由に形を変換できるはずのものであろう。それゆえ、この世界の現象である物質(卑金属)をまずは始原にある「混沌」に戻してみよう。そうするとこの混沌の中で、あらゆる物質は共通の基本要素に還元できるであろう。そしてこの「混沌の大地」の中に、錬金術師たちは、「賢者の石」を見出そうとするのである。彼らは大地の中の鉱山に助力を求め、多少の金銀を含んだ物質を取り出す。それによって彼らは、硫黄と水銀を作り、この両者の「哲学的結婚」を執り行う。この哲学的結婚はまずは黒い物質を生み出す。これは腐敗と死の象徴であるが、それはやがて「再生」して白い石に変わる。これは死と腐敗からの再生、復活を示すが、この「復活」した石はやがてルビーに輝く「賢者の石」となるのである。

これが、錬金術のおおよそのプロセスと言ってよいが、この「物質の変成過程」はまた同時に「精神の変成過程」とも対応していると見なされた。自然界のあらゆるものは腐敗し、死に向かう。この生成から死への転変、そして再生というプロセスは物質でも人間精神でも同じことなのだ。それゆえ、成長し、完全なものへ向かうには、ひとまずは死へ向かわねばならない。死があって初めて再生があるからだ。死は、この場合、あらゆる金属を未定形な混沌へ融解することと等しい。ここで金属はその独自性を失って一般的なものへ解消される。

そして、これと同じことが錬金術師にも起こる。ここで錬金術師は、絶対的なものの前へ自己を投げ出すことによって、世俗の自己という独自性を放棄しなければならない。富や名声その他のこの世の中の事象や欲望は、汚れたもの、腐敗であって、それを放棄し、さらに自己を放棄し、絶対へ帰依するところから改心は始まる。その中で錬金術師は、厳しい自己鍛練、禁欲、孤絶した生活という一種の神秘的生活の中で自己を浄化してゆく。賢者の石とは、キリスト教的錬金術の文脈の中ではキリストを象徴するが、より一般的には、錬金術師の神との一体化を象徴すると言ってよい。つまり神人一致の体験がここでの基礎となっているのであって、浄化、再生、復活とは、この神人合一の一種の神秘的体験に他ならないと言ってよいだろう。

ところで、「精神の変成過程」としての錬金術は、もともと魂の「再生」という意味をもっていた。ということは、魂は本来は美しいものであり、腐敗してはいないはずであった。ではこれを腐敗させたものは一体何なのか。魂を腐敗させたのは、神との約束を破ったアダムの原罪である。原罪は人間の弱さゆえに生じたのであり、したがってここに人間の自己鍛練、自己規律といった厳しい倫理、道徳が要求されることとなる。神は本来、絶対的存在である限り、この世界に「悪」を作り出すはずはない、という確信がそこにはあった。人間の「悪」は絶対的なものではなく「善の欠如」つまり意志の弱さ、もっと言えば、信仰心の欠如によるのだ。したがって、現世のあらゆる瞬間における禁欲的で倫理的な生活こそが重要だというのが、例えばカルヴァン派の教えであった。

だが、明らかに錬金術師の魂の浄化や激しい自己鍛練、死からの再生などは、ただ意志の弱さといった程度では説明はつかないだろう。それは「善の欠如」といった以上の何物かであろう。それはもはや日常的倫理、世俗内的禁欲の次元をはるかに越えているのであって、ここで求められているのは、日常的な倫理ではなく、むしろそうした日常を一度は全部破壊し、放棄し、一切の道徳規範を無に帰した後に実行される神への帰依なのである。ここにあるのはグノーシス的な完全な知へ至る扇動的な意志であり、マックス・ウェーバーがカルヴァニズムの対極にあるとした、一種の神秘的で隠匿的な生活、達人の倫理だと言ってよかろう。それは、カルヴァン派が切り拓いたとされる近代的合理主義の世界とはむしろ対極にある世界である。

しかしなぜこのような強力な自己放棄、神人合一という稀有の体験がなぜ要請されたのか。答えは明白である。ここでは「悪」はより根底的であり、それ自体が絶対的な力をもっており、もはや個人の自己鍛練や規律程度では管理のしようがなかったからである。ここに錬金術のもつ異教的、グノーシス的でかつアンチ・キリスト的ラディカリズムと通底する何かを見て取ることは可能であろう。

グノーシス主義においては、この世には善と悪という二つの人間を超えた力が作用していると見る傾向があるが、これは神という絶対者のみを措定する正統的な教会キリスト教とは異なったものであった。つまりグノーシスの流れの中では、善なる存在としての神と悪としての神が存在し、しかも両者は一体で不可分のものと理解されているのであり、こうした前提を置いて初めて、ローマ教皇をアンチ・キリスト＝悪魔と見る最もラディカルなプロテスタンティズムも理解可能となるのである。

言い換えれば、ここに〈父―子（キリスト）―精霊（魂）〉という三位一体によって信仰が確保されるとする教会的キリスト教とは異なり、〈神―悪魔―人間〉という三位において、いかに人間を浄化、再生させるかというもう一つの課題が、ちょうど正統的なキリスト教の三位一体説のいわば影として出てくるわけである。

とすればここでわれわれは一つの興味深い論点に立ち入ることができるであろう。それはこういうことだ。

ニュートンは、すでに述べたように非常に強い信仰をもっていたが、この信仰は少なくとも表面的には、もっぱら自然の中に神の偉大な計画を見出そうとするものであった。ここに彼と彼に影響を与えた自然哲学の神学的基礎があり、自然の中に隠されている法則を発見するという近代科学も結局はこの神学の中から誕生したと言ってよい。自然法則という観念は、絶対者が作った自然秩序という観念への信奉を必要としたのである。創造主としての神は、自然の中にも人間社会の中にも法則的秩序を設定しているはずである。この秩序を発見することが、神の計画を理解し、ひいては神の存在を論証することになるという「計画の論証（design argument）」がここから出てくる。

そして言うまでもなく、このニュートン的世界観は十八世紀のイギリスの知的世界に決定的な影響を与えた。アダム・スミスもその影響を受けた一人である。スミスはニュートンが自然の世界で論証したことを人間社会に適用したとさえ言ってよいだろう。仮に、人間が原罪を引きずった弱い存在で、利己心や虚栄心に捕らわれていたとしても、それでよいのだ、神は、この不完全で弱い人間存在にもかかわらず、社会が自然的秩序を実現するように「市場」をわれわれの手に与えられたからである、ここに神の目に見えない偉大な「計画」がある。これがスミスの主張であった。これこそが「市場は（神の）見えざる手」という命題の意味である。

千年王国運動

ところで、ニュートンの自然哲学的宗教の背後にはもう少し広い、あるいは少し異なった宗教運動があったことに注意しなければならない。いわゆる「千年王国運動」である。マーガレット・ジェイコブの『ニュートン主義者とイギリス革命』によると、千年王国運動は、この十六世紀から十七世紀のイギリスにおいてきわめて広範な潮流を形作り、さまざまな改革運動に影響を及ぼしていたという。キリスト再降臨の前に世界は大混乱を迎える。しかし、この中から予言者が述べた救世主が再臨する、したがって、この予言を信奉する「選ばれた者」たちは、混沌と騒乱の中で来るべき千年王国へ向けての準備をしなければならない、そして、そのためには、何よりまず、ローマ教皇という欺瞞の姿によってキリスト教徒を支配する悪魔（アンチ・キリスト）との壮絶な戦いに勝利を収めなければならない。この千年王国論がプロテスタント的改革にも強い影響を与えたことは想像に難くないであろう。[4]

　そして、ジェイコブの述べるところによると、この思想はいささか穏健な形ではあれ、広教会派＝自由主義者（latitudinarian《ラティテューディナリアン》）に属していたニュートンと彼の周辺、彼の信奉者たちにも強い影響を与えていた。自然哲学に基礎づけられた自然宗教こそはプロテスタント教会を統一する信仰の基礎となるはずのものだったのである。ここには国教会をめぐるヘゲモニー闘争があり、このヘゲモニー闘争は名誉革命後の秩序の再定義という政治的課題と結び付いていたのである。

　ところが千年王国運動にはもう一つ別の面がある。それは、予言と終末論と救済の信仰がないまぜになった神秘的、破壊的側面である。もしも、救世主が現れる千年王国が実現する前に終末が来るとすれば、もはや世俗道徳や世俗倫理など問題とはならないであろう。この世の現在の秩序が悪魔（アンチ・キリスト）によって支配されており、人間はその操り人形に堕しているのだとすれば、まず一度は現世の道徳を打ち壊し、秩序の破壊、騒乱、混沌を生み出すことこそが必要となる。そして、選ばれたことを確信できる者こそが、イエス・キリストのごとく人々を率いて新たな時代への準備をすることができるだろう。ところで選ばれた者とは一体誰か。それは、自らを神と合一だとする強い確信をもった者である。神人合一といういささか神秘的な体験が、こうして宗教的指導者を生み出す。

事実、十六世紀のイギリスでは、下層大衆やピューリタン革命の兵士の中にまで浸透した聖霊主義のランターズやディッガーズ、それに一部のバプティストや初期のクエーカーが「霊的千年王国主義」を背景として登場する。その多くは、反律法主義に立って狂躁《オルギア》と啓示を唱えてカルヴァン的予定説を否定した。世俗の中では、彼らはどんちゃん騒ぎを起こし、乱行や強奪を働き、一種の騒乱状態、無道徳状態を作り出そうとしたり、あるいはまた、家、財産、金、土地のあらゆるものを捨て、神秘的体験を得るための厳しい修行に励んだりしたのである。

これは、ニュートン的な自然宗教とは大きく異なっていると言わざるを得ない。だが千年王国運動の中から当然出てくる運動であったと言うこともできる。そして、改めて言うまでもなく、この後者の運動こそは、実はその基本的な構造において錬金術の「魂の変成」とどこかで重なり合ってくるのではなかろうか。むろん、錬金術と霊的千年王国運動の間に何らかの現実上のつながりがあったなどと言っているわけではない。そのような事実など存在しないであろう。ただわれわれはそれを類比させて見ることが可能ではなかろうかというだけのことである。そこに、精神作用のある共通の形を見出すことができるのではないかということだ。

現世の秩序をいったんはすべて破壊し、あらゆるものを混沌の内に投げ込むという霊的千年王国運動の第一歩は、あらゆるものを混融し一者に戻す錬金術の第一歩と対応し、その中で神人合一的神秘体験を得るための厳格な訓練や特異な達人的生活もまた錬金術師のあり方と対応している。そのあげくに、一切のものが最後の審判にかけられた後に、神人合一的体験の達人（一種のキリスト）によって絶対的な善の世界である至福の状態に至るという筋道は、金属が「賢者の石」によって金という絶対的金属に変成されるという錬金術を思い起こさせる。

さらに言えば、ニュートン的な自然的宗教観を徹底すれば、錬金術的世界観が現出するとさえも言うことができるのではないだろうか。なぜなら、自然神学における神の法則の発見とは、ある意味で、人間を神と同等の立場に立たせることを意味しているからである。自然哲学は、偉大な神の計画を発見するためのものであった。しかし、この神の計画がひとたび法則という形で認識されれば、この法則的秩序を見る人間の視線は神のそれと同等になる。人間は、無知で卑小な存在から、自己を超越した神の視点をもち得るようになる。人間は、人間という不完全な立場にありながらも、自然法則を知ることによって神の視点を手にすることができる。そしてそのためには深い絶対的な信仰が必要なのである。言い換えれば絶対的な信仰の境地から、人は神の意志を知るに至るだろう。

さらにこの思考を徹底すれば、彼は神の意志の代理として、自然をその法則を使って支配することができるだろう。つまり、一種の神人合一の上に立って、人間が自然を支配し、自然を操作して価値を作り出すことが可能となるだろう。同様に神の計画を知ることができれば、つまり啓示を受ければ、人間はその地位を神と同一の超越的次元までもち上げて、社会を根底から改める新たな価値を作り出すことができる、という思想が出てくるのも当然であろう。

しかしそのことは、いずれにせよ、この時代の思考に二つの形、それも相互に無関係ではあり得ない二つの型があったことを示している。一つは、神の「計画論証《デザイン・アーギュメント》」に見られるように、自然や社会の中に確固たる法則的秩序を見出そうとするものであり、他方は、自然や社会（人間）を、混沌と浄化、再生の運動に投げ込むことによって、一層完全なものへと作り替えるという思考である。一方は、「世界」を自然に支えられた法則的秩序によって生成した安定した体系と見なすのに対し、他方は、「世界」を混沌と浄化、人為と創造によって完成へ至る運動と見る。そしてその両者とも、ユダヤ・キリスト教的文脈、もっと言えば、予言、神の意志、罪深い人間、善と悪の対立、そして、ダニエル書や黙示録などを中心とした予言的聖書を土壌としているのだ。

ユングは、錬金術はキリスト教の影の部分だと述べている。神の秩序と摂理を称賛し、人間の罪を悔い改めるという道徳を説くのがキリスト教の「表」だとすれば、悪魔や神秘主義をもち出す錬金術はその「裏」だと言う。さらにユングは、この「裏」は、われわれの意識がコントロールできない「無意識」を示していると解する。またウィリアム・ジェイムズは『宗教的経験の諸相』において、さまざまな「改心」の神秘的体験に神人合一に似た幻想的体験を見出し、ここに人間の無意識の心理作用を見出した。こうした知見をここでの議論に重ね合わすことができれば、われわれは宗教と人間心理についてのもっと深遠な理解の手掛かりを得ることができるのかもしれない。しかし、本論では、自然哲学と錬金術的思考の両者が決して無関係でバラバラなものではないこと、ユダヤ・キリスト教の文脈においては、その両者は、ユングの言う「表」と「裏」の関係に過ぎないこと、そして、十七世紀の千年王国運動が実際、この両者をつなぎ、その背景をなしていたこと、これらのことだけを確認しておこう。

欲動と疚しさ

さてそこで最後にもう一度ジョン・ローの実験に戻りたい。ローが、実際には貨幣を金銀から切り離そうとしたにもかかわらず錬金術師にたとえられるのは、ローの試みが次の三つの点で、錬金術的なものを暗示するからである。

第一に、ちょうど錬金術が、大地（鉱山）の中にある金属素材を使いながらも、大地から切り離された完全な価値を人為的に作り出そうとするのと同様に、ローの紙幣は、金銀という金属を利用しながら、究極的にはそれから切り離された人為的な価値を生み出すシステムだったからである。

ローの紙幣が土地担保を意図しながらも決して現実のものとはならなかったのは象徴的と言うべきであろう。人為的に作り出される価値は、「大地」という変化しない自然の富とは対極にある。錬金術もローの経済も、大地という自然的なるものから出発しながらも、その自然の制約を人為的に超え出てゆこうとする。自然そのものは、物質的構成においても富の構成においても不完全であり制約されたものである。真の物質（黄金）にせよ、真の富（貨幣）にせよ、完成を目指す運動は自然と大地の制約の届かないところへ行かねばならない。その価値は、大地からの贈与ではなく、自らが作り出すものでなければならない。その価値は、人為的なものとして、しかも神秘的で説明のしようのないプロセスにおいて作り出されるのだ。この意味において確かに、黄金を作り出す錬金術師と、紙幣を流通させて価値を生み出すローのごとき銀行家は比喩的に同一視され得るであろう。

そしてまた、この両者の象徴的同一化は次のことによっても強化されよう。それは、脱大地化して自然の懐を一度離れた錬金術は、特定の場所という制約をもたないのと同様に、ローが生み出した紙幣も、土地という担保を離れてしまえば、特定の場所に拘束されることはあり得ない。こうして、特定の住処をもたず、世界を放浪し、ときにはジプシーの群れにまじって生活した一種のコスモポリタンたる錬金術師と、やはり特定の国家に受け入れられることなくヨーロッパを旅したローの像が重なってきても不思議ではない。貨幣もまた特定の場所に縛られることなく世界を浮遊するコスモポリタンなのである。ここでは「大地に根付いたもの」と「浮遊するもの」が対比されているのであって、錬金術も紙幣も明らかに世界を「浮遊するもの」なのだ。

第二に、錬金術師の作り出す黄金も、ローの生み出した貨幣も、それ自体で自足した価値であることに改めて注意しておこう。それは物質世界および経済世界において最も抽象的でかつ一般的な価値である。経済においてはもともと特定の土地や人に結び付いた生産物が存在するとしてみよう。これらの固有名をもった特定のモノが、その固有名において相互に交換されるのが物々交換もしくは「市場=物財交換モデル」の世界である。しかし、貨幣はこのような固有名と具体的なモノが相互に相対峙するという状況をいったんすべからく解体し、すべてのモノからその固有名を奪い取る。商品はそれに固着していたはずの土地や人格性をすべて奪い取られ、価値の次元ですべてがいったん溶解され、市場という抽象的空間へ集められ、一つの混沌の中に投げ込まれ、そして平準化される。すべてを一つの巨大な集積としてしまった商品の群れを、価値という共通次元で象徴するのが貨幣に他ならない。そこで貨幣はまずこの混沌の中から価値の総体を示すものとして登場し、次にあらゆる商品が貨幣によって改めて価値（市場価値）を吹き込まれるのだ。このプロセスが、錬金術における完全な価値の創出プロセスと類比させられたとしても不思議ではないだろう。

第三に、この大地を離れた「浮遊する」性格、そして具体的な固有名や人格性から離れた抽象的で一般的な性格、この点で、錬金術もローのシステムも、「自然の秩序」とは見事に対立する。その結果、ここには物質世界と経済世界の双方に共通する二つの思考が存在することになる。一方は、ニュートンの力学系やスミスの市場秩序に対応する、自然の法則、自然の秩序といった観念に依存した思考方法であり、他方は、錬金術やローの実験のように、この秩序を一度は破棄して、現象の背後に立ち戻ったところから人為的に新たな世界を創造しようとする思考である。

そしてこの両者の共通の背景となっているのは、宗教改革後のキリスト教と広い意味での千年王国運動であった。千年王国運動は、一方で国教会的なプロテスタンティズムにおいて、確かな秩序の再建、その基礎となる自然哲学の形成という自然的秩序の確認という方向に作用するが、他方では、終末論と救世主待望論と結び付いて、破壊と魔術と再創造というダイナミズムを引き起こす。大きく言えば、この二つのことがらが共通の宗教的精神の布置の中から登場したのである。

スミスの市場秩序においては、土地(自然)に作用する労働がモノの価値を生み、それが貨幣という便利な手段を生み出す、という。ここにあるのは、本質的に、法則に支配された価値の自然的秩序である。これに対して、ローのシステムでは、一度価値の混沌の中から作り出された貨幣が、モノの価値を決め自然を支配する。土地や資源という自然の系譜にあるものも、貨幣という人為によってその価値を編成される。スミスの自然的秩序では、本質的に交換の中では価値は創造されない。価値を生み出すものは土地と労働であり、交換は価値の観点からすれば、ただ異なった姿をとった等価なものの変形にしかすぎない。姿は全く変わるのに価値は等しい。しかし、ローのシステムでは、交換が行われれば行われるほど価値は増殖する。姿は等しいのに価値は変わるのだ。株式のバブルの中では交換そのものが価値を作り出してゆく。汗して働くことではなく、機を見て受け渡しをすることが価値を生む。ここでは、土地と労働に代わって貨幣が富を代表するのであり、貨幣を多くもてばもつほど多くを所有することとなる。つまりより多く世界を支配することができる。

こうして、貨幣が富であるという重商主義的観念は、スミスのような自然的秩序、ロックのような自然的所有権という観念が見落とした決定的な点を透察していたことになるだろう。それは、貨幣をもつことは世界を象徴的に手に入れる方法だということである。なぜなら貨幣とは支配力であり、貨幣をもつことは、つまり権力をもつことだからである。それゆえ、欲望はさまざまなモノではなく、貨幣そのものへと向かう。なぜなら貨幣において人は世界を支配する権力を象徴的に手にできるからである。だから貨幣愛とは、変形された権力欲だと言ってもよい。

これはカルヴァン派の中からは出てこない考えである。なぜなら、ウェーバーが述べたように、カルヴァン派は少なくとも日常の宗教倫理の中では、常に合理的であろうとし、脱魔術的であり、神秘的体験を廃し、絶対的な意味での「悪」の存在を問題としないからである。ここでは、人間の堕落や腐敗は、せいぜい人間の弱さ、善の欠如であり、本質的に自己規律という禁欲の倫理によって克服可能なものだからである。根源的な権力欲は、カルヴァン派的ストイシズムのもはや与り知らぬ問題なのである。人間の自己規律などという程度ではコントロールできないような「悪」の力を認めなければ、管理不能な権力欲などというものはあり得ないだろう。世界支配の隠された欲望、世界へ向けられた権力、これはほとんど「悪魔」の作用であり、ここで人は悪魔に魅入られ操られていることとなる。悪魔に向かって倫理や道徳の必要を説いたところで、どうなると言うのであろうか。

そして、フロイト、ユング、とりわけユングは、すでに述べたように「悪」とは無意識のことだと解釈する。そもそも「悪」がなければ、無意識のレベルでの葛藤も起きないし、また無意識の領域にこの悪がなければ、それは意識化されて倫理と自己鍛錬という課題へ変形されただけだからだろう。こうして、重商主義的思考の背景となっているもの、そしてローのシステムの背景をなしているものは、「悪」を心中深く抱きこんだ「無意識の欲動」なのだ、という理解が可能となる。錬金術はまさにこの「無意識の欲動」を象徴していると言うべきではなかろうか。

これに対して、ウェーバー流の解釈を施された正統派カルヴァン派においては、この種の「無意識の欲動」という観念など出てこない。カルヴァン派の中では、問題は世俗的禁欲の倫理によって解決可能なのである。人間にできることはそこまででありそれで充分なのだ。勤勉と合理的計算とに基づいた自己利益を追求すればよい。そのような態度そのものが、神秘主義や達人的オカルティズムという異教的「悪」から身を守ることとなっている。だが、ロックやスミスの所有や市場の秩序はまさにこうしたカルヴァニズムに基づいている。だが、ローの錬金術には、どこか異教的な「悪」という無意識がつきまとっているのではなかろうか。いや、「無意識の欲動」を「悪」と見なすような思考がつきまとっているようにも見える。バブルによって人為的に価値を作り出すこと、大地と労働という神が与えた自然の恩恵から身を引き離し、自らが神となって富を拡大し、世界を支配しようとする悪魔的な試み、これがローの実験をうさんくさいものとしている最大の理由なのである。つまり十七、十八世紀のユダヤ・キリスト教を前提とした認識論的な布置のもとでは、ローの金融システムが、錬金術のシステムと同様に、悪魔的で魔術的な動機を隠しもったものとされるのは一つの必然なのである。

そしてそのことがまた、金儲けを「疚《やま》しいこと」とする根強い倫理の背景ともなっている。「無意識の欲動」を動かす「悪」があれば、それに対して「良心の疚しさ」が対置される。ここに「欲動」と「疚しさ」に引き裂かれた近代的経済人の原像が出てくる。資本の運動としての近代資本主義の精神的背景とはこのような二重性そのものなのだ。「欲動」と「疚しさ」の葛藤を抱いた近代人の精神分析的次元こそが資本主義論においては必要なものなのであった。

しかし、ロックの市民社会論とスミスの市場経済論とさらにはウェーバーのプロテスタンティズム論に依拠した近代社会の理論は、見事にこの次元を捨象してしまったわけである。ロックの友人であり、スミスの先駆者であったニュートンという人物が興味深いのは、ニュートンにおいてこの両者が、その活動の表と裏の二面性として張り合わさっていたからに他ならない。だが近代社会はその一方だけを受け取った。自然哲学と社会の自然的秩序という思考である。「悪」は隠された。その結果、「欲動」と「疚しさ」という無意識の問題は近代社会の表層からは消えていった。しかし、それは決して消滅したわけではない。それは地下水脈で生き続け、今日再びわれわれの前に姿を現し、われわれを悩ませているのである。

ローが始めた実験について最後にもう一言述べておけば、むしろ興味深いのは、一六九四年に設立されたイングランド銀行の偉大な実験の方である。ローとほぼ同時代を生き、同郷のスコットランド人であったウィリアム・パターソンによって設立されたイングランド銀行は、その基本的なアイデアはほとんどローのものと同じであった。ただ、それは確実に信用の置ける出資者による株式会社であり、イングランド政府への貸し付けによって特権的位置を与えられたものであった。

ローのシステムと決定的に異なったのは、イングランド銀行の銀行券の発行は、厳格に硬貨の裏付けをもっていたことである。そしてこの硬貨の質を保証することに腐心したのは造幣局のニュートンであった。したがって、一七一七年にニュートンがイギリスに事実上、金本位制の種をまいたとき、イングランド銀行は確実に金の裏付けを与えられたことになる。このことを基礎にイギリスは十九世紀には名実ともに金本位制に踏み出すのである。その金本位制のもとを作ったリカードは次のように述べている。通貨が完璧であるためにはその価値が不変でなければならない。そしてそのためには金のような本位貨がなければならない、と。皮肉なことに、ローが最も恐れていた金銀を本位とする貨幣こそがイギリス経済を安定させたのである。

こうしてスミスの偉大な弟子が勝利を収めた。錬金術は失敗した。いややはり時期尚早だったと言うべきかもしれない。だが、最大の皮肉は、価値の創造というローの実験を破産させたものは、他ならぬ金への人々の尽き果てぬ執着であり、それゆえにこそ経済を安定させるものもやはり金への信頼だったということであろう。錬金術の挫折によって、金はその後、ほぼ現代に至るまで、世界経済において決定的な役割を果たし続けてきたのであった。

(1) H. C. Binswanger, *Geld und Magie*, 1985（ビンスヴァンガー『金と魔術』清水健次訳、法政大学出版局、一九九二年）

(2) ニュートンの伝記については多くのものが出ているが、ここでは主として次のものを参照した。R. S. Westfall, *Never at Rest; A Biography of Isaac Newton*, 1980（ウェストフォール『アイザック・ニュートン』上・下巻、田中一郎・大谷隆昶訳、平凡社、一九九三年）

ニュートンの、近代力学という合理的科学の分野の仕事と、その背面に隠れている錬金術や予言の解読といったいささかオカルティズム的な研究をどのように理解すればよいのかは言うまでもなく大きなテーマであろう。だが、ニュートン自身は、物理学、化学、錬金術、聖書研究（ケインズによると、ニュートンは、聖書研究によって宇宙の神秘を探ろうとしていた）といった分野を区別していたわけではない。それらはニュートンにとっては一つの体系であったと言ってよい。ただ、ニュートンの「方法」を特徴づけるものは、事実のこまかい探索や分類ではなく、あらゆるものを統一的に説明できる原理を見出すというものであった。しかもその世界の原理を、彼は直感的に把握できると考えていたようである。こうしたニュートンの原理主義、直感主義に加えて、彼のほとんど親しい友人をもとうとしない孤独癖や、一六九二年前後の精神的錯乱状態を前提にして、例えば飯田真・中井久夫『天才の精神病理』（中央公論社、一九七二年）は、ニュートンを典型的な分裂病であったと解している。一方における理神論的な合理的秩序という思考、そして他方で神秘的、直感的、独我論的な思考（これを飯田と中井は「内面の祝祭」と呼んでいる）、この二つが並列しているのである。だが、本論で述べるが、この二つの精神の並列、混在は、当時の社会の中でヤヌスのような二つの相貌をもった社会精神のようなものでもあったと言ってよいだろう。

(3) 錬金術については多くの研究が出されている。ここで参照したものは主として次のものである。S. Hutin, *L'Alchimie*, 1951（ユタン『錬金術』有田忠郎訳、白水社、一九七二年）、ユング『心理学と錬金術（I・II）』（池田紘一・鎌田道生訳、人文書院、一九七六年）。また、ニュートンと錬金術の関係については次のものを参照。B. J. T. Dobbs, *The Foundations of Newton's Alchemy or "The Hunting of the Greene Lyon,"* 1975（ドブズ『ニュートンの錬金術』寺島悦恩訳、平凡社、一九九五年）

（4）M. C. Jacob, *The Newtonians and the English Revolution 1689–1720*, 1976（ジェイコブ『ニュートン主義者とイギリス革命』中島秀人訳、学術書房、一九九〇年）

本書でジェイコブは、十七世紀から十八世紀にかけて興隆していた千年王国運動に注目し、それが、それまで言われていた一部のラディカルで反体制的なセクトにおける特殊な運動だったのではなく、国教会にまで浸透した大きな時代精神だったと言う。この時代精神を背景として、広教会派は、一層急進的な自由思想やラディカルな改革思想から名誉革命後の体制を守るために、ニュートン的な理神論的秩序論を積極的に取り入れ普及させようとしていった、と言うのである。ここにもやはり二つの世界観の対立がある。そしてその背後には、千年王国運動というユダヤ・キリスト教の仲から受け継がれた共通の思考があった。

第四章　〈市民的資本主義〉と悪魔の貨幣
――ウェーバーとプロテスタンティズム

I

賎民資本主義の精神

マックス・ウェーバーの長大な論文『プロテスタンティズムの倫理と資本主義の精神』は、よく知られているように、近代ヨーロッパ資本主義を支えた精神とプロテスタントの倫理の親近性を論じたものである。ウェーバーは、決してプロテスタントの倫理が近代資本主義を生み出したと言っているわけではない。そうではなく、ウェーバーは充分注意深く、プロテスタンティズムの中のある種の倫理意識と、資本主義の中のある種の精神の間に密接な関係がある、つまり、因果関係というよりも、類型としての適合性が見られる、というのである。

この場合重要なことは、資本主義の精神的起源という大問題に対して、決して、ウェーバーが一般論をふりかざして接近しようとしたのではなく、つまり、彼がプロテスタンティズムと資本主義の「ある種の類型」に議論を限定したという点にある。具体的に言えば、彼が関心をもったのは、プロテスタントの中のカルヴァン派の中の、主としてオランダ、イギリスへわたりピューリタンの名で総称された世俗生活全般を倫理化しようとした一派と、西ヨーロッパにおける近代資本主義の間の関係であった。ウェーバーは、まさにこのように特定化された二つの「類型」の間の近接性を問題としているのである。

だが、そうするとまた逆に、ウェーバーがここで特に問題視しなかった「類型」には、別の意味での近接性があるのだろうか、という問題が出てくる。ウェーバーがこの論文の中で特に主題化することのなかったヨーロッパにおける宗教倫理（ユダヤ教、カトリック、ルター派など）と、またある種の資本主義の精神の間には別の意味での並行関係があるのではなかろうか。なぜウェーバーは、このいわば裏返された面を正面から論じなかったのだろうか。こうした疑問だ。

実際、ウェーバーは、いわば裏返された並行関係をある程度想定しているようにも見えるのである。彼の問題とする西ヨーロッパの近代資本主義とカルヴァン派の倫理との近接性、そしてそれを裏返した別の資本主義と、非カルヴァン的な別の宗教との近接性。ヨーロッパの文脈で言えば、ユダヤ的、あるいはカトリック的、またルター派的倫理と別の資本主義との関係である。

しかしこの場合、非カルヴァン的倫理、すなわちカルヴァン的なものによって否定され、それと対立する倫理とは何であろうか。別の言い方をすれば、カルヴァン的な倫理の一体何が、ピューリタニズムを近代資本主義の意味で特権化し、また、それに対立する何が、それとは別の類型の資本主義と結び付くのであろうか。

とは言え、まずは、カルヴァン派の倫理と近接関係にある近代資本主義とは何だったのか。この点から始めよう。

ウェーバー自身繰り返し述べているように、彼が問題としているのは「資本主義一般」ではなく、十七、十八世紀の西ヨーロッパ、そしてやがてアメリカで展開を見ることになる「近代的資本主義の精神」であった。つまり、合理的会計や、確実な利益計算といった合理的な計算に基づき、勤勉と信用といった社会倫理に支えられた合理的経営をもった営利活動である。この合理的営利活動を支えるものは、合理的な計算と組織化の精神と強い職業倫理に他ならない。つまり、近代資本主義の精神とは、ただ衝動的な金銭欲によって衝き動かされるものでは決してなく、強い倫理規範に支えられたものでなければならない。そして、この倫理規範を提供したのがピューリタンによって生活の拠り所とされていた日常規範であり、この支持層こそがオランダ、イギリスの新興の市民層であった。したがって、ヨーロッパ近代資本主義とは、西ヨーロッパとアメリカの市民層によって担われた特殊な資本主義、彼の言う「市民的資本主義」に他ならない。

これに対して、衝動的な金銭意欲に衝き動かされる資本主義は、むしろこの「市民的資本主義」とは対立する。それは歴史上常に、どこでも見られる営利目的の活動で、通常それは、国家と結び付いた独占的な大商業活動であり、国境を越えた、半ば海賊的で略奪的な性格さえもった冒険的活動類型であった。この国家、金融と結び付いた大規模で脱国境的な大商業活動、それをウェーバーは「冒険的資本主義」と呼び、彼がテーマとした「市民的資本主義」とは明確に異なった類型と見ていた。

　この点では、ウェーバーの認識も、彼の論敵であったゾンバルトやブレンターノの認識も正面から対立しているわけではない。ゾンバルトは、資本主義の多様な起源ということを述べ、その中でとりわけ、ウェーバーの言うところの「冒険的資本主義」の担い手にもっぱら関心をもったのであった。ゾンバルトが、ユダヤ人と資本主義の近接性について論じるとき、彼はウェーバーとは逆に、近代的で合理的な市民資本主義というよりも、国境を越えた巨大な金融と商業の結合した資本主義について書いているのであり、これはウェーバーが関心の範囲外に排除したものであった。

　とは言えウェーバーも、この歴史的にも、空間的にも偏在する「冒険的資本主義」のヨーロッパ的形態が、主としてユダヤ人によって担われたものであることは認めていたのであり、だから、彼はそれを「ユダヤ的賤民資本主義」とも呼ぶ。つまり、ウェーバーは、資本主義の二つの類型の区別から出発しているのである。合理的な経営と勤勉労働という職業倫理をもった「市民的資本主義」と、金融、商業、そして政府が結合した国境を越えた経済活動である「賤民資本主義《パーリア・キャピタリズム》」の二つの類型である。

　だから、われわれが本書で問題としている二つの資本主義、一方では、アダム・スミスによって捉えられた土地と労働と勤勉に根差した生産活動を軸とする資本主義と、他方では重商主義やジョン・ローに代表される、金融・商業・海外取引・政府の交差する場所に貨幣的操作によって価値を増殖させる経済活動という二つの類型の区別をウェーバーもおよそ踏襲していると言ってよい。この区別の上に立って、ウェーバーは、前者の「市民的資本主義」の精神とピューリタニズムの倫理の近接性について論じたのである。だがそれでは、「賤民資本主義の精神」は一体どこからくるのだろうか。それを支える（あるいは容認する）倫理は一体何だろうか。ところがこうした問いはひとまずウェーバーの視野の外に置かれている。

だがこれは決して無意味な問いではない。なぜなら、十七、十八世紀の西ヨーロッパ経済の中心軸は、市民的資本の勤勉な労働にあったというよりも、むしろ、重商主義という名で呼ばれ、国家財政の奥深くまで浸透していた国境を越えた金融、商業活動だったからである。「市民層」がこのような既得権益に抵抗しつつ、新興の富を形成しつつあったことは事実だとしても、とりわけイギリスを支配していたのは、今日、ジェントルマンリー・キャピタリズムと呼ばれるようになる、土地所有貴族と大商人、金融業者の結合体であった。名誉革命後のイギリスを支えたのも、こうした層なのであった。

しかしそれでは、一体この種の国境を越えた金融・商業資本主義は、なぜこの時期にすでに巨大な既製勢力となり得たのか、この疑問は残るのである。もしキリスト教的倫理の支配する世界からどうして営利精神を内面化した近代資本主義が誕生したのか、という問いが成立するのだとすれば、何よりまず、宗教改革の直後に、なぜ重商主義と呼ばれる金融・商業活動が大規模に展開し得たかが問われねばならないであろう。

歴史的に見れば、果たして、ウェーバーの述べたような、強力な宗教倫理をもった「市民層」がどの程度経済を支配したのか、どのぐらい資本主義をリードしたのか、これはいささか疑問と言わなければならない。むしろ、「市民層」の台頭という事実は、せいぜい歴史の一瞬のまばたきのようなもので、それは資本主義の先導者になるまでもなく、巨大な金融・商業資本主義に吸収されていったと言う方が正しいようにも見える。事実、ウェーバー自身、そのことを充分に示唆しているのである。フランクリンの徳の教えがすでにプロテスタントの強力な倫理意識を失いかけていたように(実際、ウェーバーは、この論文の最後の部分で、フランクリンがすでに「倫理なき資本主義」へ踏み出していたことを書いているのである)、真に市民的エートスをもった資本主義はそれが成立した十八世紀の末にはすでに没落するか、もしくは一層巨大な資本の活動に飲み込まれつつあったと言った方がよさそうだ。

では、この「賤民資本主義」を導いた精神的なものは一体何だったのか。しかも、カトリックからプロテスタント諸派に至るあらゆるキリスト教の教義が、利益の追求や富の追求、徴利、つまり経済的な利得を中心に据える生活に対して強い批判を繰り返すにもかかわらず、である。だがこのことを論じるのは少し後に回そう。

呪術からの解放？

その前に少し見ておきたいのは次のことだ。ウェーバーは、資本主義のせいぜい一類型であるに過ぎない「市民的資本主義の精神」の成立という彼のテーマ設定を繰り返し強調しているが、それではなぜこのテーマにそれほどまでにこだわるのだろうか。近代ヨーロッパに特徴的なものとしての合理的経営を、なぜそれほど強調するのだろうか。

その理由は明瞭である。ウェーバーにとって真の問題は、世界史の中におけるヨーロッパ史の特殊な意味を、その「近代化」という一点に求めようとしたからである。ここで「近代化」とは、生活の全般にわたる合理化、事物化の推進のプロセスに他ならない。あらゆる社会が、歴史の初期に、そして社会の根底に「呪術的」で非合理な思考をもっている。しかし、ヨーロッパのみがこの「呪術からの解放」つまり「脱魔術化」の過程を遂行することができた、ここに近代化の意味がある、と言う。そこで「近代化」と対立するものは「呪術的生活」「魔術的思考」といったものに他ならない、と理解される。ユダヤ・キリスト教のみが「脱魔術化」の契機をもっていた。そして、経済生活の上でこの「脱魔術化」を最も ドラスティックに推進したのがカルヴァン派プロテスタントだと言うのである(1)。

ウェーバーにとっての問題が、資本主義一般でもなければ「冒険資本主義」でもない、ヨーロッパの近代市民社会の資本主義へと向けられた理由はここにある。合理化過程の中で形成された資本主義だけが彼の関心であった。市民的資本主義は、ヨーロッパの近代化の傍証なのである。われわれはしばしば『プロテスタンティズムの倫理と資本主義の精神』を独立した一書として読みがちなのでつい失念するのだが、この論文は、一度雑誌に発表された後改訂されて『宗教社会学論集』と題する大きな書物の一章となっている。儒教、ヒンズー教、仏教、そして古代ユダヤ教を含む世界宗教と社会の関係をテーマとするという比較宗教社会学の一部として、カルヴァン派の倫理と資本主義の精神が論じられているのだ。

ウェーバーの終生の関心は、ヨーロッパを特徴づける近代化＝合理化が、なぜ他ならぬヨーロッパにおいてのみ成立したのかという点にあった。そのことからすれば、彼にとって、近代の経済生活も、あくまで合理的で脱魔術化されたものとしてのみ関心の対象となり得たことは決して不思議なことではない。

だがそうだとすれば、そうであればなおさら次のような疑問を抑えることは難しい。もしも、ピューリタン的な倫理に支えられた合理的経営のみがもっぱらヨーロッパの近代化の経済的側面だとすれば、ヨーロッパの近代化とはごく限定された現象にしかならないであろう。先にも述べたが、ヨーロッパの経済史の圧倒的な事実は、小規模な合理的経済と勤勉の精神が経済を制覇したというよりも、十七世紀から十八世紀へかけての重商主義、十八世紀から十九世紀にかけての自由主義、十九世紀から二十世紀にかけての帝国主義というように、巨大資本による金融・商業の国境を越えた活動によって先導されているのである。むろん、勤勉の精神に導かれた製造業や職人的な技術の蓄積も存在することは間違いないが、製造業は十九世紀後半には独占的大企業化の道をたどり、職人的技術は、近代が進むにつれてますます檜舞台から姿を消してゆくのである。われわれが呼ぶ、近代社会の産業化とはこうしたことなのである。それは決まって産業革命による生産性の向上と製造業の生産拡大、その結果としての海外展開というものではない。とすれば、ウェーバーの言う近代社会などというものは、ほんのつかの間の夢のようなものに過ぎなかったのではないか。そもそもそんなものがヨーロッパにおいてさえも本当に成立したのだろうか。このように問うことさえ不可能ではなかろう。

これはウェーバー自身の自問でもあった。この問いに彼は幾分かは答えを与えている。ピューリタニズムの禁欲の精神が先導した近代の合理的資本主義は、それが自律的に展開し始めるやいなや、その支えである禁欲の倫理を失い、利益追求を自己目的化し、形式的な合理性だけを確保するような「倫理なき資本主義」に変貌してゆく。宗教的・倫理的な意味を取り去られた経済は純粋なゲームのような競争、スポーツのごとき競争にすぎなくなる。ここに現れるのは「精神のない専門人、心情のない享楽人、この無《ニヒツ》のもの」に他ならない。

確かに、ここにはウェーバーのペシミズムが凝縮されている。彼は「近代のパラドックス」とでも言うべきものを認識していた。近代は、それ自身を生み出した宗教的倫理を崩落させることによって、それ自身を無意味化していってしまうのである。宗教改革はキリスト教の原点に立ち戻ることを意図しつつ、全くその意図に反して近代的合理主義をもたらした。そしてその近代性は、それを支えていた宗教的倫理をも崩落させる。だが宗教が、つまり「神」がこの世界に意味を与えていたのだとすると、この「神なき時代」はあらゆるものが「無意味化」する時代なのだ。近代が達成したものは、せいぜい形式的な合理性、形式と化した官僚制、自己目的と化した金銭的利得、スポーツとなった競争、こうしたものに過ぎない。そしてそれは「無」のものだ、と言うのである。

いささか図式的に整理すれば、西欧のある地域で、宗教改革は確かに、その意図とは別に「近代市民社会」を生み出した。しかし、その市民社会の中心となる「倫理」に支えられ勤勉と合理性のエートスをもった資本主義は、略奪的で冒険的な「賤民資本主義」に道を譲る他なかった、というわけである。近代市民社会はこうしてその内部から崩壊に向かうこととなる。

しばしばニーチェからの強い影響が指摘される「世界の無意味化」という点について論じることは控えよう。だがここで疑問を呈しておきたいことは、「脱魔術化」と合理主義によって定義された近代社会なるものが、そもそも成立したのか、ということである。歴史的事実として言えば、「市民的資本主義」が、というよりもむしろ「賤民資本主義」こそが西欧の経済史を一貫して衝き動かしてきたという方がまだしも確かなように見えるし、また「呪術的なもの」が合理的な市民精神によって放逐されたとも考えにくい。

もっと言えば、「市民的資本主義」と「賤民資本主義」、そして「合理的市民精神」と「呪術的・神秘的思考」は、絶えず対立しつつも手を取り合ってきたのではないだろうか。前者によって近代社会の表面を取り繕えば取り繕うほど、後者は、近代社会の背面で、いわばジキルに対するハイドのような存在であり続けたのではないだろうか。さらに言えば、このような対立そのものこそ、近代社会が生み出したものではないのだろうか。

しかし、ウェーバーのペシミズムは、明らかに、倫理の裏付けをもった近代市民社会なるものが成立したという前提によっている。だから、それは歴史の荒々しい手つきによって一瞬のうちに崩壊させられ、世界は確かな意味を失い、人間は「末人」へと崩落してゆく、という結論になる。これは確かに一つの見方であり、論理的な帰結と言うべきものであろう。だが、われわれはここで何か重要なことを見落としているのではないだろうか。

救済の合理化

カルヴァン派、とりわけその宗教倫理を日常生活のあらゆる局面にまで世俗化しようとするピューリタンが、なぜ合理的経営、合理的労働編成、勤勉の精神といった「市民的資本主義」と密接な関係をもったのか。それは周知のようにウェーバーによると次のように説明される。

カルヴァン派にとって神は絶対的なものであり、その意図を人間は決して理解することはできない。神はある者を救い、ある者を救いから外すという計画をあらかじめ決定しているが、人間は誰もそれを知ることはできない。それゆえピューリタンにとって最大の関心は、自分が救われるという確証を得ることに向けられる。そして、一切の神秘的直感や神との合一という神秘的体験を否定するピューリタンにとって、これを知ることは日常の世俗的生活の内部においてでしかない。また、上の予定説からすると、カトリックのような教会儀式や聖礼典、秘蹟、また懺悔や瞑想も意味をなさない。教会も牧師も救ってはくれないのである。問題は救いの確証を得ることだが、それは世俗の日常空間においてである他ない。

こうして、日常の中で、きわめて厳格なキリスト教者として自己を律すること、すなわち厳格な禁欲生活を日常の実践とすること、このことこそがまずは要求されるのであり、とりわけ、仕事つまり職業こそは、この日常的禁欲を発揮する最も重要な舞台となるのである。つまり世俗的生活において信仰を確証することが救済の確証の一歩となる。

かくて、日常生活から無計画性と無組織性が排除され、無駄のない、余計なものを排除した禁欲的生活が世俗を貫徹することになる。怠惰や享楽、浪費そして時間の無駄使いが戒められる。人間は、絶対的である神の「道具」に過ぎないのだから、自己満足や自己利益は厳然と否定される。こうして方法化され合理化された生活は当然ながら経済にまで適応されるのだが、ここに一つのパラドックスが生じる。すなわち、禁欲の結果として、まさに禁欲の対象となるはずの富が蓄積されてしまう、というパラドックスだ。だがここにおいて、ピューリタンは独特のやり方でこのパラドックスを回避する。それは、職業労働に禁欲的に従事することこそが重要であり、そしてその禁欲の結果としてもたらされた富はむしろ、積極的に救いの傍証と見なされるという「転換」を成し遂げるのだ。

この転換は、次のことによっても支えられる。救いの確証は決して主観的なものであってはならない。それは、その個人の思い込みや見込みや直感であってはならない。それゆえ、確証は誰もが確認できる客観的なものでなければならず、普遍的で客観的な尺度で計られ、人々の目の前に提示されたものでなければならない。そして、貨幣のタームで計られた富こそがまさにその尺度になる、と言う。貨幣こそ、客観的で普遍的で誰の目にも明らかな提示を可能とする。こうして、世俗内的な禁欲の倫理は、貨幣の蓄積によって表示されることとなる。貨幣的な富の蓄積（それを決して浪費し、奢侈的に使わないこと）が、意図せざる結果として奨励される。

かくて「転換」は可能となる。経済的に成功すること、財産をなすこと、こうしたことが救いの確証という決定的な課題によって合理化されるのである。「カルヴァン派の信徒は自分で自分の救いを、つまり救いの確信を「作り出す」のである」とウェーバーは書いているが、救いは、決して教会という制度（アンシュタット）によるのでも、瞑想や秘蹟を頼んだ啓示によるのでもなく、あくまで生活を合理化して自己を律したあげくの自己審査による他ないのだ。かくして、カルヴァン派において、かつてない内面的な孤独化が進行し、またそれと同時に主観性の放棄、客観性の重視、生活の方法化といった意味での合理化が進展した。「呪術からの解放」が完成するのである。

徹底した内面的孤立化は、神の真意は決して計り得ないという教えを伴って、一切の被造物を神から完全に隔離し、それ自体では無価値であるという教説を生み出す。この峻厳な立場は、一切の感覚的蒙昧を拒否し、被造物神格化を排する。世俗のすべてはそれ自体としては価値をもたない。富もそれ自体としては無価値である。ただ、それは、救済確証の手段である限りにおいて意味をもつのである。これが「呪術からの解放」の過程であった。この場合、合理化つまり近代化の過程が最も敵対したものは何かというと、それは救いの確証を主観性に求めること、言い換えれば、啓示や神秘的体験に求めることであった。神秘主義の徹底的な排除、それがピューリタニズムの先導した合理化、事象化の意味なのである。

あらゆる救済的宗教において、予言者や救世主の命令の内容をなすものは、救済財への追求に人々の生活を向けることであり、その結果、多かれ少なかれ生活は合理的に組織化される、とウェーバーは述べる（「世界宗教の経済倫理・中間考察」）。救いの宗教においては当然ながら「苦難」が前提となっている。そこで信徒を苦難から解放するとする宗教においては、まずは生活の禁欲的な統制が要求され、結果として生活の合理化が進む。この場合、苦難が一層歴史的なものとして「昇華」されたり、内面的に「昇華」されると、生活はますます合理化される。事実、『古代ユダヤ教』の中でウェーバーが示したのはそのことであった。「苦難」は古代ユダヤの歴史の中で、神と人間の関係を律するものへと昇華され、生活は律法化されることによって、古代ユダヤ教はすでに、禁欲的合理化への道を歩み出していたというのである。

この「昇華」の過程で、救済宗教は、信徒を常に苦難にくじけない状態に置いておかなければならない。こうしてただ一時的に、瞬間的に苦難から解き放たれる狂躁《オルギア》、苦行にも似た禁欲、瞑想といった非日常的・神秘的なものは否定されることになる。「救い」は日常的な持続へと置き換えられてゆく。その結果、世俗的な諸財の外面的・内面的な所有が合理化され、また日常的な人間関係も、儀礼的もしくは権威的なものから、より合理的なものへと組織されてゆく。つまり、苦難の「昇華」は合理化によって達成されると言うのだ。

こうして、合理化つまり近代化とは、何よりまず神秘主義からの、あるいは呪術的なものからの解放に他ならず、それは苦難からの救済を説いた予言型の宗教のもとで初めて可能だったのである。古代ユダヤ教から始まった苦難の昇華と救済の合理化はまさにカルヴァン派によって完成することとなったと言ってよい。これがウェーバーの議論であった。

隠蔽された神秘主義

だが果たしてそのように言い切ることはできるのだろうか。そもそもカルヴァン派において神秘主義は完全に払拭されているのだろうか。そんなことが可能なのだろうか。さらに、カルヴァン主義における予言と救済の意味は、古代ユダヤ的なものとは随分と違うのではないだろうか。

前章でも触れたように、宗教改革の背景として、ヨーロッパ規模に広がった終末論と至福千年の運動があったことはよく知られている。したがって、宗教改革そのものが、苦難の最終局面とそれからの救済というドラマ、さらにその進行役とも言うべき予言者の観念に衝き動かされていたことを否定することはできない。しかし、少なくともウェーバーが強調するカルヴァン派の教義（あるいはその受容のされ方）からは、終末を告げる予言者の姿は浮かび上がってはこない。むしろ救済の予定説は予言とは対立するし、苦難からの救済という古代ユダヤ教的な源泉とも必ずしも合致しないであろう。とすれば、カルヴァン主義には、合理化とは少し異なった契機が潜んでいるのではないだろうか。

すでに述べたように、ピューリタニズムは神の意志は絶対で計り知れないと言う。そうだとすれば、いかに世俗内的禁欲によって生活をキリスト教化し、その結果として経済的に成功したとしても、そのことは決して最終的な確信を与えることにはならないであろう。救いの確証は、決して確証が得られないからこそ求められるのであって、しかもその希求にもかかわらず、人は、決して最終的な確信を得ることはできない。それならば、神秘的体験や啓示によって確証を得ることが可能なのではないか。しかも禁欲的生活は啓示や神秘的体験と結び付きやすい。したがって、禁欲的生活を徹底し励行することによって啓示を得れば、その方が救いの確証になるのではないだろうか。

実際、メソジストや敬虔派、クエーカー教においては、救いはもっと神秘的な色彩を増してくる。例えばメソジストにおいては、救いの確証は、純粋に感情的に表現される絶対的な確信にこそある、とされる。「聖化」と呼ばれる真の回心によって、完全な罪なき状態という確信に到達することが目指されるのである。このことが日常生活の中に律法化され合理化されるのは、この真の回心が他者に対して証明されなければならないからに過ぎない。クエーカーやその他のさまざまな信団《ゼクテ》においては、救済は、各個人の内面における聖霊の働きによって啓示を得ることによってなされた。瞑想と信仰によって聖霊を待望するという原始キリスト教的な聖霊主義が部分的に復興してきたわけである。クエーカーにおいては、洗礼や聖餐も排され、ただ「内なる光」という啓示のみが確証を与えるのである。

おそらく、ピューリタニズムの「呪術からの解放」つまり合理化を徹底すれば、逆説的なことながら、ある種の神秘主義へゆきつくのではないかと思われる。ピューリタニズムは労働を一種の苦行であり、義務であると見なした。職業労働を遂行することは、神の道具たるものの義務なのである。そしてこの義務ということの内には、次のことも含意されている。つまり労働に励むことによって、性的誘惑を含めたあらゆる現世的誘惑に打ち克つはずである、ということだ。それは欲望を禁ずるための自己克苦の手段なのである。「労働は昔からの試験済みの禁欲の手段なのである」というわけだ。

その結果として、先にも述べたように富が蓄積されるというパラドックスが生じる。だがここで富をして禁欲の証しと見ることは、どう見てもいささかのごまかしを含んでいるという他ない。富を宗教的な救済の証しと見ることは、被造物の神格化とまでは言わないまでも被造物の物神化への一歩ではあるからだ。いかなる形であれ、現世の事物を恩恵の証しと見ることは、ここに自己を神の立場に置くという前提をもうけることになる。そしてそのような立場は実は神秘主義によってしか手に入れることのできないものなのである。

ピューリタニズムが、神の絶対性と現世の否定から出発しながらも、禁欲的という条件付きながら世俗の成果を肯定するに至る道筋には、暗黙のうちに神と人間の立場の逆転が含まれている。もしも、世俗的職業と経済的成功が救済の確証と見なされるのならば、その背後には、自分が救済されるという確信がなければならないだろう。このような確信があるからこそ、人は、現世においてその証しを得ようとする。そしてこのように言ったとき、実際には救いについての、神人合一的な前提が忍び込んでいる。だからこそ、ここにいわば「神の代理人」とも言うべき「選良」としてのピューリタンの信団ができる。ユダヤ的な「選ばれた人々」という自己神格化がここに復興する。事後的に明らかになるはずの救済は、「選ばれた民」としてのピューリタン信徒たることによって事前に知られてしまうのである。この逆転を可能とするものは、神意を知り得るとする暗黙のうちにもち込まれた想定に他ならない。そもそも一つの「信団《ゼクテ》」としてのピューリタンたることを選び取ること自体が、救いを確信していなければあり得ないであろう。

こうしてピューリタンにおいては、絶対的な神の前での人間の無力と、自らの選良意識という本来二律背反的なものが両立することになる。そして、こうなると、ピューリタニズムの深奥には、一種の神秘主義が潜んでいると言わざるを得ない。言い換えれば、ピューリタニズムの合理主義は、神秘主義をいわば無意識のレベルへと隠蔽することによって成立しているということになろう。脱魔術化と近代の合理化の背後には、神秘主義が隠蔽されていると言ってよいであろう。

ピューリタニズムは、神秘主義を隠蔽することによって、生活の合理化、職業労働の倫理、科学的方法、といったものを組織してきた。しかしながら、ピューリタニズムによって隠蔽された神秘主義は、クエーカーや他の聖霊主義的なゼクテの中で復活しているのである。ピューリタンによって担われた近代市民社会は、また同時に、その周辺にさまざまな神秘主義的傾向をもった、むしろ反市民的で、反秩序的な信団をも生み出しているのである。この両義性こそが「近代」であったと言うべきなのである。(2)

罪の意識の希薄化

ところでウィリアム・ジェイムズによると、神秘主義とはいかなる宗教的経験にもつきもので、むしろ、個人的レベルでは何らかの神秘的体験こそが宗教的経験の本質をなすという(『宗教的経験の諸相』)。ここで神秘的体験とは、それ自体全く非日常的で、主観的で、他者に追体験不能な、つまり検証不可能な領域にあるが、信仰というそもそもが検証不能な世界にあっては神秘的体験こそが生きた経験だと言うのである。ジェイムズは、宗教的体験の中でなされる幻視や幻聴、啓示といったものが、ときとして精神病患者のそれと酷似しており、両者の差異を見極めにくいことを認めた上で、なおかつ、その種の体験が宗教的経験の基礎をなしている、と言う。

むろんのこと、だからと言って、ここでジェイムズは宗教的経験を神の存在の傍証にしようとしているわけではない。そうではなく、ここに人間の無意識の作用があり、合理的日常生活によって背後に隠された無意識の作用がこの宗教的経験を生み出す、というのがジェイムズの結論なのである。

このジェイムズの視角は、宗教改革の精神的な背景に関してある種の見方を提供してくれるように思われる。そしてそれはウェーバーの視角からは全く抜け落ちていたものだ。

すでに述べてきたように、ユダヤ・キリスト教のごとき救いの宗教においては、現世における人間の苦難と神による救いが信仰の決定的な契機となっている。苦難は一人一人の人間にとっては現世の生活の中での苦悩を意味しており、それゆえ一体なぜ自分はこの苦悩を耐え忍ばねばならないのかが繰り返し問われることになろう。ユダヤ教においては、この苦悩は神の人間に与えた罰であり、それはとりもなおさず人間が繰り返し神との契約を破ったからに他ならない。しかもそれは民族の集団的経験なのである。ユダヤの予言者は常に人間の怠慢と罪を告げ、行いを改めることによって神の救いが得られると説く。この場合、契約破棄、あるいは約束の忘却という不義のうちにすでに暗示されているように、ここには人間の原罪、アダムの原罪に始まる人間の原罪というモチーフがあることを見て取ることができよう。原罪を強調することによって、人間は神の前で懺悔し、絶えず悔い改めることによって神への帰依を表明しなければならないのである。これはカトリックからまたルター派に至るまで変わらない。

ところが、カルヴァン派においては、この原罪意識は世俗生活の日常的場面ではきわめて希薄である。むろんカルヴァン主義も人間の原罪を説き、人間の罪深き存在性を強く唱えるのだが、それが日常の意識には直結しない。それもそのはずで、予定説においては救済される者と救済されざる者が整然と区別されているのだから、人間皆等しく背負っている原罪という意識は救済から切り離されるからである。

人間が神に何かを負っているのではない。神の意図は絶対で計り知れず、人間の側の罪の意識とは関係なく救済は行われる。だから、カルヴァン派が好むのは、神の、一見理不尽とも思われる計り難い意志を記した『ヨブ記』の物語に他ならない。あるいは、最も信仰厚き者であるアブラハムに、神は彼の子供を差し出すことを要求したというあのアブラハムとイサクの物語である。したがって、罪の意識による悔い改めは救済を与えるものとはならない、これがカルヴァン派の立場であった。

つまり、カルヴァン派の予定説から導き出されるのは、ただ世俗生活の禁欲と生活の合理化だけではなく、日常における罪の意識の希薄化ということなのである。

これはウェーバーによってはほとんど無視されていることである。ウェーバーが説くところでは、世俗内の禁欲は予定説を背景にした「救いの確証」を得るためのものであって、必ずしも人間存在の本源的罪過の自覚と悔い改めによるものではない。

逆に、事実上の罪の意識の希薄化が、カルヴァン派の禁欲の倫理を世俗的な合理主義にまで「昇華」したとも言えるであろう。罪の意識があまりに強固で、そのことが日常生活を律する意識に常に投射されていたならば、それは決して日常生活の禁欲的倫理程度ではおさまらないだろうからである。

罪の意識は、それがとりわけ原罪のように根源的な場合には、常に、罪からの全面的な解放を、つまり、脱世俗的で非日常的、超俗的な方向を目指すだろう。むしろそれは超俗的なウェーバーの言う達人的宗教に接近するだろう。罪の意識は、決して日常生活の合理性の中へ「昇華」されることはない。それゆえそれは、日常生活の次元ではむしろ意識の背後へ潜在化されざるを得ない。そして潜在化した罪の観念は、抑圧されたものの「昇華」として、つまりフロイトの言う神経症的な形をとって、代理と転移を行いながら顕現せざるを得ないであろう。この意味でカルヴァン派と対照をなすのはむしろルター派なのであった。

II

欲望の抑圧と昇華

よく知られているように、ルターは、人間の本源的な罪、つまり原罪に始まり、人間であることのゆえに常に背負って生きざるを得ない罪の意識に強く支配されていた。この罪はとりあえず具体的に何であると特定できるものではない。最も根源的な罪の意識であり、それゆえ、この考えを推し進めれば、人間が自分の自由意志で何かを行うことさえも罪を犯すことになる。人間存在そのものが罪深いものだからである。だから人間は、神の絶対性に帰依し、絶えず悔い改めなければならないのである。この絶対的な負い目、人間の神に対する絶対的な負債という感覚、それがルター派の信者を憂鬱な雲で覆っている。

では、なぜこれほど人間は罪深いのか。その一つの理由は、人間は悪魔《サタン》に誘惑され、また誘惑され続ける存在だからである。人間のうちに潜む「悪」もせんじつめればここに帰着する。そしてもしも悪魔もまた神が作り出したものだとすれば、人間はどこまでも罪深い存在として作られていることになる。

したがって、見方を変えれば、この世界は神と悪魔の戦場であり、この戦いは最終的には神が勝つとしても、神の勝利が決定的となる日までは、現世は悪魔に支配され堕落し汚れ続けているのであり、人間はこのうす汚れた世界でうす汚れた欲望に身を任せる以外にない。中でも人間の最大の錯誤は、悪魔をキリストの代理と見なすことであり、ローマ教皇こそは実は悪魔の化身なのだ。このアンチ・キリストと終末論的な色彩を濃厚に漂わせた人間の奥深い罪の意識、それこそが初期のルター派の思考を形作っている。

この、罪=悪魔=うす汚れた世界=人間の欲望、という等式に基づいて、強固な禁欲が唱えられたのだが、ところでこの場合、禁欲は、精神分析の用語で言えば「抑圧」を意味していると言えよう。それは欲望の無意識の世界への「抑圧」であり、そのことは罪の観念の無意識への「抑圧」である。そして抑圧された無意識は、象徴的な形をとって「昇華」される。ルターにとっては、性欲も物欲も金銭愛もこの世の欲望はすべて罪であり、何としても抑圧されなければならないものであった。この神経症的な努力は、驚くべき禁欲を通して脱俗的で超越的な「救い」の神秘体験を呼び起こすのである。それゆえ、救いの神秘的確信こそが「昇華」であり、神は悪魔という抑圧された無意識の反転した像に他ならず、神そのものが象徴的幻視なのである。ジョン・ウェズレーが言うように「悪魔が存在しなければ神も存在しない」のである。

ルターが「神の義」ということについて悟りを開いた場所がヴィッテンベルクの修道院の野外トイレであったことを重視して、ブラウンは『エロスとタナトス』において、ここにこそ精神分析的主題が隠されていると主張する[3]。トイレ＝汚れた世界＝悪魔の住処＝罪、という象徴的等式が成り立つとすれば、排便とはすなわち、この罪を大地の下へ隠蔽し、つまり意識下に抑圧して、神の義を塔の上に見出した、ということであろう。さらにブラウンは、トイレにおける排便を、フロイトの肛門性格に結び付けて、ここに神経症的なものの発生を見ている。

これらのいささか意表をついた議論はそれなりに興味深いのだが、ここでそれを追跡することはやめよう。ただルターの場合には、人間の深い罪の意識を契機として、ここに精神分析的な主題が構成されているということ、その観点からすれば、罪＝欲望の抑圧と、神による象徴的昇華という観念が形成されるということに注意を向けておきたかっただけである。

実際、例えばエーリッヒ・フロムをもち出すまでもなく、ルター主義に神経症的という精神分析的テーマを見出せるとする試みそのものが興味深い。そして、この種の精神分析的次元は、ウェーバーの理解するカルヴァン派の場合には差し当たりは現れてこないのである。カルヴァン的な世俗内的合理主義の追求というウェーバーの関心からは、人間の内面で生じるこの神経症的なドラマは直接には姿を現さない。カルヴァニズムに依拠したウェーバーの近代化論においては、救いへの不安は世俗的な禁欲の倫理に昇華され、その次元で規律化され様式化され、合理的に客観化されてゆくのである。

貨幣はまさに、その客観的に合理化された世界の象徴であった。貨幣は、合理的な計算の単位であり、利益の確実な経済根拠を与え、経済活動を「方法化」する。それはまた分かりやすい富の代理であり、富の合理的で客観的な表現に過ぎないのである。本質的に、貨幣は計算と代理にすぎず、物事を事象化し、客観化する、つまり近代合理主義の申し子なのである。

ところが、ルター的世界に内蔵されているものは随分異なっている。それはカルヴァン＝ウェーバー的世界では見えないものを垣間見せる。それはウェーバーの描き出した近代化過程の背後にあるものだ。あるいは、それはニーチェ、フロイト的な意味で「近代市民社会」が隠蔽しているものだと言ってもよいであろう。

神の代理としての金銭愛

先に、ルターにあっては強い罪の意識が人間存在を規定していたと述べた。しかし、さらに突き詰めれば、このことはそれほど単純ではない。というのは、ルターはこの世界を神と悪魔の戦場と見なし、その上で、現実世界は悪魔に支配されていると考えていたのであり、この考えに即してもう少し先に進めば、人間の罪は、人間自身ではなく悪魔に由来することになる。ここには、罪を神と人との契約違反に見るユダヤ教などよりはるかに根源《ファンダメンタル》的な罪悪感をもつルター主義の立場がある。罪は決して取り除かれはしないのである。ここに「罪の克服の不可能性」というルター派を特徴づける教義の核心があり、それゆえに、現世におけるいかなる善行も個人的な救済には無関係なのだ。

だがそうだとすると、人間はもはやある意味で彼の罪に対して責任をもち得なくなるだろう。この世界に生きてあることそれ自体が罪なのである。ここでは、精神は仮に神に属するとしても肉体は悪魔のものと言う他ない。したがって、この現実世界の生そのものが悪魔の仕業に他ならず、罪を清めるとはこの世の肉体を放棄すること、つまり「死」に他ならないのである。

ここからブラウンは、ルター派の罪の無意識の根源をフロイトの言う「死の欲動」と解するのであるが、それはともかく、現世が悪魔の世界だとすれば、救済は、個人的な信仰の次元というよりも、神の義によるという終末論的な形態をとらざるを得なくなるであろう。つまりここでルターの悪魔主義と終末論は不可分となっていて、この悪魔と終末論の結合が、やるせなくも厭世的な現世否的気分を生み出すことになる。

ところがまた、別の角度からすれば、これは次のことをも帰結する。終末がやってくるまでは、人はこの世界に住まなければならないのである。と言うよりも、もしも「悪魔が神を生み出した」というあの心理の深奥に眠る透察が正しいとするならば、この汚れた世界がなければ神もなく救済もない。神による救済という終末論的で予言的な信仰が成立するには、この汚れた世界をまずは承認する他ないであろう。

こうして、現世的なもの、この世界における欲望に対して、ルター派プロテスタントはきわめてアンビヴァレントな立場に立たざるを得ない。それは一方で、現世的欲望を強く否定し、他方では、その汚れを、汚れであるがゆえにこそ肯定するということだ。現世の生活が汚れであるがゆえにこそ救済が求められるのである。

もしも現世において罪が浄化され、禁欲によって義にかなった生活が実現されるならば、そもそも神による救済など問題とする必要はないであろう。ここに、現世的な欲望、とりわけきわめて悪魔的な欲望に対する二律背反的な感情が発現することとなる。それは悪魔的な現世の欲望に対して、厳しく禁欲しつつ強く惹き付けられる、というアンビヴァレンスである。欲望ゆえの禁欲であり、禁欲ゆえの欲望である。言い換えれば、悪魔は徹底した禁欲によって憎悪されると同時に徹底して欲望され崇拝される。それは悪魔であるが、象徴的には次の瞬間には神となるような悪魔なのである。

言うまでもなく、この悪魔的欲望の、凝縮された、もしくは象徴的な表現が「金銭愛」に他ならない。

フロイトの述べた、肛門愛と金銭への執着の関連というあの学説を俟つまでもなく、金銭は、一方では、汚れたものの象徴、悪魔的なものの象徴として表象される。ルターが野外トイレで啓示を受けたかどうかはここではどうでもよい。ルターの便秘とは無関係に、金銭つまり貨幣への執着がしばしば抑圧された罪の転形であることは精神分析的な次元の問題である。そして、金銭愛と罪の意識が無関係ではないというこの仮説を受け入れるならば、われわれが今問題にしている「資本主義の精神」というテーマに対してもウェーバーのカルヴァニズムとは少し異なった透察が可能となるのではないだろうか。

貨幣は、あるゆる個別のモノの価値を表象し、凝縮して表現する。このとき貨幣は、日常生活の中であれこれの使われ方をするさまざまなモノに変換されるだけではなく、モノの世界を越えた存在なのである。この貨幣独特の存在態様は、ただ、個別のモノと交換可能だとか、計算の単位であるとかいったことではなく、あらゆる個別のモノを支配し得る「力」であるという点で、きわめて特異でもあり、またそのゆえにモノの世界を超越しているのである。

貨幣は、ただ合理的な客観的尺度なのではなく、この客観的世界を支配する力を表徴している。貨幣はあらゆるモノの価値を支配することによって現実世界を支配する力をもっているのであり、そのゆえにこそ、貨幣は悪魔の化身とさえ見なされるのだ。

したがって、貨幣への執着は、一方で悪魔への屈服であり欲望への敗北であると見なされるとともに、他方で、例えばメフィストフェレスに魂を売ったファウスト博士のように、ひとたび悪魔の作り出したこの世界を是認してしまうならば、それは最も強力な誘惑ともなるであろう。ルター的な思考の枠においては、悪魔に対するアンビヴァレントな感情は、そのまま貨幣に対する、すなわち金銭的資本主義に対するアンビヴァレントな感情を引き起こす。

一方で、ルター主義は、現世における強力な職業観念を生み出した。自己克苦のごとき労働奉仕と天職の意識を生み出した。だが本来のルター主義からすれば、この現世的活動さえも悪魔への奉仕にしかすぎないのである。しかし、それでも、労働によって何かを作り出すことは、多少は隣人愛の実践とも解釈されるだろうから、まだしも罪の意識に深く抵触はしないだろう。だが、貨幣愛はそうではない、貨幣は、この世界を構成する秩序のいかなるところにも確かな場所をもたないのである。それは「余計なもの」であり、最初から呪われた存在であった。それはこの世界に有用性をもって自分の場所を確保するモノとは異なって、この世界に場所をもたず、浮遊し、さらに半ば超越さえしている。

そして、貨幣は具体的に対応するモノ（実体）をもたないがゆえにこそ象徴的であり、ゆえに無意識を表象するのである。金銭的なものから象徴性を決して取り去ることができないのは、それが、現実世界に確かな「何物か」をもたないからである。貨幣そのものが人間の幻想作用と無関係ではないのだ。それゆえに金銭は常に無意識の欲動を転移しつつ表現することになる。つまり「あらゆる貨幣は神経症的貨幣であるともいえる」（ブラウン）ということにもなる。そしてこの暗示作用が貨幣を悪魔的なものとし、金銭的資本主義つまりウェーバーの言う「賤民資本主義」に対する二律背反的な感情を生み出したと言ってよいだろう。「賤民資本主義」とは、言葉を換えれば「悪魔的資本主義」に他ならないのである。

ここでは、「賤民資本主義」は、常に悪魔的なものの表徴として攻撃され批判されるとともに、他方で、一層深いレベルでは容認される。ここに、表層の禁欲の背後に抑圧されつつも強固にうごめく無意識の深層という精神の二重性が形成される。「悪魔的貨幣」の誘惑に打ち克つことは容易ではないのである。それゆえ、救いの神の観念が、この無意識の欲動の昇華として機能しておれば、貨幣愛や「賤民資本主義」は悪魔的なものとして道徳的に攻撃され、それは無意識の中に抑圧される。と同時にこの構造そのものが神経症的とならざるを得ないのだ。

だとすれば、カルヴァン派も奥深いところで神経症と決して無関係とも言えなくなってくる。カルヴァン的な「市民的資本主義」においても、悪魔的な「賤民資本主義」は排除され、抑圧されるからである。カルヴァン派においても決して欲望は解放されているわけではない。金銭欲は悪魔的なものとして抑圧され、日常からは排除されている。だが、それはルター派とは違った形で抑圧されていることは間違いないだろう。言い換えれば、カルヴァン的な「市民的資本主義」は、深いところで神経症的なるものを内包せざるを得ないであろう。

だが、カルヴァン派では、金銭欲という「悪魔的紙幣」の抑圧は禁欲的労働へと「昇華」され、さらに禁欲的労働は「合理的貨幣」へと昇華される。つまり、あたかも錬金術を行うかのように、「悪魔的貨幣」という、うす汚れた金は、「合理的貨幣」という純粋な金に「昇華」されるのである。ただし、この錬金術的プロセスは、いわば隠された無意識のドラマとして決して表面に現れることはなく、抑圧の「昇華」が無意識のうちに進行する限りで、神経症的なものの強度も低いとは言えるであろう。

とは言え、カルヴァン派といえども、神の絶対性についての啓示的神秘性を決して排除はできず、最終的な局面で神の義を信じる他ないのだとすれば、ルター的な問題から完全に逃れているとは言い難い。と言うよりも、ここで述べたルター的なものとカルヴァン的なものは、全く分離した異なった宗教体系というわけではない。

むしろ次のように言った方がよいのではなかろうか。西ヨーロッパでカルヴァン主義が勝利を収め、ウェーバーによると、新興の市民階級の手が歴史を近代の方へ進展させてゆくとき、このルター的心証は、決して排斥されたのではなく、むしろ、それ自体が無意識の領野へと押し込められて、「賤民資本主義」に対するアンビヴァレントな感情を維持することに成功していた、と。だから、カルヴァン主義的な「市民的資本主義」は決して「賤民資本主義」と無縁でもなければ別個の世界でもなかった。それどころか、「市民的資本主義」は賤民的な金銭愛や欲望を深く抑圧し昇華することによって成立している。市民の禁欲的で勤勉な労働とは、悪魔的貨幣へ向けられた欲望を深く意識下に抑圧したものである。

したがって、この抑圧と昇華には正統的な市民的カルヴァン主義とは異なった別の表現もあり得るのであり、まさに非正統的カルヴァン主義セクトの神秘的啓示や狂躁、霊的神人合一などの脱俗的、神秘主義的傾向も抑圧された悪魔的なものの昇華の一例なのである。またルター派的な神経症的なまでの職業義務や伝統主義と内面化された罪責感もその表現である。だが、いずれにせよ、正統カルヴァン派的な「市民的資本主義」の背後には、いわば目に見えないドラマとしての神人合一的な神秘主義があり、非カルヴァン的で霊的なセクトはそれをただ顕在化しただけだとも言える。彼らは霊的啓示を顕在化することによって、一層根源にあるあの悪魔的欲望を世俗から遮断し抑圧しようとしたのである。

いずれにせよ、「市民的資本主義」がその背後にもっているのは、やはり悪魔的欲望と絶対的な神というキリスト教的な主題であることは確かなのだ。それゆえ、それは、神人合一という、錬金術という形でもまた変奏されている超越的なものへの飛躍と昇華というモーメントをそのうちに抱懐しているのである。

だが金銭愛や賤民的資本主義は抑圧されればされるほど、それは他方で自らを「神」のごときものとなる機会をじっと窺うだろう。宗教改革から二百年もたてば悪魔の観念は衰弱し、そしてそれとともに「神」の威信も衰弱する。神の威信が衰弱すれば、神の代理と言うべき金銭愛が神の座を占めるとしても決して不思議ではないだろう。悪魔はどこかに姿を消したものの、市民社会はむしろ「賤民」たちの金銭的経済に覆われる。しかし、逆説的なことに、これが「神経症」からの回復でもあるのだ。「神なき、予言者なき時代の資本主義」は、市民社会を神経症から救い出したものの、それに代わって歯止めなき資本の暴走と、罪の意識なき欲望の解放を、つまりスポーツと化した利益追求と魂をもたない享楽人を生み出したのであった。

(1) ウェーバーの『プロテスタンティズムの倫理と資本主義の精神』からの引用は、ここでは大塚久雄訳、岩波文庫版(一九八九年)を使用した。近代化との関連でプロテスタンティズムに注目するというウェーバーの問題意識が凝縮されているという意味では、『宗教社会学論選』(大塚久雄・生松敬三訳、みすず書房、一九七二年）所収の諸論文を参照しなければならない。

（2）イギリスのピューリタン革命期に、さまざまなセクトの神秘的、もしくはオルギア的傾向をもった新興キリスト教派が成立し、そのいくつかがピューリタン革命に対して実際上の影響を及ぼしたことが、今日ではさまざまな研究によって明らかにされてきている。しかもそれらは、多数の者を取り込み既存の制度へと同化する英国国教会のような「チャーチ」ではなく、自覚的に改心した強固な信仰をもった人の集まりである「セクト」であり、その多くは国家権力や既成の制度とは対立した。バプティストたち、独立（会衆）派、クエーカーなどがその代表であり、とりわけ下層に支持層をもちラディカルな運動を行ったレベラーズやランターズのようなセクトも登場した。彼らは正統的なカルヴァン派とは区別される。バプティスト（とりわけゼネラル・バプティスト）は、カルヴァン的な選びの教説をとらず、万人救済を唱えたし、クエーカーも初期には千年王国と終末論の影響下にバプティストと同様の反律法主義による悔い改めを強く唱えた。この場合、反律法主義という概念は、ただ律法に縛られないというだけではなく、反社会的で、道徳にも拘束されない、性的な放縦などを含む意味合いももっている。これらのセクトでは、神の選びという正統派の教説ではなく、信仰の啓示による回心が決定的とされ、それゆえ霊的なものによる神人合一の考えが支配的となった。ただ、これらの千年王国運動に刺激された異端的ピューリタンのセクトが、霊的千年王国に傾きラディカルな形で下層に影響をもったのは十七世紀のことであり、例えばクエーカーに典型的に見られるように、ピューリタニズムの多くの信者が十八、十九世紀には律法主義で、世俗内的な禁欲生活を重視するようになってゆく。これらの諸点について、例えば次の文献によって概略を知ることができる。田村秀夫編著『イギリス革命と千年王国』（同文舘、一九九〇年）、大西晴樹『イギリス革命のセクト運動』（御茶の水書房、一九九五年）、山田園子『イギリス革命の宗教思想』（御茶の水書房、一九九四年）、梅津順一・諸田実編著『近代西欧の宗教と経済』（同文舘出版、一九九六年）、ノーマン・コーン『千年王国の追求』（江河徹訳、紀伊国屋書店、一九七八年）。

（3）N. O. Brown, *Life Against Death*, 1959（ブラウン『エロスとタナトス』秋山さと子訳、竹内書店、一九七〇年）

第五章　「罪の意識」と〈ユダヤ的資本主義〉

——ウェーバー、ニーチェ、フロイト

I

プロテスタントとユダヤを分かつもの

ウェーバーの論文『プロテスタンティズムの倫理と資本主義の精神』は多大の論議を巻き起こした。ブレンターノやゾンバルトとウェーバーの間に激しい論争があったことはよく知られているが、本書の関心からすれば、とりわけゾンバルトの応答は無視できない。ウェーバーの『倫理』に触発されて書かれたゾンバルトの『ユダヤ人と経済生活』(一九一一年)や『ブルジョワ』(一九一三年)は、一読しただけでも多くの問題を含んでいるという印象を与える。ウェーバーに比べれば明らかに緻密さ、論理の体系、問題の設定の仕方において見劣りがし、散漫でどう見ても牽強付会の感は免れない。しかし、それにもかかわらず、読者のいわば想像力に強く訴える何物かをもっていることもまた事実で、ただ無視すればすむというわけのものでもないいくつかの重要な論点が含まれている。

ゾンバルトについては次章でも論じるつもりであるが、ここで少しだけ述べておけば、『ユダヤ人と経済生活』において、ゾンバルトは、資本主義の担い手はユダヤ人であったと主張する。これに対して、周知のようにウェーバーは、一九二〇年に『プロテスタンテイズムの倫理と資本主義の精神』の改定版を出版し、ここで、ゾンバルトの言う資本主義と自分の言う資本主義は別のものだと主張した。ユダヤ人によって担われた資本主義活動は、アジアにもまた古代のフェニキア人にも見られた普遍的な商業活動であり、自分が問題とする合理的経営に基づく「近代資本主義」ではない、と言うのである。したがって両者の対立は見かけだけのもので、両者は資本主義の異なった類型をそれぞれ問題にしていただけだということになろう。

今日、おおよそ、このウェーバーの仕分けが一般に受け入れられているように見える。しかし、これは奇妙な話である。なぜなら、少なくともゾンバルト自身、その意図において、まさにウェーバーが問題とした近代的資本主義の成立を論じるためにユダヤ的なものをもち出したからである。ゾンバルトによると、彼の意図はまさに「近代の経済生活に対してユダヤ人が果たした意味を明らかにするもの」であった。だから、『ユダヤ人と経済生活』において、ゾンバルトが強く主張したことは、ユダヤ人こそが世俗内的な合理的禁欲の精神を生み出し、近代的な合理性と計算の精神を生み出したということだったのである。そして言うまでもなく、この世俗内的な合理的禁欲は、まさにウェーバーが、カルヴァン派のプロテスタントと資本主義を結ぶ連結の軸にしたものであった。

さらに、ウェーバーは、ある意味では、ゾンバルトの主張の基本的な部分を受け入れているとさえも言える。だからこそ、彼は、晩年にあの大作『古代ユダヤ教』を書かざるを得なかったのではなかったろうか。なぜなら、この大著の中で、繰り返しウェーバーが述べていることは、古代ユダヤ教がいかにして合理的な禁欲に満ちた倫理をユダヤ民族の中に生み出していったか、であるからだ。実際、この書物の一つの意図は、ユダヤ教はいかにして、合理的で禁欲的な精神をユダヤ人の中に内面化していったかを示すことにあるとさえ言えよう。

そうだとすると、「プロテスタントとはユダヤ人のことである」というゾンバルトの叫びにも近い言葉は、まんざら奇をてらった出鱈目とも言えなくなってくる。もっとも、ゾンバルトは、この突拍子もない命題を、主として隠された事実を指し示す目的で述べた。すなわちオランダ、イギリス、そしてアメリカにわたったプロテスタントのうちのかなりの部分が、十六世紀にスペインを追われてヨーロッパ各地へ移住したユダヤ人の改宗者つまりマラーノか、もしくは隠れユダヤ人だというのである。

それはゾンバルトの推測（しかしゾンバルトにとっては確信に近い推測）であって事実はよく分からない。ただ、ここでは事実は問題とはならない。プロテスタントとユダヤ人が、もしも内面的にほとんど同様の状態にあったとすれば、あるいは、カルヴァン派とユダヤ教が、その信徒の内面生活において同様の効果をもたらす教義をもっていたとすれば一体どうなるのか。事実上、ウェーバーは『ユダヤ人の倫理と資本主義の精神』なる書物を書いてしまったことになるのではないのか[1]。

これは確かに奇妙な問いではある。ウェーバー自身が、ユダヤ人と、彼の扱う「近代資本主義」のつながりを強く否定しているのだから。しかし、別の言い方をすれば、少なくとも『プロテスタンティズムの倫理と資本主義の精神』の中では、彼は、ユダヤ教の教義については一言も触れてはいないと言ってよい。彼が事実上行っているのは、冒険的で利益追求的な大商業活動や金融活動を「ユダヤ的」と規定して、彼の「近代市民的資本主義」から区別するということだけである。そして、ゾンバルトの試みは、まさに、ウェーバーがカルヴァン派のプロテスタントについて行ったのと同様のことを、ユダヤ教と資本主義の関連について試みるというものであった。

だから、もし仮に、ゾンバルトが論じたように、ユダヤ教がカルヴァン派と同様の世俗的な合理的禁欲の倫理をもたらしたと言えるとするのならば、これは、ただウェーバーの資本主義論というだけでなく、彼の仕事全体に対する決定的な打撃になりかねない。なぜなら、プロテスタントこそが、そしてプロテスタントのみが、西欧に近代化をもたらし、また近代市民社会を生み出したというのが、ウェーバーの仕事全体を貫いているモチーフだからである。だが、古代ユダヤ教がすでに近代的合理的精神らしきものを生み出していたとすれば一体どうなるのか。西欧の近代市民社会は、せいぜい古代ユダヤ社会の複製だとでもいうことになるのだろうか。

むろんそれはウェーバーにとって決して受け入れられる命題ではない。そこでウェーバーにとっては次のことが死活の重要性をもってくる。確かに古代ユダヤ教は、ゾンバルトがある程度見て取ったように、プロテスタントと同様の合理的禁欲を生み出した。しかし、それは、ある一点で決定的に違っている。その一点の違いが、ユダヤの「賤民的資本主義」とプロテスタントの「市民的資本主義」を分岐させることとなる。

だが両者を分け隔てる一点とは一体何なのか。このことはウェーバーにとっては決定的な問題だったはずである。したがって『古代ユダヤ教』は、ウェーバーにとってはどうしても書かれなければならない書物だったし、しかも第一級の重要性をもった書物のはずであった。だが、そこでウェーバーは、この一点を明らかにすることに果たして成功しているのだろうか。

私はウェーバー研究者ではないので、この大部の書物をウェーバー研究者たちがどのように扱っているのかはよく知らない。またユダヤ教や旧約聖書の知識などないに等しい者がこの書物を読みこなせるとも思えない。だがここでの問題は、あくまで資本主義、とりわけウェーバーが「賤民的」と呼んだ金銭主義的な資本主義と「ユダヤ的な」精神の間の結び付きにある。つまり、プロテスタントとユダヤ教を分かつものをいかに理解すればよいかである。その糸口として『古代ユダヤ教』の問題となる点をまずは見ておこう(2)。

ユダヤ教の倫理の起源

『古代ユダヤ教』は、旧約聖書に書かれた古代ユダヤ人の歴史について、独特の解釈を施しつつ、ウェーバーなりのストーリーを組み立てたものである。この膨大な書物を通して、彼は、ユダヤ民族の成立に至る古代イスラエルの歴史を彼なりの視角から構成するのだが、本論の関心に即して言えば、次の点に注意を向けなければならない。

まず第一の点は、古代ユダヤ教の基本構造を与えたものは、モーセによって打ち立てられた絶対神ヤハウェとの契約であり、この契約によってイスラエルは異なった諸部族の間の「連合誓約同士共同体」となったということである。つまり、この契約は、あらかじめ存在していた神を証人とした諸部族の連合契約ではなく、まさにその神を一方の当事者とした契約であった。モーセが、ヤハウェ礼拝を打ち立てたとき、この神は契約《ベリース》によってイスラエルという「連合の神」となった。この契約は、唯一の神としてのヤハウェに対するイスラエルの忠誠義務を要求する見返りに、神は彼らに恩恵を与えるという双務的契約であった。こうして唯一神ヤハウェに対するイスラエルの服従義務は絶対的なものとされるとともに、彼らにとってヤハウェは「約束の神」となる。

ではそのことは何を意味するのか。まず誓約は、神を媒介としたものではなく、まさに神との間のものであった。したがって、神との契約違反は神に対する罪であり、言い換えれば、罪とは何よりまず神に対する契約違反である。そして、この違反に対し神は罰を加える。そこで、イスラエルの悲惨な状態は、契約違反に対する神の罰則だという解釈が生まれる。

この場合、神との契約の中心内容をなすものは、神がモーセに与えた十戒であり、さらにモーセによって神の名において告知された「契約の書」であった。それゆえ、イスラエルの民にとっては、この戒律（律法）を守ることこそが神との契約履行なのであり、その限りで神はイスラエルを救済するという「救済の神」でもあった。こうして、最終的にカナンの地を与えるという神の約束こそがイスラエルの希望となる。

ところで、モーセが神ヤハウェの声を聞くまで、この神はイスラエルには全く知られていなかった。そもそもヤハウェという名そのものがイスラエルのものではないと言われる。ただ、神がモーセにそのように呼ぶよう告げたに過ぎない。古イスラエルは、モーセの契約以前には、いくつかの異なった部族の、まとまりをもたない集合にすぎず、それも土地貴族、都市生活者、農民、半遊牧民といった人たちの集合であった。モーセがもたらした神ヤハウェは、彼らのどこかの部族の土着神ではない。つまり彼らにすでに知られていた神では全くなく、あくまで外部から新たにもたらされた神なのである。したがって、この神は、社会学的に言えば「軍事連合」としてのイスラエルを作り出すためにモーセがもたらしたと言うことができよう。ここに諸部族の連合としての軍事的な誓約共同体ができる。

だからイスラエルとは、血縁や地縁、あるいは祖先を共通にする家父長的共同体ではなく、契約による兄弟団であった。つまり政治的共同組織としての誓約兄弟団であった。この「外部」からもたらされた神は、祖先崇拝とは無縁であり、特定の土地や部族という「場所」に縛られたものでは決してなかった。すなわちそれはある種の普遍性と絶対性をあらかじめもっていたのである。と同時に、イスラエルは最初から一種の「契約の社会」であったと言うことができる。

ヤハウェの絶対性はさらに次のような事情で倍加される。それはこの神は姿を現さないということである。モーセが受けた十戒は、神の顔を見てはならないと説く。神の顔を見たものは死ぬとも言われる。こうしてイスラエルの神は偶像崇拝を強く戒めるが、このことは、人と神の間に絶対的な距離を設定し、神を絶対的な超越者とする。神はその姿によってではなく、ただ声によってのみ意志を表明するのである。神の意志を授かる者つまり予言者は、一種のエクスタシスの中で神の声を聞き、後にそれを解釈するのであって、神の夢や幻想を見るのではない。ここに、イスラエルの予言のもつ、いわば脱魔術的な性格が生じるのだ。予言は、幻影や神秘的感覚やエクスタシスそのものによってもたらされるのではなく、あくまで確かな神の意志の伝達なのである。

さて、ヤハウェは「外部」からもたらされた神だと述べたが、もともと、ヤハウェは知られていない神であった。シナイ山さえもイスラエルの土地のものだったという根拠はどこにもないし、モーセにしてからイスラエル人であったという確かな根拠はどこにもない、とウェーバーは述べる。ヤハウェをイスラエルの唯一神とするのは、あくまでモーセ書の最終的編纂（紀元前八〇〇年頃、つまりモーセによる出エジプトの五百年ほど後）の後なのである。したがって、古イスラエルにおいては、もともと唯一の絶対神という観念は知られていなかった。ヤハウェに至って唯一の絶対神という考えが受け入れられる。これは、まさにこの神が「遠くの神」として、人とは隔絶した存在であり、偶像崇拝も拝顔も拒絶された一種の抽象的な神だったからに他ならない。そして、この唯一神の成立と、軍事的・政治的連合体である契約社会としてのイスラエルの成立は不可分であることをウェーバーは主張するのである。

第二に、ヤハウェの性格からも分かるように、イスラエルの信仰は、偶像崇拝や幻想的・感覚的な神の把握、また先祖崇拝やアニミズム的な自然神の観念、あるいは神秘的なエクスタシスとは全く異なるものであった。むしろ、それは土着の神であるバール神をはじめとする神秘的、熱狂的信仰のあり方とは徹底して対立し、また特定の部族や土地に結び付いた土着的な宗教とも対立した。

先祖崇拝や死者儀礼を中心とする他の多くの宗教と異なって、ヤハウェ信仰は、その恩恵を、あくまで神とイスラエルの民との契約にのみ負っている。それゆえ「罪」の観念は、明白な契約違反に基づくのであって、その内容は神秘的、主観的に与えられるのではない。つまり、「罪」や「恩恵」はあくまで客観的な行為や状況によって知られるものなのである。イスラエルの苦難や悲惨は非合理的な占いや呪術によって論じられる次元のものではなく、まずは予言者の言葉を通して、後になると司祭ラビたちの解釈を通して客観的・合理的に論じられる。「契約《ベリース》の思想は、合理的な問題提起とその解答の合理的解決との方向へとおもむかせたのであった」。

さらにこうした禍《わざわい》の認識は、苦難を、自然的なものや偶発的なもの、また自己原因的なものからも区別し、あくまで神との契約違反としてのみ理解することを可能とする。それゆえ、苦難は、神によってもたらされたものであるが、そのことに責任を負うのはあくまでイスラエルという「集団」なのである。そしてこのことは二つのことを意味している。まず、「罪」の意識はここで倫理的責任の意識へと転化する。第二に、それも、個人の内面倫理というよりも、集団の社会倫理へと転化する。そしてこの場合、何をなすべきかは比較的、客観的ではっきりしているだろう。予言に従い、律法に示された契約に立ち戻ること、トーラーに示された教えを実行すること。いずれにせよ、問題は、倫理的責任を実行することであり、しかもそれはイスラエルの社会的な倫理的命令を実行することへと向かう。

ここで、罪と倫理的命令は、個人の内面へ訴えるというよりも、集団的・社会的なものなのである。言い換えれば、個人の罪の意識は、同時に集団のものとなる。個人の罪は集団として引き受けなければならないのであり、個人は神だけではなく社会（イスラエル）に対しても責任をもたなければならない。個人は、イスラエルという社会の中にあって初めて神と双務的関係に立つからだ。

こうしてイスラエルが契約によって連帯責任で結ばれた自由な共同体であるという事実から、基本的な問題はイスラエルの民族の運命という視点に移されることになる。個人の解脱や神との神秘的合一はほとんど問題とはならないのであって、個人はあくまで律法を順守するという道徳的義務の遂行によって責任を全うすることとなろう。予言者は繰り返し禍の神義論を唱えるが、この禍はあくまで民族的なものであり、しばしばそれは、王や土地貴族といった支配階級の、契約に違反した傲慢さ、あるいは半遊牧階級を奴隷化した賦役国家への転落といった事実に対する神の怒りと見なされるのである。

重要なことは、このイスラエルの独特の集団的契約つまり「連合契約」のために、逆説的なことに、個々人の生活は、主としてラビの指導のもとに道徳化され禁欲的倫理のもとに置かれるということだ。柔順、謙虚、敬虔が日常の倫理となり、禁欲、とりわけ性に関する厳格な禁欲が日常道徳となった。

ユダヤ教には、日常道徳の禁欲的な倫理化を越えたあの世の救済などという観念は一切存在しない。日常の倫理と罪の意識は、世俗からの超越や来世での救済へ向かうのでは全くなく、あくまでトーラーと結び付いたラビ司祭による日々の「魂のみとり」にのみ関係しているのである。救済は、個人的というより民族的であるが、それはすべてこの世のことであり、来世などというものではない。したがってまた、ユダヤの予言者がしばしば暗示した終末論と救済予言も、あくまでこの世界で具体的に実現されるはずのものなのであった。だからこそユダヤの予言者は「高度に内容の充実した此岸的革命を約束した」と言われるのである。

こうして、ヤハウェ信仰は、バビロニアやエジプトの当時の他の雑多な諸宗教に比すれば、きわめて合理的かつ普遍的な要素を内蔵したものであった。それは、土地と結び付いた先祖崇拝や死者崇拝を廃し、とりわけカナンで支配的であった狂騒《オルギア》道的な地域神であるバール神を排し、軍事的連合イスラエルを生み出した。このヤハウェ信仰を生活の中で現実のものとしていったのは、もともとはモーセの周りにいたヤハウェの司祭であるレビびとの活動であり、彼らのとりわけ平民層への浸透によって、トーラーを中心とした合理的な倫理の日常化が行われたのである。歴史的に言えば、北イスラエルの崩壊後百年をへた紀元前六二二年にエルサレムで行われた『申命記』の発見を頂点とするヨシアの手による宗教改革によって、レビびとの地位は確固たるものとなり、そのことによってモーセの十戒がヤハウェ信仰の絶対的な倫理的基礎を与えることとなった。

つまり、絶対神としてのヤハウェ信仰は、レビ司祭層のトーラーによる倫理的な教導による道徳的日常生活と切り離すことはできず、軍事連合としてのイスラエルは、またトーラーによる生活倫理を軸にした共同体として確固たるものとなった。予言者の活動も、基本的には、このレビびとの倫理規範を前提にしたものであり、したがって予言者の「禍の予言」も「救済の予言」も、ともに日常的にはトーラーに基礎をもつ倫理の次元に実践的課題を見出したのであった。

予言が、イスラエルの民族的な苦難、他民族への服従、戦争、賦役国家化、北イスラエルの崩壊、南イスラエル（ユダ王国）の崩壊、バビロン捕囚といった相次ぐ苦難をテーマにしていることは間違いない。だからこそ、これらの苦難からの「解放の戦争が戦争の神であるヤハウェの威信を作り出した」とも言えよう。「禍の神義論」はまさにこの条件のもとで初めて成立したものだし、予言者たちの言葉は、まさにこの背景のもとで「心術倫理的純化」をもって、人々の心に、ときにはほとんどデマゴーグと言ってよいほどの強烈な情緒的共感を生み出し、人々の魂を揺り動かした。しかし、その場合でも、この共感は、決してオルギア的なものでもエクスタシス的なものでもなく、あくまでトーラーを媒介にした合理的なものだったのである。

ウェーバーは、このように、ヤハウェという独特の連合契約神、そしてそれを絶対的な権威としたレビびと、さらに民衆を動かす予言者について論じながら、バビロン捕囚後のユダ王国によるユダヤ教の成立までの歴史を描き出すのである。この場合、強調されていることは、契約の神ヤハウェの特殊な性格、それとイスラエルの独特の社会構成の結果として生み出された一種の日常的な合理的倫理の体系としてのユダヤ教という視角に他ならない。

改めて要約すれば、イスラエルそのものが、地縁、血縁あるいは共通祖先の部族から切り離された、それ自身が多様な部族を含んだ、しかも戦争連合という「目的」のために連帯した「契約社会」なのである。ユダヤの神は部族の土着神でも土地の神でもなく、特定の場所をもたないがゆえに一種の普遍性をもった神であった。この神は、その姿を見ることのできない抽象的な神であるがゆえに、ユダヤ人の生活はそのすみずみまでが絶対的な宗教的倫理によって規制され、しかもその倫理は合理的でかつ禁欲的なものとなる。それは偶像崇拝や神人合一の神秘主義からは無縁であり、秘儀や秘蹟も認めない。つまり、ユダヤ教はきわめて禁欲的で合理的な世俗生活をもたらしたのである。(3)

だが、そうだとすると、ここで一つの疑問が生じる。それは次のようなものだ。このように理解されたユダヤ人の倫理は、ウェーバーが強調したピューリタン的なプロテスタンティズムのそれに酷似しているのではないか。もしそうだとすれば、一体、なぜユダヤ教の倫理はプロテスタントのような近代資本主義を生み出さなかったのだろうか。それどころか、ユダヤ資本主義とカルヴァン派の「市民的資本主義」というあの対立は、一体どこから生じたのだろうか。そして、ゾンバルトの議論のポイントもまさにこの点にあった。ゾンバルトによると、ユダヤ人の倫理規範はプロテスタントのそれとほとんど同じだというのである。

略奪的資本主義を生んだもの

この問いに、ウェーバーは、ある意味ではきわめて明快に答えている。それはこうである。モーセが執り行ったシナイの契約によって、イスラエルの民は「選ばれた者」となった。そこからユダヤ人のあの排他性がでてくる。割礼という独特の刻印、それになかんずく食卓共同体としてのユダヤ人という閉鎖性は、掟としての食事の禁忌に発するとは言え、明らかに、ユダヤ人を他の民族との接触から遮断した。そしてこのユダヤの特殊儀礼的倫理は、道徳の二重の基準、つまり「対内道徳」と「対外道徳」という二重性を生み出した。このことは例えば経済についてもユダヤ人においては二つの態度をもたらす。例えば隣人（これは同胞ユダヤ人である）に対する利子の禁止と、外部者に対する利子の奨励、という二重性である。むろん、利子に対するこの態度は経済一般にまで拡張され得るだろう。つまり、同胞に対する公正な取引と、部外者に対する貪欲な利益追求の奨励である。こうして、ユダヤ教の場合には、キリスト教と異なり、無倫理的で利潤追求的で貪欲な資本主義、賤民資本主義への道が拓かれたのである。これがウェーバーの説明であった。

もっともウェーバーの説明はこれだけではない。一定の土地をもたずに絶えずどこかの国家に寄生する「客人《パーリア》」としてのユダヤ人の宿命が、その儀礼的遮断とあいまって、いかにユダヤ的金銭経済を生み出したかを、彼は歴史的に跡付けている。この点についてはまた後に述べよう。しかし、プロテスタントとの関係で、つまり、あの予定説によって生み出された「救いの確証」というカルヴァン的な倫理とちょうど対応する説明はと言えば、このユダヤ教のもたらした「道徳の二元性」ということだけなのである。

これは確かに明快な説明であるし、説得力をもっているとも言える。しかも、この点はウェーバーの問題設定にとっては決定的な重要性をもっているはずなのである。だがそれにしては多少物足りないという印象を拒めない。分量からすれば、プロテスタンティズムとの対比は、実質的にはごくわずか（第二章二六の「儀礼的遮断と対内・対外道徳の二元主義」という節の一部だけ）に限定されている。むろんウェーバーはもはやあれこれの説明を付け加えるまでもなく明らかなことだと考えていたのかもしれないが、それにしてもいささかそっけないと言う他ない(4)。

ウェーバーが述べるように、ユダヤ教が、ピューリタンの「天職」に当たる職業意識をもたらさなかったことは事実であろう。それゆえ、確かに「この二元論が実践上もった意義は何かと言うと、それは合理的な「世俗内的禁欲」によって宗教的「救いの確信をえる」というあのピューリタニズムに固有の特殊な思想は生じなかった、ということである」（『古代ユダヤ教』）と結論づけることはできよう。

しかし、別の見方をすれば、ユダヤ教も一種の「世俗内的禁欲」をもったことは否定し難い。確かにユダヤ教のもたらした禁欲は、ピューリタンのように内面化され生活の全体を組織する「体系化された禁欲」ではなく、トーラーに従った生活という伝統主義に傾くものであったと言うべきかもしれない。そうだとすれば問題は、なぜこの伝統主義的傾向をもつ禁欲の中で金銭獲得が正当化されたかということになろう。問題は、ユダヤ教においては、この合理的な世俗内的禁欲が金銭主義的な経済活動に向けられたのに対して、ピューリタニズムにおいてはそれが労働倫理の方を向いたのはなぜか、ということでなければならないだろう。

ウェーバーの考えでは、ピューリタンの経済活動が、「神なきもの」(異邦人)との経済取引においてさえも、詐欺や駆け引きを避け、信頼を重視し、公正で、正直で、合法的であることを望んだのに対して、ユダヤ人はこれと対照的であった、とされる。ユダヤ教の経済倫理は、「仲間外のもの」に対しては「誰をだまそうか」というような「すこぶる鼻をつくような付加物」を含んでいた。隣人つまりユダヤ人同胞以外に対しては、高利やいささか非合法的な利潤追求も許されたのであり、それはピューリタニズムが徹底して嫌悪した「略奪的資本主義」の形式と符合するものであった。ここには、ピューリタニズムの勤勉と正直をもたらすような「救済動機」は存在しないのである。

この最後の部分は正しい。これはウェーバーの『プロテスタンティズムの倫理と資本主義の精神』における一貫した主張である。だが確認しておけば、この書物の中で、ウェーバーは、ただピューリタンの倫理が実質的に合理的な経営に勤しむことを容認したと言ったのではない。そうではなく、彼は、ピューリタニズムが合理的な経営に勤しむことを義務づけたと論じたのである。勤勉の精神をもって働き、合理的に富を追求することは「救いの確証」のための義務だったのである。

だから、確かに結果として、プロテスタントは資本主義への道を拓いたのだが、これは決して偶発的なものではなく、またこの両者の隙間にあって思わぬ方向に歴史が動いたというようなものでもなく、一つの歴史的必然なのである。ピューリタニズムは、その世俗内的禁欲の義務によって、必然的に、考えもしなかった資本主義への道を拓いたのであった。だからこそ、ここにウェーバーは、歴史が垣間見せる「運命」を見て取ったということにもなろう。ピューリタニズムから資本主義への一見逆説的な移行は、したがってウェーバーにとっては歴史的宿命だったのである。

ところが、まさにこの「宿命的なもの」が、ユダヤ教の倫理と「略奪的資本主義」の結び付きには欠けているのではないだろうか。

ウェーバーが述べるのは、ユダヤ教の倫理的二元主義は、対外的には略奪的利益追求を排除する何物をもたなかったというだけのことである。ここには、ピューリタンの倫理と合理的経営を結び付ける必然性の糸に対応するものが見当たらないのだ。ユダヤ教について述べられていることは消極的なことであり、ユダヤ教の中に、対外的に略奪的利益活動を積極的に促し義務づける倫理があったと述べているわけではないのである。

ユダヤ教が略奪的資本主義に向かったのは、それゆえ、ユダヤ社会の外部に対してはユダヤの倫理は適用されなかったからだということになる他ない。つまり、人は、特別の倫理をもたなければ、半ば必然的に、略奪的に自己利益を追求するものであり、そして、ユダヤ人は対外的には特別の倫理をもたなかったために、ごく自然と略奪的資本主義に向かったということになるだろう。その上でこの結び付きを決定的にしたものは、結局のところ、ユダヤ人の置かれた特殊な社会的事情、つまり特定の場所から切り離されたその「パーリア性（客人性）」に求める以外にないだろう。そしてこの説明はゾンバルトのそれと大差はないのである。

ユダヤ人の「パーリア的特質」については次章で取り上げようと思う。ユダヤ的な金銭的資本主義とユダヤの「パーリア性」の間に密接な関係があることは、しばしば指摘されることだし、その意味をいかに理解すべきかは、それ自体が興味深いテーマであり、この問題は改めて論じようと思う。

ユダヤの二重倫理あるいは倫理的二元主義が、内部・外部の区別に基づいて、略奪的・金銭的資本主義と結び付いたというウェーバーの理解は、間違いだとも言えないが、また正しいとも言えない。この両者の間に、ピューリタンと合理的経営の場合のような必然的な結び付きがないからである。ピューリタニズムが、全く意図せずに、しかし必然的に近代資本主義を導いたというあの「運命性」が、ユダヤと金銭的資本主義の結び付きにはないのだ。むしろ、少なくともユダヤ社会の内部では、ユダヤ教の倫理は、ピューリタン同様、幾分伝統主義的で合理的で世俗内的な禁欲をもたらすのであり、ここからは決して略奪的金銭追求は生じない。

確かに、ピューリタンにおいては、禁欲が職業労働を通じて経済の領域での「救いの確証」へと転化したと言うことはできる。これに対して、ウェーバーは、ユダヤ教においては、「救済」は経済以外の領域で求められたと言う。「ユダヤ人の場合、生活態度の中で信仰の確かさを確証する場所は「現世」特に経済を合理的に支配するというようなこととは何か全然異なる領域にあるからである」(『古代ユダヤ教』)。

だがここでウェーバーが述べているのは、ユダヤ人は、「救い」の問題と経済活動を関連づけなかった、ということだけである。少なくとも、ユダヤ教の倫理は経済生活には何ももたらさなかったという以上のことではない。したがってまた、ユダヤ教の倫理が作用しなかったからユダヤ人は対外的に略奪的利益追求に走った、ということも言えないであろう。ウェーバーが「論理的」に述べていることは、せいぜいユダヤ人は略奪的資本主義に走る可能性もあったが、走らない可能性もあった、というだけのことではなかろうか。[5]

だが、それにもかかわらず、——ユダヤ人の「パーリア性」の問題は別にしておいても——ピューリタンとユダヤ人の間には、何かある種の倫理の上での類型の相違がある、という印象を抑えることも難しい。しかも、プロテスタントが、カトリックとは異なって、ある意味でユダヤ的なものに接近すればするほど、この倫理的類型の相違が一体どこからくるのか、そしてそれが、「二つの資本主義」とどのように関連しているのか、こうした問いを改めて提起してみたくなるのだ。

より端的に言えば、ユダヤ的なものが略奪的資本主義と結び付くには、彼らの置かれた社会的条件を別として、何か「内的」な理由はないのだろうか。そして、またこの金銭追求がプロテスタントでは抑えられた（あるいは変形された）のは一体どうしてだろうか。こうした問題が生じる。

だがこうした問いは果たして意味があるのだろうか。論理の厳密さという意味で、答えの正確を期するならば、この種の問いに確かな解答を与えることはできないであろう。ユダヤ教の倫理と資本主義の関係をウェーバーが実際には論証しなかったことは賢明と言うべきなのではなかったろうか。

しかし、ウェーバーがその一歩手前で、おそらくは賢明にもとどまっている問題をもう一歩手探りで進めてみよう。この章の後半の議論は、文字通り闇の中の手探りであり、不完全なものであることは承知の上なのだが、右の問いに対する多少の手掛かりになるかもしれない。

ウェーバーがピューリタニズムとユダヤ教を比較したとき、彼は「救い」の意味が両者では異なっていることを暗示していた。だが「救い」とは何か。「救い」を成り立たせる精神的背景は一体何なのか。そこに何か手探りがあるのではないだろうか。

Ⅱ

ルサンチマンと良心の疚しさ

ところでニーチェは『道徳の系譜』の中で、人間を「約束をする動物」だと述べ、約束は、また債権／債務関係をもたらすと言う。なぜなら、約束とは、ただその場で完結する交換や取引ではなく、将来に何かをなすという契約だからだ。約束をすることは債務を負うことであり、それは責任を負うことでもある。ここにいずれにしても「負う」という意識、つまり「負い目《シュールト》」が発生する。そしてこの「負い目」の意識をニーチェはまた「良心の疚しさ」と呼ぶ。だが、「良心の疚しさ」とは何であろうか。ニーチェの説明はこうである。

人間はもともと自由である、つまり自分の力を思いのままに発揮し欲望を充足できるものだと考えている。ホッブズの言う自然状態のような世界にいるわけだ。ところが人間は、平和を維持し安全を手に入れるために社会を作った。社会においては、強者が弱者を支配する「自然状態」は消え去り、基本的に平等性が確保される（例えば平等に生命を保証される）。ということは弱者が強者に対して保護される。ここに法とりわけ刑罰が作り出され、人間はもはや自由な力の行使や欲望追求を禁止される。人間は、自由な力の発露という本能をもはや外へ向けることはできなくなり、この外部へ向けることのできない力への意志、他人に対する敵意、支配欲は、自己の内に向けられることとなろう。

このとき、外部世界に対する支配欲、他者への敵意、攻撃的本能は、自己の内面に無理に押さえ込まれる。この押さえ込むためのメカニズムが「良心の疚しさ」だとニーチェは言うのである。「敵意・残忍、迫害や襲撃や変革や破壊の悦び、——これらの本能がすべてその所有者の方へ向きを変えること、これこそ「良心の疚しさ」の起源である[6]」。

ここには鬱屈した権力欲がある。力の自由な発現を自制するだけでなく、そのことを正義に置き換えようとする鬱屈がある。とりわけこの「良心の疚しさ」は弱者において強い。なぜなら、彼らは自然状態における力の争いでは強者にはかなわないのであり、それゆえ、彼らは、率先して武装解除し、強者の攻撃本能や権力欲を押さえ込むべく、そこに正義(刑罰や道徳)を掲げたからである。彼らが誰よりも早くそして巧妙に「権力への意志」を自己の内面にしまい込んだ。正義はその口実であり、他者(強者)を平準化して同じ水準へ格下げするための方法であった。だがそこにあるのは、実は「正義」の口実を借りた弱者の権力欲に他ならない。そしてこのことがとりわけ弱者にとっては「良心の疚しさ」となる。

かくして、ホッブズが先鞭をつけた近代市民社会の背後には「良心の疚しさ」が横たわっているだろう。そして「良心の疚しさ」の源泉には弱者の「ルサンチマン」が見出されるだろう。つまり、近代市民社会が掲げる平和や平等やヒューマニズムといった「正義」に彩られた思想を生み出すものは、実は弱者の「ルサンチマン」という隠された鬱積感情である。これがニーチェの主張であった。

ここで「ルサンチマン」は、「内面的に、小規模に、卑小に、後向きに、ゲーテの言葉を借りれば「胸の迷路」のうちで、良心の疚しさを創り出し、消極的な理想を築き上げる」。要するに、自己否定、自己滅却、自己犠牲が理想とされてゆく。自己を否認することと、自己を否定することが悦びとなってゆく。これは自己に向けられた攻撃、つまり一種の力の発動としての残忍さの変形なのである。そして、この自己否定という形をとる残忍な悦び、「良心の疚しさ」という権力欲は、宗教的な表現をもったとき、最高度の表現形式を手に入れることとなる。

ユダヤ・キリスト教の基礎にある神と人間の契約は、言い換えれば債権／債務関係に他ならない。なぜならここでは神は共同体の始原に深く関与し、そして後のいかなる時代の人間も、共同体の始原に現在を負っているからだ。こうして人は自己を常に共同体に結び付ける。現在のわれわれは、その存在を祖先の犠牲と業績に負っている。われわれは宿命的に先祖に対する負債を相続しているのである。

とすれば現在の種族は祖先に何ができるのか。いかなる形でその負債を返すことができるのだろうか。「服従」することによってである、とニーチェは言う。「祖先の力に対する恐怖、祖先に対する債務意識」が祖先への服従を強いる。現在を生きる人々は、祖先への「服従」という自己否定をむしろ悦んで選び取るであろう。

そこでもしも「われわれ」の始原に神との約束があったとすれば、祖先への服従はとりもなおさず神への服従を意味する。ここに先祖に対する負い目は「神に対して債務を負っているという意識」へと転化する。この神に対する「負い目」が、神を前にした「良心の疚しさ」、言い換えると「罪の意識」をもたらし、その結果、人はほとんど理由なく魅入られたように、神の前で徹底した自己放棄、自己犠牲を悦んで行おうとする。ここでは、「自己苛責への意志」あるいは「内攻した残忍性」は、「神に対する負い目」として見事に宗教的倫理へと転化する。この宗教的倫理の眼目は、徹底した自己否定であり、自己を全く無価値なものと見なすところにあるが、その本質はというと、実は「主」「父」「世界の始原」に対する敵意、反逆、不遜なのである。

神に対する人間の一見謙虚で敬虔な自己否定は、この心理のヴェールを一枚一枚と剝いでゆけば、実は神に対する言いようのない敵意にゆき着くというのだ。かくして人間は逆説的に「一つの理想――「聖なる神」という理想――を樹《た》てて、その面前で自分の絶対的無価値を手に取る如く確かめようとする」。ここに至って「おお、この錯乱した痛ましい人間獣の上に禍《わざわい》あれ!」とニーチェは叫ぶのである。だが、まさに神はその人間に禍をもたらしたのだ。

むろん、ここでニーチェは宗教一般ではなく、西欧のユダヤ・キリスト教について語っているのである。ユダヤの民は繰り返し繰り返し禍を被った。なぜか。それは彼らがモーセによる神との契約を破ったからである。かくてイスラエルは神に対して容易には返済不能な負債を負い、しかも、神の禍によって、繰り返し繰り返しそのことを想起させられることとなったのである。

ユダヤにおける罪の意識、したがって救済への期待は、シナイ山における神との約束に発する。トーラーの順守がその具体的内容を与える。ユダヤ人の禁欲的自己否定という倫理は、したがってニーチェからすれば、徹頭徹尾、ルサンチマンに起源をもつ良心の疚しさが生み出したものと理解されることになろう。だが、「良心の疚しさとは病気である」といくらニーチェが力説しようが、ユダヤ人はシナイでの約束を破ることで、永遠に罪を負ったという観念を払拭することはできないであろう。

ではキリスト教徒はどうか。ニーチェは次のように書いている。「キリスト教の神の出現は、最大限の責務感情を地上にもたらした」と。ところがここで奇妙なことが起こる。「苛責を受けた人間は、あの弥縫策によって——キリスト教のあの天才的なちょっかいによって、かりそめの安心を見出した。曰く、神は人間の債務のために自らを犠牲にする。神は身をもって自分に支払いをする。神は人間自身には償却しえなくなったものを人間のために償却しうる唯一の存在である——債権者は債務者のために自分を犠牲にする」。

だが、キリストが犠牲となることによって贖《あがな》われた人間の罪とは一体何だったのだろうか。キリストは人間という債務者のために一体、何を贖ったのだろうか。

パウロはそれを「原罪」だと解釈した。ここで罪とは、何よりまずアダムとイヴが犯したあの原罪であり、この原罪（それ自体が最初の人と神の約束の違反である）によって始まった人間の堕落こそがキリスト教徒にとっての禍の源泉なのだ。パウロがユダヤのエルサレム教会主流派から決裂したとき、もはやキリスト教徒はイスラエルの律法には拘束されないものと見なされた。ユダヤ人にとっての問題であるモーセの契約、そこで成立した律法、そしてこの律法に対する違反が人間の罪だとするユダヤの理解は、キリスト教においては問題とはならないのである[7]。その代わり、もっと根源的に罪深い存在であり、弱い存在としての人間像が想定される。「原罪」がそれを示す。しかもその上で、この原罪はイエス・キリストの処刑によって一応贖われたと見るのだ。つまりキリスト教徒にとっては、イエスの自己犠牲によって贖罪がなされたことになる。ニーチェが「キリスト教のあの天才的なちょっかい」と言ったのはそのことであった。

ところが、イエス・キリストは神の子であり、彼自身は何の罪をも負ってはいない。彼は何ら負債を抱えた存在ではなかったのである。したがって、イエスの自己犠牲はもっぱら神の計画であり、それは人の罪を許そうとする神の恩恵を示すものに他ならない、と理解されよう。神の恩恵として人の罪は贖われた。罪なきイエスが犠牲となることで罪は贖われたわけである。

では人は一切の罪から解放されて自由の身となったのか。もはや神は不要となったのか。むろんそうではない。逆説的なことに、イエス・キリストを十字架に張り付け、あらゆる苦悩をイエス一人に背負わせることによって、まさに、キリスト教は、決して返済することのできない永遠の債務を人間に負わせたのであった。人間の罪を贖うまさにその瞬間に、神は、人間を永遠に神に縛り付けたとも言えよう。この天才的なロジックを発見することによって、キリスト教は、人間を原罪から解放すると見せかけたその瞬間にその全体をそっくり捕らえてしまったのである。

イエスを身代わりとしたことによって、キリスト教徒は、神に対する義を絶えず表明しなければならない。つまり永遠に深き信仰の生活を送り、ただ神をたたえ、神を信じるという生活を神に捧げねばならないのである。キリスト者の自己否定と禁欲的倫理は、こうしてイエスという供犠《くぎ》に対する新たな「罪の意識」を土壌としている。それは原罪とは異なった罪の意識であり、ここにまさに、ニーチェの言う「良心の疚しさ」がある。

フロイトの「モーセ殺害説」

ところで、抑圧された権力欲や攻撃本能が「良心の疚しさという病気」を生み出すというニーチェのルサンチマン説は、フロイト理論を思い起こさせるに充分ではなかろうか。フロイトはニーチェがルサンチマンと名づけたものを、もっと明快な心理学的概念で置き換えようとしたと言ってよかろう。

彼は次のように考えるのだ。外部に向けられるはずの権力欲、支配欲、攻撃精神は現実の前でその衝動を挫折せざるを得ず、それは抑圧され内面化される。ただこのときに、いわば内面化する力として「超自我」が形成されるのである。そして良心とはこの「超自我」のことに他ならないのだが、この場合、「超自我」は、もともと攻撃精神をもっており、しかもそれを内部に向けるので、「超自我」は「自我」に対立することとなる。「超自我」はサディスティックに「自我」を抑圧し、痛め付けようとする。「超自我」を権威としてあおぐ「自我」はここでマゾヒスティックに自己否定を行う以外にない。だがこの自己否定を行う際に、同時に、そのことを「良心」として命ずる超自我に対し敵意をもつだろう。これは正面からは露わとならず「超自我」に対する抑圧された不安もしくは不信となる。この「超自我」の「自我」に対する潜在的な攻撃、それに対する自我の反応をフロイトは「罪の意識」と解するのであり、それこそがわれわれの論じている「良心の疚しさ」に他ならない。

フロイトの言うように「良心とは、われわれの中に存在する特定の願望衝動に対する拒否についての内的知覚である」（『トーテムとタブー』）とすれば、「良心の疚しさ」つまり

「罪の意識」は、超自我による願望衝動の拒否の正当化である。しかし、衝動満足への欲望は、そうたやすく消えるはずはない。しかも超自我はその欲望を見通しているのだから、超自我が強烈であればあるほど、内攻した「罪の意識」は強固なものとならざるを得ないだろう。この場合、この超自我と自我の対立が最も心理的に強烈な形をとって現れるのが、超自我に「父」を代用することから発生する「エディプス・コンプレックス」なのである。

だが、ここでフロイトは周知のように、子供が父を権威として超自我を形成する本来の「エディプス・コンプレックス」理論を、いささか意表をついた形で集団にまで当てはめようとするのである。「人類の罪悪感がエディプス・コンプレックスから生じている」(『文化の中の不安』)というフロイトの断言は、たとえ容易に受け入れ難かろうとも、フロイト理論の帰結に過ぎない。しかも、「罪の意識」が神経症と深くかかわっているというフロイト説からすれば、エディプス・コンプレックスによって結合した集団は、いわば集団として神経症的であるという診断が下されたとしても何の不思議でもない。

さてそうすると、ここで、われわれは新しい局面に直面したことになるだろう。キリスト教やユダヤ教におけるエディプス・コンプレックスをわれわれはどう解釈すればよいのだろうか。これが次の課題となろう。

だがそれに答えることはそれほど容易ではない。例えば、ユダヤ教における「罪の意識」はせいぜい、律法の命じる禁欲の破綻という程度ではなかったのか。それが一体どのようにエディプス・コンプレックスとかかわるのか。これはもっともな疑問である。これは確かにフロイト自身も直面した問題であった。

ユダヤ教の場合、シナイの契約が神と民族集団とのものだったとしても、律法の違反はせいぜい個人的生活のレベルにある。だが「集団形成の本質は、集団の成員相互のあらたなリビドー的結合にある」(『集団の心理学と自我心理学』)とすれば、この結合を無意識の紐帯によって一層強固にするものは、リビドーの集団的な抑圧と昇華でなければならないのだ。とすれば、集団的倫理観念の強固なユダヤ人の場合、ユダヤ教の中にこそ、集団的な結合をもたらす無意識の何かがあるはずだ。これがフロイトの考えの糸口であった。ではこの集団的に抑圧されたものは一体何なのか。「約束する動物」であるはずの人間が、その記憶をわざと断ち切ってまでも忘れ去ったかのようにふるまうもの、抑圧し語ろうとしないものは一体何なのか。この疑問がフロイトに、あの奇妙な、ある意味で度肝を抜く評判の悪い最後の論文『モーセと一神教』を書かせたのである。この旧約聖書に基づく、一種の古代ユダヤ史の解釈の書において、フロイトはなんと、ユダヤ人はモーセを殺害したと述べるのである。

私には、もちろん、このフロイトの解釈の妥当性を論じる力も資格もない。だが、モーセの登場に何か不透明なものがあることは、ウェーバーの『古代ユダヤ教』を多少注意深く読めば充分に暗示されていることであった。ウェーバーは、すでに、モーセがユダヤ人ではないであろうこと、彼がエジプト人らしいことを述べており、また神ヤハウェの成立が不透明であることも述べている。だからこそ、ウェーバーは、神殿建設と『申命記』の発見、レビびとに指導されたイスラエルの成立によって、モーセが、誰にも知られていなかったヤハウェをもち出して「軍事連合」の神としたというイスラエル建国神話がもたらされたとしているのである。モーセという人物についてウェーバーはその素性が明瞭ではないことを隠そうとしないし、またヤハウェが地縁や血縁とは無縁な普遍性をもった神であったのも、そもそもこの神が誰にも知られていない「未知の神」だったからなのである。

フロイトは言う。神ヤハウェをもち出してイスラエルを征服し、これを統一しようとしたエジプト人の権力者モーセを、ユダヤ人は殺害した。しかし、それにもかかわらず、彼らはその痕跡を消し、逆にモーセを（あるいは別の人間をモーセとして）「父」の座に祭り上げた。こうして、レビびとやトーラーが教える戒律という生活倫理の違反としての「罪の意識」とは別に、激しい苛責の念と決して贖うことのできない罪責感を深く無意識の闇へしまい込み、目に見えない太古の痕跡を記憶に刻み込んだすさまじい「罪の意識」がユダヤを結び付けることとなった。それこそまさに「父殺し」に始まるエディプス・コンプレックスそのものなのである。ユダヤ人たちは、こうして永遠に払い切れない債務を負うこととなったのだ。

しかもこの債務は集団において発生したのではなく、まさにそれを隠蔽することにおいても一つの民族をすべからく共犯関係に置く。文化は祖先から続く「罪の意識」の集団的な共有によってもたらされるというフロイト説に同調して言えば、現代においてもユダヤ的文化の核には、その祖先がまさにユダヤ人を一つの集団となす、決して消し去ることのできない負債が存在することとなる。そしてこの後悔の念、無意識の「罪悪感」が、一方で自己否定的な禁欲と、自らをトーラーに縛り付ける自己否定的生活をもたらし、また同時に、他方ではメシア待望をもとにした絶対神による救済期待をもたらした。予言者イザヤが繰り返し述べたてる、国を失い町を焼かれるユダヤ人の苦難の宿命は、フロイト的に言えば「父殺し」の罪を背負った者の宿命であり、我が目を刺して諸国を放浪するエディプスのごときものだということになろう。

フロイトは、そもそも姿を一切見せず、顔を示すこともないいわば抽象的な神として描かれたヤハウェは、まさにその抽象性のゆえに、欲望と衝動充足の禁止を表している、と言う。つまり感覚的なものを禁止した上で、感覚を超越した精神性の勝利をそれは意味している。だからこの超越性は感覚的な欲望の断念と、それに代わる抽象的精神の勝利を示す。そこで一切の具体的な形象とも象徴ともなり得ないこの抽象的性格と、唯一神であるという絶対的性格の両者こそが、ヤハウェを集団の「超自我」にまでもち上げるのだ。祭司たちは、もともとモーセによってもたらされた宗教（アートン教）を投げ捨て、モーセ殺害を隠蔽し、ヤハウェを先祖たちの神へと捏造した。しかし、その記憶は「暗闇の中に隠され歪曲された伝承」として生き続け、この伝承はいわば背後から作用し続け、ついにはヤハウェを絶対的な唯一神にまでしてしまった。これがフロイトの理解である。

神経症と貨幣愛

ここでこれ以上、フロイトのユダヤ教解釈にかかわるのはやめよう。繰り返すが、私はフロイトの独創的仮説の妥当性については何も言う資格はない。また、この論文は、ナチスのユダヤ人迫害を逃れたユダヤ人フロイトが、亡命先のロンドンで迫り来る死期を凝視しながら書いたものであるが、そのような背景的事情をここで考察しようと言うのでもない。この論文が精神分析の専門家たちからほとんど無視され続けてきたのも当然であろう。ただ、最後まで無神論者を自認していたフロイトが、彼自身、いささかの強引さを自覚しつつも、ユダヤ人によるモーセ殺害という考えに取り憑かれたこと、そのことこそがここでは興味深いのだ。なぜなら、この仮説を設定することによって、集団形成にかかわるエディプス・コンプレックスの存在を論証でき、またそこに集団的神経症を見出すことが可能となると考えられたからだ。

このことは一体何を意味しているのか。言うまでもなく、この仮説は、まずはあの一つの定型化された世論、つまりユダヤ人と金銭の結び付きという西欧人によって深く抱かれたあの説を論証するように見えるのである。フロイトはユダヤ人と金銭の間に、エディプス・コンプレックスと神経症をはさみこんだ。抑圧された罪の意識、それへの接近を禁止する「父＝神＝超越性」、こうした禁止、抑圧の神経症的に昇華された表現が貨幣愛なのである。

欲望はここでは具体的な何かに向かうのではない。無意識の罪によって抑圧された欲望は、具体的に充足されるのではなく、象徴的に追求される。この象徴的な欲望、象徴化された欲動充足、個別のモノや生活に向かうのではなく、あたかも姿も顔も見せない抽象的で絶対的な神へ向かうかのように、抽象的・象徴的なものへ向かう欲望、これこそが貨幣愛なのである。なぜなら、貨幣は、それ自体が抽象的存在であるとともに欲望充足の対象そのものではあり得ず、常に「象徴的」な欲動充足だからである。

それは、通常の衣服や食べ物や、さまざまな社会的に有用な財貨のように具体的な欲望を満たすものではなく、それら一切の価値を象徴する。だから、貨幣の追求はどこまで行っても決して真の欲望の充足へは至らない。貨幣を求めれば求めるほど真の欲望充足は先へ先へと逃げてゆく。あるいは貨幣は、欲望を常に先へ先へと延ばすことによって欲望をインフレートする。貨幣は無限に、将来の欲望充足を象徴し続けるのである。だからこそ、人は、決して満たされない欲望を満たすべく、ひたすら貨幣を追い求める他ない。

神経症的な貨幣愛にひとたび捕らえられてしまうと、貨幣が貨幣を求めるという自己循環の運動から逃れることは難しい。なぜなら、そもそもの神経症を引き起こした抑圧された罪の意識は、直接的な欲動充足を禁止しているからである。だから人はその欲動を、その欲動が自然に向かう具体物で充足するわけにはいかないのである。欲動充足はあくまでヴァーチャリティの次元で、具体物の次元ではなく象徴的存在の次元でなされなければならない。しかも太古の時代の「父殺しの記憶」という抑圧された罪の意識は、何百年もたてば、一種の漠然とした不安感として記憶される他ないであろうから、差し当たりは無意識の領野へと追いやられた欲動は具体的な形も目的ももたないだろう。

その結果それは抽象的なものへ向かう他ない。そして貨幣こそは、まさに抽象的で象徴的な欲動充足の代理なのである。逆に言えば、ブラウンが述べるように、「金銭は、それが無意識の罪に由来していて、それに対応する現実が何もないから象徴的なのである」(『エロスとタナトス』)と言うことさえできよう。これが貨幣愛の正体なのだ。

フロイト的な思考から導かれるのは以上のようなことである。それゆえ、ユダヤ人によるモーセ殺しというフロイトの仮説を受け入れるならば、ユダヤ人と金銭の関係は一層強固なものとなる。

だが精神分析の見地からすれば、ユダヤ人が真にモーセを殺害したかどうかという事実など実際には問題とはならないであろう。エディプス・コンプレックスは実際に生じた父殺しを必ずしも必要とするわけではない。もっともフロイト自身は、太古の「最初の父殺し」は実際に生じた歴史的事実だと考えていたようで、その意味では、モーセ殺しという

「事実」の論証はフロイトにとっては避けて通れない課題であった。

だが、別のところでフロイト自身述べているように、神経症をもたらすものは、結局、強い不安に他ならない。外傷そのものではなく、外傷についての不安である。その内容が事実であったかどうかとは無関係に、抑圧された記憶がもたらす不安なのである。ユダヤ教の場合にも、原父殺しという悲劇は、漠然たる罪の意識、「その理由がだれにもわからない重苦しい不安感と破滅の予感となって」この民族の上に立ち込め、民族のあり方を強迫神経症的なまでに厳格に論理化していくのである。

とすれば、ここで重要なことは、ユダヤ人はエディプス的な不安を強く抱えた民族だと見なされている、ということである。ユダヤ人が実際にエディプス的民族なのか否かなどと問うても無意味だ。そのことの真偽が今問題なのではない。ユダヤ人という表象とエディプス的民族（エディプスはむろんギリシャ神話であるにもかかわらず）が結び付けられることとなる。だからこそまた、精神分析はユダヤ人のものか、などという問題が提出されるわけでもある。ユダヤ人と金銭を結び付ける思考の奥底には、ユダヤ的なものの暗部に、得体の知れない不安、不気味な無意識の罪、その出生にかかわる暗部からもたらされた疚しさが潜んでいる。このような表象が横たわっているということが決定的なのだ。

この決して正体を見せない暗部に宿る不気味な無意識の罪、そのこととユダヤの厳格な禁欲、とりわけ割礼に象徴される性的なものの禁忌とは無関係ではないだろう。決して誰も姿を見たことのない神を偶像崇拝することなく崇める、という逆説に耐える精神と、強固な自己否定はどこかで呼応し合うだろう。超越者である神への具体的接近の禁止（偶像崇拝の禁止）と具体的なモノへの接近の禁止はどこかで関連しているだろう。そしてこれらすべてのことは、貨幣愛と不可分であろう。これがユダヤ的なものにまつわる表象である。フロイトはこのような表象に対してきわめて説得力ある（かに見える）説明を与えたわけだ。

フロイト説が正しいかどうかはここでの問題ではない。それは、ユダヤ人と金銭主義的経済活動という、ウェーバーもゾンバルトもまたフロイト自身も共有していた表象に対して、一つの説明を与えたのである。そしてこの仮説は、また同時に、ユダヤ人のもつ不気味さ、厳格な禁欲主義、排他性といった表象に対しても一つの説明を提供した。ということは言い換えれば、ユダヤ人と金銭的経済の結び付き、不気味で排他的なユダヤ人という表象は、例えば、フロイト的な神経症仮説のようなものを暗黙裡に背後に置いているということでもある。

だがそうすると、一つの別の疑問に行き着かざるを得ない。果たして、このような表象はユダヤ人だけのものなのだろうか。フロイトの説明はユダヤ的なものと金銭の結び付きという表象について一定の説明を与える。だが、それでは、プロテスタントの場合はどうなのか。プロテスタントのエディプス・コンプレックスという問題はどうなるのか。

資本主義と罪の意識

このことについてここでこれ以上立ち入ることはできない。問題の提示のみにとどめておきたい。ただ、若干の示唆を与えるために最後に二つの点だけを簡単に論じておこう。

(1) ニーチェが「ユダヤが、宗教改革と呼ばれるあの根本的に賤民的な(ドイツおよびイギリスの)《ルサンチマン》運動のお蔭で再び凱歌を奏した」(『道徳の系譜』)と書いたとき、彼は、確かに、プロテスタントとユダヤ教の間をつなぐ一つの基本的な精神を見て取っていた。ニーチェはそれをルサンチマンと書く。だが、ルサンチマンの背後に、潜在化したエディプス的な罪悪感を見るフロイトの発想からすれば、話はもう少し複雑になる。

キリスト教にとっては、果たしてエディプス・コンプレックスの観念は当てはまるのだろうか。キリスト教徒は一体誰を殺したというのだろうか。もし、このような議論が成立するとすれば、それは言うまでもなくイエス・キリストの処刑の他にはあり得ない。キリスト教徒とは、イエスを処刑した罪の意識によってイエスを神の子とし、事実上、イエスと神を同一視した一種の懺悔集団と言ってよいであろう。

だが、また同時に次のように言うこともできる。これはイエスの自己犠牲であった、イエスは自ら進んで犠牲を引き受けたのであり、キリスト教徒が殺したものではない、と。

パウロによると、人間の原罪はイエスの血で贖われたという。その限りでは人間の罪はすでに贖われているのである。

しかし、ローマの権威を否定するプロテスタントからすれば、この解釈はあまりに便宜的すぎると見なされるのも当然であろう。少なくとも「罪」は消えるものではない。聖書のみを頼りとすれば、人間の原罪は、決して容易には贖えるものではなく、それどころか、人間は『創世記』が説くように、決して原罪から逃れられるものではない。悪魔の誘惑は常に人を唆し、欲望に火をつけ、邪《よこしま》な悪に誘い込む。ここに、とりわけルター派のもつ強烈な禁欲、自己否定、ひたすら信仰の生活を、という倫理が成立する。原罪という罪の意識は深くルター派の心理に潜行して不安神経症を生み出すのである。こうして、ルター派においては差し当たり、エディプス・コンプレックスというより「罪の意識」の方が重要であるように見える。

ではカルヴァン派の場合にはどうだろうか。カルヴァン派においても同様に、人間が原罪から逃れられないものだとして、その罪深い存在の根底が強調はされるものの、その現世における意味合いはルター派とは随分異なってくる。なぜなら人はいずれ、絶対的な神の救済予定によって救われるか否かがあらかじめ決まっているからだ。ここでは、原罪についての意識や懺悔、告解はもちろん、神に対するいかなる救済努力もそれ自体では意味をなさないことになる。ひたすら悔い改めたとしても、そのことは救済に結び付かないのである。したがって、カルヴァン派の禁欲の倫理は、差し当たっては、原罪についての潜在化した罪の意識というよりも、一層、世俗的でプラグマティックな性格を帯びてくるのは当然だろう。ウェーバーが述べたピューリタンの著しい特徴である倫理の徹底した「世俗的」性格、それはまさにここからきている。

この限りでは、いずれにしても、プロテスタントにおいては、エディプス・コンプレックスはさして強烈な内面的不安の源泉とはならない。「罪の意識」は人間の根源的な弱さからくるものであり、いわば人間が人間である条件となっている。だからこそそれは原罪なのであり、この弱さゆえの原罪によって陥った死すべきものとしての人間存在への根源的な不安なのである。潜在的な不安は常に神経症的なものと関連するという精神分析の立場に立てば、ブラウンのように、プロテスタント、それもとりわけルター派が神経症的であると述べることは充分に可能となろう。だが、そこには差し当たりあのエディプスの影はない。

カルヴァン派となると、内攻して自己に向けられる罪悪感は、ユダヤ教の場合とは比べものにならないであろう。ユダヤにおける罪悪感が貨幣愛という象徴的昇華を求めたとしても不思議ではないが、それに対応するものはカルヴァン派には存在しない。カルヴァン派で目立つのは、内攻し、隠され、抑圧された罪悪感というよりも、世俗的で合理的な実用主義へとすぐに転化するような禁欲義務なのである。ベンジャミン・フランクリンをもち出すことがこの場合格好の例かどうかは問題があるとしても、フランクリンまで時代が下れば、彼の『自伝』を一貫しているものが、世俗主義、合理主義、実用主義に彩られた活動の精神であることを見て取るのはきわめて容易である。

こうして、われわれは差し当たり、貨幣愛、金銭欲を排したカルヴァン派的アクティヴィズムと、金銭愛へと向かうユダヤ教の屈折した活動という対比を描き出すことができよう。この両者を隔てるものは、一方では人間そのものの根源にある「罪責感」であり、他方では集団的なエディプス・コンプレックスを内蔵した民族的な罪の意識であり、そしてその両者が、世俗の生活に対してもつ関係なのである。プロテスタントにあるものは原罪に対する不安ではあっても、エディプス的な自己攻撃へと向かう屈折した欲動ではない。だからプロテスタントにおいては、禁欲の倫理によって欲動を抑えることが問題となる。そしてそれは、日常の禁欲的生活の実践、節度と自己鍛練によって可能なのである。

ところがユダヤにおいては、もはや屈折した欲動を最終的に抑えることはできない。それは、ユダヤの同胞集団の内部における禁欲と律法に服した生活において実践されたとしても、この集団を一歩離れれば別の形で表出される。それが、とりわけユダヤ人以外の集団との関係の中で形成される著しい金銭愛だというわけである。

こうして、われわれは、ピューリタン的な経済とユダヤ的な経済の間の対立の、いわば潜在意識的なレベルの問題をある程度明らかにすることができるように見える。これはウェーバーが行った説明とはかなり異なったものではあるが、ウェーバーの見た「対内道徳／対外道徳」の区別の背後でユダヤを動かしている事情なのではなかろうか。

(2) にもかかわらず次のようなことがある。まず、一般的に言えば、キリスト教の場合、「罪の意識」は二重のものである。人間の根源的な弱さの現れである原罪によるものと、罪なきイエスを磔刑にしたという意識からくる罪悪感である。聖書原典を通して人間存在そのものの罪深さに立ち戻ろうとするプロテスタントも、したがって、キリスト教である限り、人間の罪を贖ったイエスに対する「負い目」から解放されることはあり得ない。イエスは、人間の罪深さの繰り返し回帰する記憶として、またその彼を殺害した人間の罪に対する責務を命じる者として、キリスト教徒にとって「良心の疚しさ」の源泉であり続ける。ここに、ニーチェは、復帰したユダヤ的ルサンチマンを見、フロイトは、エディプスの記憶を見たわけである。こうして、エディプス的な罪悪感はキリスト教においても潜在的に復活する。それはキリストを殺したという罪悪感である。

しかし、ここで「罪悪感」にさいなまれるキリスト教徒は次のように抗弁することができよう。まずイエス・キリストを殺害したのはユダヤ人である、と抗弁する。むろんこれはいささか苦しい抗弁だ。歴史的事実はともかくとしても、イエスを裏切ったのは彼の弟子であり、また逮捕したのはローマ人だったのだから。そこで第二に次のように言う。イエスの処刑によって、つまりイエスが身代わりとなった贖罪によって、キリスト教徒は神と和解したのだ。言い換えるなら、キリスト教徒は、彼らの原罪という絶望的な罪を認め、そのことによって神と和解したというのである。

フロイトは、ユダヤ人によるモーセ殺しという彼の仮説に立ち、キリスト教徒は、彼の先祖であるユダヤ人による原父殺しを認めたために神と和解したのに対して、ユダヤ教徒はそれを認めないがゆえに永遠に神の罰を受けるのだ、と解釈した。ここに罪を認めないがために「ユダヤ人は、いわば悲劇的な罪業を背負うこととなった」と言うのである。

だが、それにもかかわらず、ニーチェの言うあの「天才的なちょっかい」という発明によって神と和解したということは、まさに、ユダヤ人がそれをしなかったがゆえにこそ、キリスト教徒に「良心の疚しさ」を生み出すに違いない。これはしたがって、神に対すると同時にユダヤ人に対する「罪の意識」を伴うこととなる。記憶の奥底に抑圧された原父殺しという「名づけ得ない犯罪」は、彼らの宗教的先祖であるユダヤ教徒に対するコンプレックスと共鳴し合う。永遠に悲劇的な罪業を背負うユダヤ人という表象が打ち立てられればそれだけ、神と和解したキリスト教徒という解釈は、彼らに、ルサンチマンにも似たユダヤ・コンプレックスを増幅させることとなる。そして、このことが、現世における堕落（悪魔の誘惑）の象徴である金銭をユダヤ人と結び付ける思考と無関係とは言えないであろう。

ユダヤ人が金銭愛に取り憑かれていると言ったとき、明らかにこれはただ事実を述べているのではなく、一つの価値を提示している。つまり、金銭愛は、ここでは、不道徳と堕落の象徴であり、人間の罪深さを指し示すものなのだ。そして、それこそキリスト教の表象であって、ユダヤ教のものではない。ゾンバルトもウェーバーも、ユダヤ教の中には金銭や富を罪悪視する思想は一切存在しないと言っているが、もしそうだとするなら、金銭に取り憑かれたユダヤ人という表象はキリスト教徒のものだと言う他ない。ユダヤ教の中に金銭を罪悪視する観念がないからユダヤ人は金銭に取り憑かれたのではなく、キリスト教の中に金銭を罪悪視する観念が根深いために、それがキリスト教のユダヤ・コンプレックスを背景として、ユダヤ人に金銭主義という観念を押し付けたということである。フロイト的な言い方をすれば、イエスの殺害に関与しつつも、イエスの贖罪を通して神と和解し、そのうえイエスをほとんど神の座にまで引き上げたキリスト教という宗教が秘めた「罪の意識」こそが、その罪の象徴的な表現である金銭をユダヤ人と結び付けたということなのだ。

だから、プロテスタントの金銭愛への攻撃、それと表裏をなす勤勉な労働倫理の称揚という「近代的」精神は、ある意味で、ユダヤ的金銭愛という表象への強い反動とも言えよう。彼らが生み出した、金銭に取り憑かれたユダヤ人という表象への「罪の意識」を伴った反動ということである。

ウェーバーは、キリスト教の背後にルサンチマンがあるというニーチェの議論をきっぱりと否定している。ユダヤに関しては彼らのパーリア的境遇がユダヤ人にルサンチマンを植え付けたと論じながらも、ウェーバーはパウロによる「罪なきものの贖罪」という考えを踏襲して、キリスト教はルサンチマンから解放されたと考えているようである。一見したところ、ピューリタンの「近代的合理主義の精神」は、確かにルサンチマンとは無関係に見える。ウェーバーにしてみれば、近代の資本主義には、何のルサンチマンも精神分析的な無意識も関与などしていないということであろう。近代の経済を可能としたものは、あくまでピューリタニズムの合理的で世俗内的な禁欲倫理だと言うだけで充分であった。

だが、ユダヤ教との対比を突き詰めてゆけば、ここにもう一つ別の次元が開けてくるのである。ピューリタニズムは、それがある意味でユダヤ的なものに近づけば近づくほど、ユダヤ的なものに対する反感（ルサンチマン）とある種の無意識の罪悪感をはらんでくるのだ。これはウェーバーの議論とは異なった次元のことがらである。

ここでは、フロイトのエディプス・コンプレックス説や、神経症と金銭愛の関係などの真偽について論じる関心はないし、それは能力においても資格においても私の範囲外のことである。また、ユダヤ的金銭主義という歴史的事実の妥当性もここでの議論の範囲外である。ここで述べたことは、ただ、ユダヤ的金銭資本主義という表象が十九世紀から二十世紀の西欧でかなり広く受け入れられたとき、この表象の背景として、ニーチェやフロイトに示される諸観念が存在したということである。それは、ただ十七、十八世紀のユダヤ教とピューリタニズムという宗教的背景からのみ生み出された問題ではない。ユダヤ的金銭資本主義と近代的市民的資本主義の対立という議論を生み出し、この表象で示される対立を可能とした観念の磁場は、ニーチェやフロイトが発見し、ユダヤ・キリスト教の中にその典型を見出した「良心の疚しさ」、あるいはほとんど無意識の領域に抑圧された「罪の意識（罪の無意識？）」という観念だったのである。

そして、この「罪の意識」という観念が、たとえ無意識のうちにでも成立し得たということ、このことは二つのことを物語っている。一つは、ニーチェによる神の死亡宣告にもかかわらず、ここにはまた背景的文脈としてユダヤ・キリスト教が存在したということである。だからウェーバーにせよゾンバルトにせよ、資本主義を倫理やエートスと関連づけて論じることができたのである。「市民的資本主義」とユダヤ的資本主義の対立も、このような布置において初めて可能なことであった。

さらにそれとともに次のように言うこともできる。もはや「罪の意識」は宗教的語法で語られるものではなく、精神分析的語法でしか語られ得ないものとなりつつあったということだ。ユダヤ・キリスト教という宗教的文脈はあくまでも背景の画像を構成しているにしかすぎない。宗教的裏付けをもっていた倫理は、もはや倫理としては機能せず、無意識にある罪悪感を転位させた神経症というような病理的語法でしか語り得なくなっているのである。ここに、ニーチェを媒介にして、ウェーバーからフロイトへと至る、つまり十九世紀から二十世紀へと至る思考の転換があったと言ってよかろう。

（1）もっとも、ユダヤ人とピューリタンの近似性、もしくは部分的な「重なり合い」はウェーバーの認識でもあった。ウェーバーは『経済と社会　第二部第五章・宗教社会学』において次のように書いている。「正統派から流れ出た改革派ユダヤ教徒たちや、たとえば教育同盟の出身者、そしてついには洗礼派のユダヤ教徒たちは、ほかならぬ清教徒的国民によって吸収されており、ことにアメリカ人によっては、その区別の跡形をまったくのこさないほどまでに吸収されているのである。……以上の点においてもピューリタニズムのユダヤ教徒との「親和性」は明らかである」（『宗教社会学』武藤一雄他訳、創文社）。ただ、ここでウェーバーは、これに続けてすぐ後に、ピューリタニズムにおける改宗ユダヤ教徒の吸収を可能ならしめたものは、「ほかならぬピューリタニズムにおける非ユダヤ的なものなのである」と言うように、必ずしもユダヤ教とピューリタニズムの内的親近性ではない。むしろ、キリスト教がもつ一種の普遍主義、非律法主義という「開かれた性格」が、結果としてユダヤ教を同化させたと考えているように見える。

（2）ウェーバーの『古代ユダヤ教』からの引用はすべて内田芳明訳の岩波文庫版（一九九六年）による。

（3）もっともウェーバーは、『宗教社会学』の中では、ユダヤ教は決して「禁欲的倫理」を生み出さない、とも述べている。すなわち「ユダヤ教がピューリタニズムから区別されるのは、総じて体系的禁欲が欠如するという点である。……ユダヤ的「律法」の順守は「禁欲」ではない」と彼は言う。だが、別の箇所では、ユダヤの「現世内的禁欲」と書いており、またユダヤ的律法認識は、タブー規範以上の道徳的戒命を含んでいる、とも書いている。結局、ここでウェーバーが述べていることは、ユダヤの禁欲（道徳的リゴリズム）はピューリタニズムのそれとは異なる、ということであろう。ユダヤにおいては、禁欲は、もっぱら律法に従った生活という意味を帯びるので、禁欲の倫理が個々人に内面化されるというより、律法順守が、ただその戒命を純粋に守っていくという「伝統主義」へと方向づけられたということである。だから、いささか奇妙な言い方ではあるが、ユダヤ人の合理主義は、カルヴァン派などとは異なり、それ自体が伝統主義的な方向に整序されるものであったということになろう。ユダヤでは、ピューリタンのような、生活の全体を内面的に統一し「体系化する」ような禁欲（「体系的禁欲」）の倫理、彼の言う「根本的動機としての禁欲という宗教での統一的紐帯」は存在しなかった、というのがウェーバーの主張である。

（4）『宗教社会学』においても、同様の説明は繰り返されている。ただ、『宗教社会学』においては、ユダヤ教とキリスト教の間の全般的な、そして根本的な相違が議論の中心となっており、ウェーバーが、ユダヤ教の「二重道徳」を、ただ便宜的な説明とは考えていなかったことは明らかだ。ことはキリスト教の成立にかかわっているのであって、パウロの出現の意味はまさに、キリスト教徒をユダヤ教徒とは異なり、ヤハウェ神との契約から自由にした点にある。このことによってキリスト教徒は、ユダヤ人を縛り付けていた賤民的位置と、それに随伴していた律法という絶対的拘束から自由になった。現実的には、パウロが「アンティオキアの教会の実践」で異国人たちと行った聖晩餐という共同の祭儀によって、ユダヤのタブーによって遮断された閉鎖的集団性が打ち破られた。つまりキリスト教が断行した「共同生活における儀礼的障害の打破」こそが、キリスト教をユダヤ教とは異なった「開かれた」宗教とするものであった。ここにキリスト教が、ユダヤのような儀礼的・血統的障害から解放された「アンシュタルト」としての教会組織を作り出した理由がある。これがウェーバーの議論であり、この論旨の当然の帰結として、ユダヤの「二重道徳」が強調されるのである。

（5）このことは、ウェーバーの次のような言い方からも類推されるだろう。『宗教社会学』の中で、ウエーバーは、金融取引や商品の市場を生み出したものが必ずしもユダヤ人ではなかったと言い、それに続けて、確かなことは、ユダヤ人が、「家内工業、手工業、大工業における営利としての労働の組織化」には決定的に参与していないことだと言う。ピューリタンにおいて決定的だった合理的な営利と労働の組織化という結び付きが、ユダヤ人にないと言う。だがそれに対して、金融や商業には、ユダヤ人もキリスト教徒も、ただ一般的に向かうことがあり得た、なぜなら金融や商業の場合には、特別の倫理を要求されることはなかったからだ、と言うのである。ということはまた、ユダヤ人と賤民資本主義（金銭主義）の間には（少なくとも「エートス」の意味では）特別の関係はない、ということになる。

（6）ニーチェ『道徳の系譜』（木場深定訳、岩波文庫、一九六四年）より。以下の引用も同書から。

（7）ウェーバーは、キリスト教には、罪なきものの贖罪死という考えが色濃く存在するという。それはすでにイザヤ書、とりわけ第二イザヤと呼ばれる、捕囚期の不詳の予言者の思想の中に暗示されていることで、初期キリスト教は、まさにこの、罪なくして自らの意志で犠牲になるものの贖罪の死をもって、自らをユダヤ教から解放したと考えた、ということになる。ウェーバーは、パーリアの信仰であるユダヤ教は「ルサンチマン」の宗教だと考えていた。だが、第二イザヤに暗示される罪なきものの犠牲によって、つまりキリストによって、キリスト教はユダヤ的な意味での「罪」からは解放されることとなり、同時にその「ルサンチマン」からも解放されることとなるだろう。だが、その場合にもやはり疑問は生じる。それは、律法に規定されたユダヤ人の罪からは解放されたとしても、『創世記』に書かれた人間の原罪からは解放されないからである。そこでパウロは、キリストの死を人間そのものの罪に対する贖罪と解するのである。

第六章　ユダヤ人と「余計なもの」

――〈ユダヤ的資本主義〉から帝国主義へ

I

ゾンバルトの議論の可能性

ヴェルナー・ゾンバルトの『ユダヤ人と経済生活』(一九一一年)および『ブルジョワ』(一九一三年)は、西欧資本主義の起源という問題について、ウェーバーに対抗する意図をもって書かれた書物である。この書物は、しばしば内容の散漫さや強引な引用事例、それに論理的かつ実証的な詰めの甘さが指摘されてきたし、実際その通りである。アブラハム・レオンが『ユダヤ人と資本主義』において、ユダヤ人が資本主義を生み出したというゾンバルトの命題は全くの間違いだとして反論を掲げているが、その当否は別としても、確かにゾンバルトの説をウェーバーのそれに置き換えることは難しい。だがこうした欠陥にもかかわらず、ここで確かに彼は興味深い問題設定を行っていることも否定できまい。特に『ユダヤ人と経済生活』は、ユダヤ人と資本主義の間の宿命的な結び付きというテーマを正面から見据えることによって、アンチ・ウェーバーの立場を論証しようとしたものである。しかし、通常、このゾンバルトの試みは、「ユダヤ的資本主義」を「近代資本主義」から峻別するウェーバーによって逆に論破されたと見なされてきた。

だがそれもまた過度にウェーバーに寄りかかった立場からの整頓であって、もしも、ウェーバーが畢生のテーマとした「近代化」という概念と資本主義の間にさほど決定的な結び付きがないとすれば、果たしてどうなるのだろうか。言い換えれば、資本主義の形成・発展というテーマと近代市民社会の成立というテーマは必ずしも厳密には重ならない、とすればどうなるのか。ゾンバルトの議論が興味深いのは、この種の疑問を提起しているからに他ならない。別の言い方をすれば、ゾンバルトの議論を無視し得ないのは、それが、まずはウェーバーが依拠する「近代化」という問題への過重な寄りかかりを、ひとまずカッコにくくってしまうからである。

このウェーバー偏重への解毒作用は次のことを考えてみれば明らかである。確かに、ゾンバルト自身が、この書物をウェーバーのプロテスタンティズムの倫理と近代資本主義の関係に対する一種の批判であると考えていたし、ウェーバー自身も、ゾンバルトの立場を、彼の資本主義論から厳密に区別しようとしていた。だが、奇妙なことに、ゾンバルトの議論は、ある意味で多くの点でウェーバーと立場を共通にしている。いや、細部はともかく基本的な点では両者の認識はほとんど一致しているとさえ言ってよいほどである。だからこそ、両者の「結論」の違いは一体何に由来するのか、このことが興味深い問題となってくるのだ。

ゾンバルトが、『ユダヤ人と経済生活』で述べていることは、一口で言えば、ユダヤ人こそが資本主義の中心的な担い手であり、これは仮に「近代的資本主義」に限定したとしてもそうである、ということであった。この場合ゾンバルトが述べているユダヤ人の特質とは次の二つである。第一に、ユダヤ教はユダヤ人の生活や思考を「合理的なもの」とした。そして第二に、ユダヤ人とは特定の土地や国家をもたない民族である。これについてはウェーバーも同じ考えである。第二の議論は後に回すとして、まずゾンバルトが論証を試みる、ユダヤ教は生活の合理化を図る、という論点を見てみよう。

生活の合理化

ユダヤ人を他の民族から区別する際立った特質の一つは、彼らがトーラーに従って日常生活のすみずみに至るまでを組織化しているということだ。なぜならトーラーの権威は絶対的であって、それは唯一絶対神ヤハウェとの「契約」によって与えられた律法だからである。律法の順守は禁欲と清浄を要求する。それは絶えざる自己監視と自己陶冶を日常生活の中にもち込み、そこでは人間の自然のままの欲求充足や衝動は排除される。感覚的なもの、情緒的なものはさして重視されず、抽象的なものこそが偏重される。

その結果、生活は、自然な衝動や欲望、感覚的喜びなどの排除の上にきわめて人為的で意図的な形で構成されてゆくであろう。この態度が、感覚的、神秘的、情緒的というよりも合理的であることは充分に予想されるだろう。「清浄とひと言でいえば、生活の合理化である。それは自然なままの衝動的、動物的な生き方を熟考された目的にかなった道徳的生活に置きかえることだ(1)」ということだ。

また、ユダヤ教は「契約」の宗教であることから次のことが帰結するだろう。トーラーを守って「正しい」生活をすれば、神は彼らに対して幸福を約束した。したがって「選民」としてのユダヤ人は、ちょうどカルヴァン派の場合と同じように、現世の生活の中で、確実な形をもった約束の証しを受け取ることを期待できるわけである。つまり、義務を果たした者は報酬を与えられ、義務を怠った者は罰せられる。

とすればここから次のような発想が出てきても不思議ではない。ある行動をとるか他の行動をとるかという選択は、報酬の厳密な比較衡量の上に置かれるということだ。利益／損失の勘定を行うということである。むろんこれは合理的と言い換えてもよいのだが、この合理性は、いわゆる価値合理性のたぐいではなく、目に見える尺度での計算、勘定を基礎とした経済的合理性に容易に転化するものである。つまり、人生とは義務の履行／不履行が、主として経済上の利得／損失に代置されて表現可能となるような、勘定の残高計算ということになるであろう。

こうしたことが、むろん、議論のロジックは異なるものの、大筋でウェーバーのプロテスタントと近代資本主義を結ぶ一筋の糸を連想させることは間違いない。その意味で「合理主義こそはユダヤ教と資本主義の根本特徴である」とゾンバルトは述べたのであった。

その場合、彼が「ピューリタニズムとはユダヤ教である」という驚くべき命題を打ち出したとしても、それは、彼の議論の当然の帰結であった。彼は『ユダヤ人と経済生活』にこう書いている。

ユダヤ教の考え方と、ピューリタニズムの考え方の事実上ほとんど完全な一致を明らかにするに違いない。すなわち、宗教的関心の優位、試練の考え、生活態度の合理化、世俗内的禁欲、宗教的観念と利益獲得への関心との結合、罪の問題の数量的なあつかい、その他もろもろの事柄が両者にあっては全く同一なのである。

むろん、それぞれの具体的内容は、両者で異なっているので、誰もが、ゾンバルトのいささかの強引さに苦情を唱える権利をもつだろう。にもかかわらず、ゾンバルトがかつぎ出した議論は、ウェーバーが彼の命題、ピューリタニズムと資本主義の結合についての命題を論じた議論の水準（緻密さではない）とさほど違っているわけではない。しかも、ウェーバーは『古代ユダヤ教』においてはゾンバルト同様、ユダヤ人の特質として、合理化された生活、世俗内的禁欲、その結果としての利得への関心について語っていたのであった。だがそれこそは、ピューリタンと資本主義を結び付けるものだったのである。(2)

こうなると、ウェーバーとゾンバルトの両者がそれほど異なった地点に立っているわけでもないし、またきれいに棲み分けているわけでもないことが分かってくる。言い換えれば、ピューリタニズムがもたらした生活と思考の合理化にこそ西欧特有の「近代的」資本主義の誕生のカギがあるというあの栄誉も、もはやプロテスタントだけが独占できるものではなくなってくる。ロジックを逆転させて言えば、プロテスタントに支えられたいわゆる「西欧的・近代的資本主義」というものをもはや特権的に扱うことが困難になってくるとも言えるのだ。

ウェーバーは、ユダヤ教とプロテスタントの間の区別をどこに見ていたのだろうか。すでに述べたように、ウェーバー自身は、この問題について『古代ユダヤ教』の中で、対内道徳と対外道徳の区別にこそユダヤ教の特質がある、と書いていた。ヤハウェとの救済契約をなした独自の選良集団としてのイスラエルという特質が、儀礼的遮断によって自己と他者を区別する道を生み出した。これに対して、パウロがユダヤの正統から離れ、異教徒や異邦人とその聖餐において席をともにしたとき、すでにキリスト教は民族や集団の区別に基づかない「普遍的」なものであった。ところが、キリスト教徒とは異なり、まさにこの集団的閉鎖性をもっていたために、ユダヤ人は経済の二重基準を生み出し、その結果として、非ユダヤ人からは利子を徴収するという「金銭資本主義」を、しかもそれのみを生み出した、とウェーバーは述べるのである。だからまた、ユダヤ人は「近代的資本主義」は生み出さなかったということになる。

ではゾンバルトはどうか。彼もまたウェーバーと同様に（と言うより書かれた順序としてはゾンバルトの方が早いのだが）、ユダヤの二重道徳を認める。同胞に対しては公正であるべく厳格に留意された取引も、外国人相手では決して几帳面に公正である必要はなく、むしろ遠慮会釈なく自由に行われた。「外国人には高利で貸し付けるべきだということが伝統を通じて教えられていた」とさえゾンバルトは述べる。だが、まさにその結果として、特に外国人との商業活動や金銭貸借について、ユダヤ人は自由主義経済とりわけ自由貿易の実際上の始祖となった、というのがゾンバルトの見解であった。「神は自由取引を望まれている。神は営業の自由をお望みなのだ！」これがユダヤ人がタルムードから引き出した結論だった。

市場経済活動と資本主義活動

さて、ここでウェーバーとゾンバルトは見事に対立しているのであろうか。一見したところそう見える。ウェーバーの言い方を借りれば、一方は近代的資本主義を論じ、他方は高利貸などの金融資本や前近代的な商業活動について論じている、ということである。

しかし、ウェーバーの整理にもかかわらず「近代性」という意味では、両者は決して別のことを論じているわけではない。繰り返すが、ゾンバルトの意図は、決して前近代的な「略奪的資本」を論じることにあったのではなく、ウェーバーと同様、まさに近代の経済の中心にあるような経済活動について論じていたのである。

では両者の対立の根本はどこにあるのか。ウェーバーは、ユダヤ人が二重道徳をもっていたために利子を徴収したのに対して、キリスト教徒は普遍的道徳をもっていたためにあらゆる取引に公正さを要求したという点にあると考えた。だが、対立の根本はそこにあるのではなく、ユダヤ人の経済活動が主として金銭的、商業的、それも国境を越えた自由な資本の動きを予想させるような種類のものであったのに対して、ウェーバーが述べるカルヴァン派の経済活動の中心は、あくまで天職意識に支えられた労働と確かな商売といった種類のものだった点にあると言うべきではなかろうか。そして近代経済がこの種の二つの経済活動の類型をもっていると指摘している点では、ウェーバーもゾンバルトも一致しているのである。

むろんユダヤ人がこぞって、高利貸や商業活動に従事していたわけではない。とりわけ東欧やドイツのユダヤ人は、都市にあって食料品や衣服関係の小売や手工業、また運送業や周旋屋などのサーヴィス業に従事していた。しかしこれらの手工業やサーヴィス業の場合にも、アブラハム・レオンが述べるように、ユダヤ人は非生産的な商人や銀行家とつながり、彼らのために働いた。レオンは、十八世紀には同じ職人であっても、ユダヤ人の場合には仕立屋になり、非ユダヤ人、例えばドイツ人は鍛冶屋になった、そしてここに本質的な違いがあったと言う。

つまりドイツ人は生産手段の生産のために働いたのに対して、ユダヤ人は消費のために働いたのである。それゆえ「ユダヤ人手工業者の仕事は顧客によって決定される。彼らの顧客は貨幣や商品を扱う人々、したがって明らかに非生産者で構成されている。だから非ユダヤ人の鍛冶屋は農民の味方になり、ユダヤ人の仕立屋は蓄財家の味方になる」[3]。

もう少し言えば、鍛冶屋は、たとえ親方と徒弟、労働者という関係のもとにあっても、一つの生産組織をもち、鉄や鉛などの金属を通して「大地」に結び付いた価値を生み出し、生産手段を生産することによって一国の産業連関に結び付いている。これに対して、ユダヤの仕立屋は、消費者、金持ち（しかもその多くはユダヤ人銀行家や商人）に対して結び付いており、「大地」や「生産」そして産業組織を与える「国」には結び付かないのである。仕立屋は消費者や富裕者に寄食する。この寄食性《パラジット》こそユダヤ的経済活動の特徴であった。仕立屋が大銀行家のような富裕者に寄食するのと同様、大銀行家はそれぞれの国家財政に寄食したのである。それゆえパラジットとしての資本つまり「パーリア資本主義」こそ「ユダヤ的なもの」と見なされることとなるのである。

だから、ここで、二つの経済活動の類型をわれわれは区別することができるだろう。一つは、「大地」(国、地方、土地といった具体的な場所をもつこと）に支えられた労働による生産を主体とした経済である。交換は当然行われるが、それはあくまで必要物資の交換、あるいは使用価値の交換を基礎としたものである。これに対してもう一方の活動は、特定の国家や場所に固着せず、あるいは場所に依存するとしてもそれはただ「寄食」するものでしかなく、本質的にボーダーレスで「脱大地的」な商業・金融活動である。実際に、この両者は融合しているとは言え、われわれは明らかに二つの類型を区別することができる。

ここではブローデルの言葉を借りて、前者を「市場経済活動」、後者を「資本主義活動」と呼んでおこう。ブローデルは、主として国内経済や地域的規模の経済において、ある程度組織化された方法で生産物を交換する市場が形成される一方、それとは異なったレベルで、いわばグローバルに大規模に行われる独占的な商業活動や金融活動（海外への資本投下など）を取り出し、両者を区別しようとした。前者が彼の言う「市場経済」であり、後者が「資本主義」である。ここで、われわれはおおよそこの区別を借用しよう。区別の力点はここでは次の点にある。「市場経済活動」の場合、「大地性」と「労働」「生産」と生活にかかわる使用価値の交換を基本とするのに対して、「資本主義」においては「脱大地性」と「商業的・金融的活動」、つまり国境を越えたシンボル的価値の移動が中心なのである。

そうだとすれば、ウェーバーとゾンバルトの対立は、この二つの経済の類型をめぐるものであり、決して、「近代」資本主義か否かという点をめぐるものではない。ともに近代へと流れ込み「近代」を造形する二つの経済の類型が対立しているのだ。

もし近代という概念に固執しつつこの二つの類型の対立の淵源をさかのぼれば、われわれは容易に地理上の発見に行き着く。新大陸から金銀がヨーロッパにもたらされ世界的な交易の体系が作られたとき、資本主義経済という無限の拡張運動が西欧に生み出された。金銀という、土地から生み出されながらも土地を離れてしまうもの、労働と生産によって生み出されながらも、労働と生産から切り離されてしまい、脱大地化してただ金銀と交換されるもの、こうしたものが西欧に流入した。ここから、大地・労働・生産・使用価値といった系列と、脱大地・移動・商業・象徴価値といった系列の活動が対立し始めたのである。まさに「金の貸し付けから資本主義が生まれた」(ゾンバルト)とさえ言い得るのである。

ユダヤ人のパーリア性

さてここでわれわれは、ユダヤ人と資本主義を結び付けるもう一つの論点に議論を移そう。それはユダヤ人の「異邦性」に他ならない。まさに「パーリア性」である。「社会学的にみてユダヤ人とはいったい何であったのか。ひとつのパーリア民族であった」(『古代ユダヤ人』)というウェーバーの端的な表現に示されるパーリア性(賤民性)だ。

ただしここで言う賤民は、例えばインドの下層カーストのような意味での賤民ではなく、常に環境世界からはみ出し隔離されるという性格、したがって「客人性」もしくは「寄食性」と言い換えてもよい。「パーリア性」こそがユダヤ人の顕著な特質であることについてはウェーバーもゾンバルトも、またアレントやサルトルもそしてマルクスも一致していた。

その上でゾンバルトは、ユダヤ人がいわば「故郷喪失者」として世界中に散らばったことこそが「資本主義」の展開にとって決定的な役割を果たしたと論じたのである。より正確に言えば、ユダヤ人とは①世界中に拡散した、②にもかかわらず集団的な団結力を保持し続けた、③そしてその行く先々で、その国家内部の要職にまで入り込んだ、これらの複合した存在なのである。その結果、ユダヤ人は世界中に通信網をもち、情報のすばやい伝達網をもち、このことが彼らの商業活動や金融活動に比類ない優位を与えたことは想像に難くない。一人のユダヤ人は、ただユダヤ人であるだけではなく、いわば「世界中に展開する商社の一員だったのである」(ゾンバルト)。

アレントが強調したように、ユダヤ人は、どの国に住んでも帰属する場をもたなかった。つまり「市民社会」から排除されたのである。そしてそれにもかかわらず、あるいはそのゆえにこそ、もっぱら経済的に各国の財政、そして貴族階層と深い関係をもった。つまり「市民社会」からは排除されていながらも、同時に国家の中枢によって保護されたのである。この特異な歴史的性格こそが近代のユダヤ人の活動を規定している。ウェーバーが、「ユダヤ的パーリア資本主義」と「市民的資本主義」を対立させた理由もまさにそこにあった。ユダヤ人は「市民社会」から排除されていたとともに、国家に補助されていたからである。だが、そのゆえにこそ、ユダヤ人はきわめて閉鎖的な集団を作ると同時に、故郷喪失者としてコスモポリタンであり得たわけである。したがってユダヤのコスモポリタニズムは、通常この言葉が示唆するような高邁な思想や理想とは何の関係もない。それは、どこに行っても特定の大地とは結び付かず、いかなる国家にあっても「異邦人」であることのやむを得ざる結果であった。

この意味での、ユダヤ人のいわば強いられたコスモポリタニズムが最大限発揮された活動領域は、言うまでもなく経済であり、それも商業・金融であった。このことはすでに商業・金融が「脱土地化」したボーダーレスなものであることを示している。

通常、ユダヤ人と商業・金融の結び付きは次のように説明される。「客人」としてそれぞれの国家に寄生する他ないユダヤ人にとっては、それぞれの国で政治的地位を得ることも貴族やブルジョワ市民のような一つの階級に属することも困難であり、その結果、彼らは経済に活路を拓くしかなかった、と言うのである。さらに、この説明を続ければ、世界を移動する、あるいはいつ寄生先を追放されるか分からないユダヤ人にとって、頼ることのできるものは貨幣や金銀、宝石といった摩滅することのない、もち運びできる確実な動産でしかなかったということになる。

大雑把に言えば、この説明が間違っているわけでもないし、このことを否定する理由はどこにもない。しかし、ここで関心があるのは、この種の「社会学的背景」ではない。いわば「内在的な連関」が問題なのである。そこでそのことのヒントをもう少しゾンバルトに探ってみよう。

ユダヤ人と資本主義の内的連関

ゾンバルトはユダヤ人の性格として次のことを挙げている。①主知主義。すなわち感情的、感覚的世界に真を置かず、また具体的なものを重視せず、もっぱら抽象的世界へ傾斜する傾向をもつ。端的に言えば「純粋に精神一点張りの人間」である。②強固な目的意識。これはまた強力な意志をもった実践的姿勢を意味する。③可動性。すなわち休みなく、すばしこく動くこと、とりわけ「精神の可動性」。④異常なほどの適応能力。あらゆる国民的特質の中に入り込む適応能力である。

こうした主知的合理性、可動性、そして異常な適応能力のおかげでユダヤ人は特定の大地に根差すことのない独自の世界を作り上げていった。だがこの世界（コスモポリス）は、彼らの感情の深奥から出現したというよりも、頭脳によって作り出されたものである。彼らは「すべての事物に外側から接近していった」。その結果、「ユダヤ人の立場は、平坦な大地ではなく、人工的な空中楼閣である」ということになる。

まさにユダヤ人のこの特質こそが資本主義の本質と一致している、とゾンバルトは述べるのである。「資本主義の根本理念とユダヤ人の本質の根本理念はまさに驚くほど一致している」のだ。そしてこの場合の「資本主義」を最も凝集した形で示しているものが「貨幣」に他ならない。

ここまでくるとユダヤ人と貨幣（資本主義）のアナロジーはほとんど明らかだろう。貨幣もまた、ユダヤ人と同様に、抽象的存在であり、可動的であり、あらゆる状況や国に適応する。それは、あらゆるものを計算可能とすることによって、経済行為を合理化し、また功利的に思考を編成する。そして何よりも、貨幣もまた、市場交換という「平坦な大地」を離れた価値の「人工的な空中楼閣」を作り出すのである。

貨幣は、ジンメルが述べたように、価値として最も抽象的なものであり、それゆえそれは、人間の概念構成における最も高度な抽象性と対応している。貨幣は、一切の具体的なモノの価値や状況の拘束を免れた抽象性をもつがゆえに、高度な「普遍妥当性」と「無内容性」を特徴としている。それゆえ「貨幣は、その社会的地位によってさまざまな人格的および特殊な目的から排除されている個人や階層の関心の中心となる(4)」。

つまり、一つの社会において確かな形で認知され帰属し得ないものこそが貨幣と結び付くのであり、この意味で、貨幣は本質的に市民社会と対立する存在と言う他ない。そしてまさにこの市民社会から排除されたユダヤ人こそが貨幣と相同の地位を得ることとなる。すなわち「貨幣関心の集中性と社会的抑圧との間のあの全相関関係はユダヤ人においてその最も広範な例を持つ」（ジンメル）のである。

ユダヤ人であること、それは「社会集団の内部において異邦人であること」に他ならない。貨幣もまた、具体的なモノの価値の体系の中にあっては帰属する場所をもたない異邦人だと言ってよい。この「異邦性」こそが、貨幣とユダヤ人を結び付けるのである。そして商人もまた異邦人であった。こうして、貨幣＝商人（商業資本）＝ユダヤ人という定式が成り立つであろう。

ここにおける決定的な問題は、「土着人」と「異邦人」という全く異質なカテゴリーの対立だ、とジンメルは述べる。土地から切り離されること、すなわち「脱大地化」こそが「金融」というユダヤ人の活動を成立させるのだ。高い利子をユダヤ人に強いたものは土地からの切断であった。なぜなら、土地から切り離された結果、土地という抵当をもたず、しかもその結果として大地という確かな財産に基づいた人間関係という担保をもたないユダヤ人は、利子という金銭のいわゆる自己準拠性を当てにする他ないからである。

言い換えれば、土地担保という価値の確実な基礎をもたないユダヤ人にとっては、生活の基盤の根源的な不安定と不確かさを幾分かでも回避するには、金銭に利子という子供を産ませる他なかったのである。金銭を消費してしまうのではなく、金銭に子孫を作らせ、金銭という血統を保持し続けること、ちょうどユダヤ民族が自らを再生産し続けてその血統（いわば宗教的血統）を保持することだけがユダヤ人の生の確かさを与えるように、金銭が金銭を生むことによって自らを再生産し続けること、ここに「土着人」とは異なった

「異邦人」としてのユダヤ人の活動がある。金銭は、金融に、つまりは資本に転化しなくてはならないのだ。

そうだとすると、金や銀、宝石や財宝をため込むユダヤ人という表象は決して適切なものではないことが分かる。まず第一に、金銭は資本に転化しなければならない。そしてそのためには金銭は紙幣や証券の形をとらなければならない。第二に、ユダヤ人の抽象的思考は、金銭を、財宝ではなく証券に容易に仕立て上げるだろう。実際、サルトルは次のように述べている。

ユダヤ人が金銭を愛するのは、銅貨や金貨や紙幣に対する奇妙な愛着からではない。ユダヤ人にとって、金銭は、債権とか小切手とか、銀行預金といった抽象的形態をとる。ユダヤ人が執着するのは、金銭の感覚的形象ではなく、その抽象的形態である。(5)

こうして、われわれは一つの重要な論点にたどり着くだろう。ユダヤ人と資本主義（金融）の結合という事態の、社会学的なもしくは歴史的な構造ではなく、むしろその「内的連関」を問題とするというわれわれの立場からすれば、両者の「抽象性」と「異邦性」こそがとりわけ注意をひくのである。そして、その「抽象性」と「異邦性」（「浮遊性」と言ってもよいだろう）からすれば、ユダヤ的資本主義にとって決定的な意味をもつものは、金銀をあたかもそれに魅入られたかのように保有する「黄金欲」ではなく、むしろ、金銀のより合理的な使用、つまり利子を生む証券としての貨幣の資本化なのである。

確かにそこにこそユダヤ的資本主義の本質的な特質がある。だがそれは、必ずしも内と外を区別するユダヤ教のもたらす二重道徳のなせるところばかりではない。ユダヤ人の歴史的特性と「資本」の間には内在的親近性があるのだ。この結果、ゾンバルトが言うように、「イスラエルの民は債権者となり、異民族は債務者に変じたのである」。そして、ここに「あなたの神、主が約束されたように、あなたは多くの国に貸し、決して借りることはないであろう」という『申命記』のヤハウェの言葉は実現したのである。

「罪の意識」の交換

さてこのことは一体何を意味しているのであろうか。ユダヤ的資本主義すなわちユダヤ人と資本主義の結び付きという本論の関心からすれば、これが意味するものは両者の間に「内的連関」があるということだけだろうか。

ここでわれわれは二つの重要な論点が隠されていることに気づく。まず第一は次のことである。

ユダヤ的資本は利子を獲得するための貸し付けをその典型とする。だがそもそも利子とは何か。経済学者の多くは利子をもって時間に対する報酬と考える。だが、時間に対する報酬とはどういうことか。それは、一定額の貨幣保有者が、それで今すぐモノを購入するのではなく、その使用を先延べにすることに対する報酬と言い換えてよい。したがって、時間に対する報酬という説は、もう一つの説、すなわち忍耐に対する報酬という説を前提としていると言ってよい。金銭を現在使ってしまうことを我慢すること、要するに欲望充足の禁止をこれは意味している。

こうしてわれわれは、金銭による金銭の再生産は禁欲の昇華である、というあのフロイト的学説を想起することができよう。金銭の資本への転化は、かくして、その無意識の心理という暗黙の次元を覗き込めば、ユダヤ人のあの厳格な禁欲の代償的転形であると見なすことができるであろう。『申命記』は、金銭を貸し付けることをよしとするのと同時に「なんじ欲望するなかれ」と述べる。「人は欲望を警戒する。しかし人はそれを金銭の獲得にいわば転向させることによって、欲望に打ち勝つことができる」(ゾンバルト)のだ。ゾンバルトにとって、金銭保有はそれ自体が欲望の対象なのではなく、むしろ欲望断念の結果なのである。だが、この逆転の論理には内密の心理ドラマがある。断念された欲望を、金銭保有へと合理的に転換する心的メカニズムである。

ユダヤ人にとって「罪」とはトーラーの教えに背き律法を犯すことであった。したがって律法の厳格な順守としての徹底した禁欲は、他方で実現し得ない欲望を募らせるから、絶えず顔を出そうとする罪の意識を抑圧し無意識へと追いやるであろう。そして、金銭はまさにこの「罪の意識（無意識）」の象徴的な代理物となる。金銭は抑圧された欲望の唯一のはけ口となり、それゆえ、そうとは決して意識されない「罪悪感」を無意識のうちに随伴するだろう。しかとは意識されない罪悪感は漠然とした不安を引き起こす。サルトルの言う「ユダヤ人の不安」である。「ユダヤ人は不安に取り憑かれている。自分の位置や所有物に決して安心していない」と言うのである。そしてこの不安は、自らの心理的防衛としてますます金銭獲得に向かう以外にない。不安感はいわば神経症的なまでに金銭による金銭の獲得を強いるであろう。こうしてユダヤ的資本主義のいささか度外れた蓄積欲、無限拡張運動が生じる。

ところでこの不安感、無意識の罪悪感をユダヤ人は金銭の貸し付けによって、すなわち債権者となることによっていわば隠蔽する。ここには債権／債務関係という新たな世界が作り出され、債務者つまり「負い目をもつ者」が生じる。利子はこうして、もはや欲望の抑圧に対する報酬ではなく、負い目をもつ債務者の、「負い目」の返済という意味を帯びてくる。ユダヤ人がキリスト教徒に金を貸すのだとすれば、利子はユダヤ人の禁欲ではなく、非ユダヤ人、端的に言えばキリスト教徒の心理的負い目から発生するがごときものと見なされるようになるであろう。

こうしてキリスト教徒は絶えず自問せざるを得ない。一体、なぜわれわれはユダヤ人に利子を支払わねばならないのか、なぜユダヤ人は利子をとるのか、一体、われわれのどこに負い目があるのか、と。ここで奇妙な逆転が生じていることに注意しなければならない。本来、「忍耐に対する報酬」として債権者の側にあったはずの利子が、「負い目の返済」として債務者の側の課題となる。資本保有者の「忍耐」という能動的意思に対する報酬であったはずの利子が、債務者にとっての心理的負債へと転化してしまっている。こうしてキリスト教徒のユダヤ人に対する得体の知れない「負い目」は、キリスト教徒をして、あのけちで貪欲なユダヤ人という表象を生み出すことになったと言ってよいであろう。ウェーバーが述べたように、プロテスタントの「市民的近代資本主義」とは全く異なった「ユダヤ的賤民資本主義」なるものが生み出されることとなる。

つまり、キリスト教とユダヤ教という二つの宗教の西欧における宿命的な対立が、あの二つの経済活動の類型を、「市民的」なものと「ユダヤ教的なもの」の対立に変換してしまうのである。「市場経済」と「資本主義」という二つのパターンをもった経済活動は、ここで、両者の「罪の意識」の交換によって、キリスト教的なものとユダヤ的なものに固定化されてゆく。

だが、それと同時に重要なのは、そのことによって、いずれにせよ、資本主義はかろうじて「倫理」につなぎ止められることとなったということである。「資本主義」と「市場経済」という二類型の対立が、キリスト教とユダヤ教の対立という文脈へ押し込まれることによって、経済は「倫理」を内包することとなったのである。カルヴァン的であれ、ユダヤ的であれ、相互にある種のルサンチマンを、したがってそれぞれの内部に「罪の意識」を抱えている。この本質的には宗教的源泉をもつ「罪の意識」は、一方で資本主義に対して神経症的なまでの無限拡張運動を与えると同時に、他方ではその運動そのものを病的と見なして抑制しようとする労働の倫理を生み出したのであった。

II

資本主義が覆い隠したユダヤ性

ところが、ここにもう一つ別の面がある。それが第二の論点だ。

金銭による金銭の産出というユダヤ的資本主義の特質は、その抽象性、普遍妥当性、それに広範な可動性にあった。だからこそ、貨幣は、金銀という金属ではなく証券でもあった。明らかに、証券の方が金銀より抽象的で可動的だからである。ということは、この証券は無記名で無条件に譲渡可能なものでなければならない。確かに有価証券が発生し、証券市場が形成されることは、信用関係が客観化される第一歩だと言ってよい。裏書きされた手形の流通は、個人の「人格」ではなく「権利」を取引の結節点に置くことによって、市場を人格的なものから解放しようとする。ここに「非人格的信用関係」の誕生の瞬間を目撃することは容易である。

だが特定の「名」によって規制されない財産移転の客観化が組織的に行われるのは、やはり無記名証券の登場においてである。「債務関係の客観化への努力が無記名証券の中ではじめてその純粋な表現を見いだしたことは疑いえない」とゾンバルトは考える。ここではじめて、本来、具体的な人間の関係であったはずの債権／債務関係が「非人格化」される。

そしてこのことは次のことを意味している。本来、例えばローマ法に見られたような具体的な人格性に媒介された債権／債務についての法的関係が、一般的な債権／債務関係に置き換えられてゆく。証券の所有者は彼の名前や人格性とは無関係に、証券をもっている限り債権者と認められる。つまり、彼は、債権者という一般的集団の一員に過ぎなくなる。こうして、仮に証券が、特定の銀行や政府が発行したものであれば、ここに銀行や政府という債務者に対して、公衆という一般的債権者の集団が対峙することとなる。あたかもユダヤの神ヤハウェがイスラエルという集団と契約を行い、神がこの集団に対する約束を実現するという債務を負ったかのように、ここで特定の銀行や政府と公衆という集団の間に債権／債務関係が成立する。ここに、銀行券としての貨幣が、裏書きされた手形や小切手とは決定的に異なる理由がある。だからこそゾンバルトは、無記名証券の一般化の中にこそ資本主義発展の決定的な意味を見出したのであった。

しかも、この無記名証券の一般化、つまり債権／債務関係の客観化のプロセスは、ユダヤ人と資本主義の関係におけるきわめて重要な転換をも意味していた。

まず、債権の非人格化、一般化によって、債権が国境を越えて自由に移動するのを阻止することはもはや不可能となる。債権／債務関係は、今や土地や場所や国にはとどまり得ないのであって、それは、ある特定の場所を前提とした生産、労働の体系から分離し逸脱して、それ独自のやり方でその世界を作り出す。「脱大地化」であり、客観化された債権／債務関係はグローバル化するわけだ。証券市場、貨幣市場を通した資本の移動が、国内の土地や生産の構造とは別の論理で、国境を越えた一つの世界を生み出すのであり、ここに国際的な規模での投資を軸にした帝国主義の条件が成立するわけである。

しかも興味深いことに、無記名証券においては、ユダヤ性はもはや特別な意味をも失ってしまう。ユダヤ人もここでは債権者一般の中に解消されてしまうのであり、もはやユダヤ人固有の抽象性や可動性が特別に目立った現象ではなくなってしまう。

これは、ユダヤ的なものという見地からすれば一つのパラドックスと言う他ない。ユダヤ人の抽象性、可動性、普遍的妥当性こそが親近性をもって展開していった無記名証券の市場（ここでは端的に金融市場と呼んでおこう）が、逆にユダヤ性を覆い隠してしまい、やがて金融をユダヤ人の手から解放してしまうからである。ゾンバルトは、まさに無記名証券が人格性を「隠す」というこの性格こそが、実際にはユダヤ人には便利だったのだと述べているが、ユダヤ人はユダヤ性をこの無名性の中に「隠した」のである。「隠した」のは名前だけではない。財産もである。つまり特定の名前と結び付いた財産である。実際、ユダヤ人は、ある土地でのユダヤ人迫害の嵐が過ぎ去るまで、証券投資を行うことによってその財産を見えないようにしたのであった。

これは重要なことである。ユダヤ人は無記名証券に自己のアイデンティフィケーションを託することによって、その固有名や人格性を社会の表面からは消し去った。自らの土地にアイデンティフィケーションを預け、土地に固有名を登記することによって人格性を確保した貴族やジェントリー、それに小生産者たちとは全く異なり、対極にある形で、固有名を消し去ることでアイデンティフィケーションを保ったわけである。無記名証券や貨幣という形の財産においてはユダヤ人という民族的固有名も問題とならない。「脱大地化」した全き無名性、匿名性へ登記することによってアイデンティティが保たれるのである。

ここで、われわれは重要なステップに行き着くこととなる。その抽象性、浮遊性、普遍性への志向を共有することによって、ユダヤ人と資本主義の間には「内在的連関」が存在した。そしてそのことは一方において、ユダヤ的禁欲と重なり合って、貨幣の無限の追求、つまり無限拡張の資本主義の運動へとユダヤ人を駆り立てる導因ともなっていた。

もっともここで関心をもつのは、歴史的実在としてのユダヤ人ではなく、キリスト教徒との対抗において「ユダヤ人」と表象される存在についてである。その意味では、サルトルの言った「ユダヤ人とは、他の人がユダヤ人と考えているものである」という規定は部分的には正しい（ただしそれはアレントが指摘するように事態の半面である）。キリスト教徒とユダヤ人の、それ自体が表徴を駆使した対立の中で、「市民的資本主義」と「ユダヤ的資本主義」の対立が形成されていったのである。

と同時に他方では、ユダヤ的なものは、国境を越えた金融市場の成立、無記名証券の自由な流通という条件の中で、グローバルな資本の流動性へと一般化してゆき、ユダヤ的なものとしては目につかなくなってゆく。例えばロンドンのシティーを経由して世界の各地へと向けられた投資資金をとりわけてユダヤ的などと表象する必要はないし、そもそも識別することもできなくなる。ロスチャイルド家のような顕著なユダヤ人ネットワークは存在するとしても、一般的には、ユダヤ人を見るように誰も資本の流れの中からユダヤ的なものを識別することなどできはしない。ユダヤ性は資本の流れの中に「隠されてしまう」のである。

十九世紀後半からの帝国主義とはまさにそのような時代であった。帝国主義の中で「ユダヤ的資本主義」はその「ユダヤ的」という形容詞をもはや必要としないのである。国境を越えたユダヤ人ネットワークと深い関係をもって発達した「資本主義」は、今やユダヤ・ネットワークなしに展開する。

ところがさらに言えば、奇妙なことにこのユダヤ的なものが「隠されてしまった」帝国主義のさなかにおいて、まさに、少し異なった形ではあるが、「ユダヤ的なもの」という表象が再び強力に、かつてなく強力に回帰してくるのである。もしも仮にユダヤ人が「資本主義」を生み出したと言うことが可能ならば、その資本主義が生み出した帝国主義が逆に「ユダヤ人」を生み出したのだ。

その意味で、この独特の表象作用をもった「ユダヤ人という概念」は十九世紀のキリスト教社会が半ば作り出したものである。イラン・ハレヴィは「十九世紀の初めにはユダヤ人という「概念」が具体的な状況の分析や認識に取って代わるのである。それはキリスト教のプリズムを通して観察を歪めた概念であった[6]」と述べているが、まさにそのことが帝国主義と不可分にあるのが世紀の変わり目であった。最後にそのことを述べておこう。

「余計なもの」の二十世紀

西欧におけるユダヤ人の法律上の解放はナポレオン戦争の後に始まり、十九世紀の後半にはフランスやドイツを含めたヨーロッパ全土へ広がる。そしてまさにアレントが述べるように、ユダヤ人が解放されることによって、ユダヤ人問題は急速に深刻化してくるのである。

すなわちユダヤ人が解放されることによって、彼らは、従来のような国家的保護とも言えるような国家との結び付きを断たれ、また独特の集団や階層の形をとって社会に統合されることもなく、かといって個人として実質的に市民社会に編入されることもなく、要するに「浮遊する存在」となってしまったのである。ユダヤ人の多くは（そして目立つ部分は）経済的に富裕であった。そしてその富裕さはキリスト教徒には横柄と映った。なぜなら、彼らは政治的権力をもたず、富にふさわしい社会的敬意も得ることはできなかったからである。アレントの言い方を借りれば次のようになる。

権力なき富と政治意志なき尊大さのみが、寄生的なもの、余計なもの、挑発的なものと感じられるのだ。それらは怨恨《ルサンチマン》をかきたてる。なぜならそれらは本来の人間関係がもはや存在しなくなるような条件を生み出すからである。(7)

ここで「本来の人間関係」とは、生をめぐる相互の争いや交流、そして共同の企てへの参入といった、いずれ政治的なものである。それは、共同の関心と公的な企てによって結び付けられ、有機的につながれた人間の関係である。だがいかなる形であれ、この政治的なものへの参入こそ、ユダヤ人には無縁のことがらであった。十九世紀の初頭に至るまでのユダヤ人にとって幸いだったのは、あるいは同時にパラドクシカルだったのは、政治には全く関知しないにもかかわらず、ユダヤ人は国家の中枢に密着していたということである。宮廷ユダヤ人の伝統と国家財政のファイナンスがユダヤ人を、政治的、公的関心への参与とは無関係に国家へと結び付けていた。

そのため、一方で民主主義の進展、他方で帝国主義によって、国家の権力が弱体化し国民国家体制が動揺してくるにつれて、逆説的なことに、ユダヤ人は国家からも社会からもはみ出していったのである。ユダヤ人が国家と結び付いて国家財政にとって不可欠の役割を果たしたのは、あくまで国民国家体制が確固としており、しかも市民階級つまり新興のブルジョワジーがまだ強い政治的関心をもたない間だけのことなのである。ところが、帝国主義はこの条件を見事に掘り崩してしまった。国民国家体制は崩れ、国家財政は帝国領土や植民地に依存するようになるからである。

したがって帝国主義と平行してユダヤ人の解放が生じたことは何ら不思議ではない。帝国主義とともに、国民国家構造の揺らぎ、国家権力の弱体化が生じていたのであり、この両者は同じことなのである。こうして、国家の保護から外れ、特定の階層にも属さない「ユダヤ人というカテゴリー」ができあがる。しかも、国家権力を個人の自由に対して敵対するものだと見る自由主義的な新興の市民階級が、国家と結び付いたユダヤ人を敵対視したとしても不思議ではない。ユダヤ人は市民階級（市民社会）と対立する概念となるのである。ここに「寄生的なもの」「余計なもの」としてのユダヤ人という表象が改めて喚起されることとなる。

ところが、一方でこの「寄生的なもの」「余計なもの」あるいは「浮遊するもの」という表象は、十九世紀の後半からの西欧の社会構造の変化の中では、ただユダヤ人だけのものではなくなってくるのだ。なぜなら、資本主義経済の展開と従来の社会階層の緩やかな崩壊は、いかなる階級にも属さない、いかなる安定した生活基盤ももたない人間の群れを生み出したからである。

　貴族階級やブルジョワ階層からはそれぞれの階級からの脱落者や逃亡者が現れ、労働者階級からもまた脱落者が現れる。インテリ階級からも自らの階級出自を放棄する人々が出現する。彼らは、土地や故郷という従来の確かな生活の場所から自らを切り離し、確かな生活の基盤をもたない。彼らは政治的にも未組織な浮動層をなす。西欧の階級社会がいわゆる大衆社会へと推移する中で生み出されてきたこうした「根をもたない」人々、アレントの言う「モッブ」もまた「余計なもの」なのである。「モッブはありとあらゆる階級脱落者《デクラッセ》から成る。モッブのなかには社会のあらゆる階級が含まれている。モッブはカリカチュア化された民衆である」（アレント）と言ってもよいだろう。彼らもまた、社会から締め出され、国家の保護からも脱落し、政治的には絶えず不満をもち、いかなる階層にも属さない。こうしてモッブもまた「余計なもの」であった。だからこそモッブは、同じ「余計なもの」でありながらも、まだしも国家によって保護されていると彼らが見なしたユダヤ人を憎み攻撃したのであった。

　そして、帝国主義がこの「余計なもの」の産出にあたって決定的な役割を果たす。あらゆる「階級脱落者《デクラッセ》」としてのモッブは、帝国主義という新規な企ての波に乗って海を越えて植民地へでかける。帝国主義がさまざまなタイプの植民地主義者や入植者を生み出す。彼らもまた、故郷を離れ、帰属するはずの土地を離れた者たちであった。異邦の土地に入植するとき、彼もまた「階級脱落者」とならざるを得ない。また同時に彼らは「国家」からの離脱者であり、大地（故郷）からの離脱者である。彼らは「脱階級化」するとき、同時に「脱大地化」する。実際、帝国主義はまさに資本の余剰、労働力の余剰を導因としているのであって、ここでは海外に流れる資本も人も「余計なもの」なのだ。帝国主義とは一面では「余計なもの」に活動の舞台を与える革新的で混沌とした運動であったし、またそれが「余計なもの」を産出する運動でもあった。

こうして、アレントが述べたように、ここに、国民国家体制に希望を託すいかなるナショナリストの期待も、万国の労働者の連帯を待望するマルクス主義者の予測も、また秩序ある世界の経済構造を思い描くマンチェスター的自由主義者の期待をも裏切って、予想もつかなかったもの、つまり「モッブと資本の同盟」という奇妙なものが出現したのである。帝国主義という時代の舞台装置の上で、彼らを結び付けたものは、まさに「余計なもの」あるいは「過剰」に他ならなかった。

この帝国主義という「余計な」資本も人もひとまとめにして海外に押し流そうとする運動の中では、ユダヤ人もモッブも入植者も移民も、少なくとも外面的区別はなくなるはずである。帝国主義を支える資本の動きは、もはやユダヤ的なものという分かりやすい有徴を失う。ユダヤ資本主義は、帝国主義という巨大な資本の流動の中に飲み込まれてしまっており、国境を越えた帝国ブロックの中を流動する資本は、もはや市民的とユダヤ的などといった対立をもたない。国内の階級からも「大地」からも切り離されたモッブや移民という新たに出現した「浮遊するもの」とユダヤ人の区別などなくなってしまうのだ。モッブこそが、帝国主義の中で、あらゆる場所に利潤を求める「略奪的資本主義」の手先となるからである。

そしてそのとき、それにもかかわらず、あるいはそれだからこそ、この帝国主義の中で「ユダヤ人という概念」が特別なものとして有徴化されるのだ。彼ら自身が「余計なもの」であると感じているモッブは、彼らの「余計さ」を押し隠すためにも、ますますユダヤ人に対して「余計なもの」という表象を押し付ける。こうしてただ「特異なもの」であったユダヤ人は「余計なもの」に変換されるのである。

しかし、「余計なもの」という表象によって理解したとき、本質的にはユダヤ人もユダヤ資本ももはや「特異なもの」ではなくなっていることにこそ注意を払わなければならない。なぜなら、二十世紀の高度な市場経済においては、「資本主義」そのものが本質的には「余計なもの」であり、またこの大衆社会の中では、「大衆」そのものが「余計なもの」だからである。

土地と労働に働きかけて国内の必要を満たすという「健全さ」から始まったアダム・スミス流の「市場秩序」からすれば、貯蓄を国外に投資するグローバル資本主義は、それ自体が「余計なもの」つまり「過剰性」に基づく活動と言う他ない。そして、特定の場所や有機的につながった階層から切り離されて都市と都市の間を流動する大衆は、ある意味ではそれ自身が「余計なもの」とも見なされるのである。実際に、「余計な」大衆つまり過剰労働力は過剰資本とともに海外に輸出された。しかし、人口の「過剰」だけではなく、「大衆」という存立のあり方そのものが、古典的な自然的秩序を描く世界像からすれば「余計なもの」なのである。

ホブソンやケインズが問題としたように、高度な経済の段階では、資本は常に過剰化する傾向をもつ。「資本主義」とは、この国内の安定した生産と消費というオートノマスな経済の観点からすれば「余計なもの」である資本を世界に拡散させつつ整序して運動させる機構ということになるだろう。資本主義による経済の拡張とは、いわば「余計なもの」である貨幣の自己産出のプロセスに他ならないのであって、資本主義的拡張そのものが「余計なもの」あるいは「過剰なもの」によって作り出された自動運動なのである。

二十世紀の市場社会はまた大衆社会でもあった。ヨーロッパにおいては大衆社会化は一挙に進行したわけではない。ヨーロッパは階級社会という過ぎ去りつつある残影に固執した。それでも市民階級の台頭、労働者階級の権利の進展、産業化による経済発展は中間層を生み出し、社会を大衆化していった。そして大衆社会とは、何よりもまず、帰属するべき安定した場所をもたない大衆というカテゴリーの登場によって特徴づけられる。

帰るべき田舎をもたない人々、地域共同体から切り離された人々、特定の階級に属さない人々、政治舞台に送るべき代表をもたない人々、特定の宗教的信念も伝統的なモーレス（社会的慣習）も失った人々、戒律も律法ももたない人々、強い国家意識も公共精神ももたない人々、こうした人々すなわち「大衆」が社会の主役となってくるのである。彼らは、特定の帰属場所ももたず、自分自身を担保する神や宗教信念といった確かな拠り所ももたず、また他人からどうしても必要とされているという感覚ももたず、その意味で「余計なもの」と自らを感じる他ないのである。あるいは「浮動する存在」と言ってもよいだろう。いずれにせよ、確かな根をもたず、大地からも切り離され、社会からもその存在をかけがえないものとして必要とされてはおらず、神に対しても義務を負わず、特別な人生の意味をも見出すことのできない人たちがそれである。

そして彼らは、自らのアイデンティフィケーションを土地や共同体のような特別の場所や特定の固有性の中に求めるのではなく「誰でもないもの」であり「誰でもあるもの」としての匿名性の中に求めることとなる。一歩踏み込んで言えば、ユダヤ人やモッブだけではなく、大衆社会では、誰もが確かな形で、大地にも、階層にも、国家にも、神にも結び付いているとは感じられないのである。「浮遊する存在」はもはやユダヤ人だけではないのである。重要なことに、二十世紀の「普通の人」はすべからくこの「余計なもの」となってしまったのだ。

こうして、現代の経済社会の中では、もはや「市民的」と「ユダヤ的」の対立は意味を失った。「市民的資本主義」と「ユダヤ的資本主義」というウェーバー的な対比は、せいぜいのところ十九世紀の議論である。二十世紀に入ると、ユダヤ人に対して与えられた「余計なもの」という表象は格別にユダヤ人を弁別するものではなくなってしまう。なぜなら、まさにその「余計なもの」を現代の資本主義や大衆社会は自らの本質としてしまったからである。だが逆に言えば、ユダヤ的なものが現代の資本主義と大衆社会の核心を捉えてしまったと言い得るのかもしれない。ある意味で現代社会が「ユダヤ的なもの」にそっくり飲み込まれてしまったと言うべきなのかもしれない。しかしそうなればここで特別に「ユダヤ的資本主義」について論じる必要はないであろう。「ユダヤ的資本主義」と「(プロテスタント的)市民的資本主義」の対立という構図は意味を失ってゆく。だがこの構図の意味がなくなってゆくことによって失われたものは、ただ二つの資本主義の背後にある宗教的対立だけではない。宗教的背景そのものが崩れてしまうのだ。いずれの意味でも、資本主義そのものの背後にあった宗教的倫理もしくは「罪の意識」、つまり「負い目」というあの抑圧感情が崩壊してゆくということなのである。「罪の意識」が崩壊したところから現代の資本主義は始まる。それゆえ現代資本主義は本質的に無倫理的なのである。ただし、それにもかかわらず資本主義の誕生のときから見られた〈金銭的なもの／土地と労働と生産〉〈象徴的価値／使用価値〉〈商業・金融／生産・産業〉といった対立は、決して消え去るわけではない。

ではこの対立は現代の資本主義の中ではどのような形をとるのだろうか。宗教的背景も倫理も「罪の意識」も見失った「市場経済」と「資本主義」の新たな関係、それをどのように考えるのか、ここに現代の経済を理解するポイントがあると言ってよかろう。

(1) W. Sombart, *Die Juden und das Wirtschaftsleben*, 1911（ゾンバルト『ユダヤ人と経済生活』金森誠也・安藤勉訳、荒地出版社、一九九四年）。本書での引用はすべて同訳書より。また、同書の主題をもっと一般化したものが *Der Bourgeois; Zur Geistesgeschichte des Modernen Wirtschaftsmenschen*, 1913（ゾンバルト『ブルジョワ』金森誠也訳、中央公論社、一九九〇年）である。この書物は、その副題から分かるように、まさに「近代」の経済人の精神の起源を問題にしたものであり、彼は自らの課題がマックス・ウェーバーの問題意識と同様だと考えていたことを示している。『ブルジョワ』においてゾンバルトは、近代資本主義の精神の起源を、ピューリタンであれ、ユダヤ教であれ、単一の宗教的基盤に解消することはできないと考え、その複数の、あるいは多様な起源を取り扱っている。その意味では、ピューリタンもユダヤ教も起源の「一つ」ではあるが、それぞれが決定的なものではない。それらとともにゾンバルトが重視するのは、一つはルネッサンス・イタリアの市民的精神である。例えば、十四世紀フィレンツェの「代表的市民」であったアルベルティの精神は、ほとんど十八世紀のベンジャミン・フランクリンと変わりはしない、とゾンバルトは述べる。また市民的精神とともに、ゾンバルトが企業家精神の起源として重視したのは、絶対王政期の宮廷貴族たちの奢侈や財宝愛好、それに王侯と関連をもっていた海賊である。冒険的海賊の精神は、国家保護を受けることによって、ある程度組織された企業的（つまり新たなものを企てる）精神を生み出した。ここでゾンバルトは、征服者・組織者・商人がいわば三位一体となり企業精神のある部分を生み出していったと言う。これはウェーバーが述べた「略奪的資本主義」に対応するだろう。したがってゾンバルトは、大筋ではやはり「市民的資本主義」と「略奪的資本主義」というウェーバーの区別に同意していると言ってよいだろう。ただ、その精神の起源はピューリタンとユダヤ教というほど単純に割り切れるものではない。その意味ではゾンバルトは、『ブルジョワ』においては、ピューリタニズムと市民資本主義の関連を決定的と見なすウェーバーに異を唱えているだけではなく、自身の『ユダヤ人の経済生活』におけるユダヤ人への過度の焦点化を修正しているとも言えよう。そして、ユダヤ人と資本主義との関係に関しては、ゾンバルトは『ブルジョワ』で、ウェーバーが強調したユダヤ人の「二重道徳」に全面的な同意を与え、ユダヤの「対外国人法」の中に見られる、異邦人に対して利子をとってもよいという規定が重要な役割を果たしたことを述べている。ただ、この規定が真剣に受け取られるようになるのは中世後期以降だとゾンバルトは述べるのであり、また、ユダヤ人を「近代」資本主義に傾斜させた理由は、ユダヤ人と異邦人を区別する「二重道徳」がそのまま厳格に維持された点にあるのではなく、外国人から利子をとるという習慣が、むしろ、ユダヤ人の仲間同士を結び付けている紐帯を弛緩させてゆき、ユダヤ人を一般的な形で「自由取引」の方に押しやったからだと言う。これはもちろんウェーバーとは全く対立する見解である。結局、資本主義の展開にあたってある種の道徳的精神が必要だとしても、それは基本的にユダヤ教からきている、というのがゾンバルトの一貫した立場であり、実際、「高度資本主義の時代には、とりわけプロテスタントの国では、宗教的感情の強度がすっかり減退し、そして同時にユダヤ教の影響が広がっていったわけである」とゾンバルトは述べる。この点においてゾンバルトは、明らかにウェーバーに対して批判的で、ユダヤ人の役割を強調していることに変わりはない。

(2) もっとも、第五章の注(3)で述べたように、ウェーバーは、ユダヤ教徒が少なくともピューリタンと同様の意味で禁欲的だったとは言えないとも述べる。ユダヤ人は、利益を追求する経済活動にも、また性生活にも決して禁欲的ではなく、ユダヤ人の禁欲はあくまでトーラーに従った生活をすべしという伝統順守的なものだったとウェーバーは考えている。だが、確かにピューリタンとは異なっていたとは言え、そのことはユダヤ人が禁欲的道徳をもたなかったということにはならない。問題は、ウェーバーの議論によると、ピューリタンの場合には、禁欲が予定説と結び付いて経済的成功を救いの確証へと変化せしめる機制が作用したのに対して、ユダヤ人の場合には、それと同様に、あるいはそれに代替するメカニズムがあり得たかどうかということであろう。

(3) A. Léon, *La Conception Matérialiste de la Question juive*, 1968(レオン『ユダヤ人と資本主義』波田節夫訳、法政大学出版局、一九七三年)より。

(4) ジンメル『貨幣の哲学 分析篇』(『ジンメル著作集2』元浜清海・居安正・向井守訳、白水社、一九七八年)より。一九〇〇年に出版され、ウェーバーにも大きな影響を与えたと言われるこの書物は、貨幣という現象を哲学の主題としたという点でも画期的な重要性をもっているが、ここでジンメルは、貨幣が価値の体系の中で、この体系を純粋に相対的(相互的)な価値の世界にする、自立した独自の契機をもっていることを論じたという意味で、貨幣が近代生活においてもつ意味を見事に抽出している。貨幣を内部にもつことによって経済の体系は、純粋に抽象的で相互的な価値の体系として成立する。この世界を支えているものは、ただ貨幣に対する「信頼」に他ならないという認識は、貨幣経済を理解する上では決定的な重要性をもっているだろう。このような認識の上に立った貨幣論として、吉沢英成『貨幣と象徴』(日本経済新聞社、一九八一年。ちくま学芸文庫、一九九四年)がジンメルについて論じているし、私もだいぶ以前にジンメルの貨幣論について論じたことがある(佐伯啓思『隠された思考』筑摩書房、一九八五年。ちくま学芸文庫、一九九三年)。

(5) J.P. Sartre, *Réflexions sur la Question Juive*, 1954(サルトル『ユダヤ人』安堂信也訳、岩波新書、一九五六年)

(6) I. Halevi, *Question juive*, 1981(ハレヴィ『ユダヤ人の歴史』奥田暁子訳、三一書房、一九九〇年)

(7) H. Arendt, *The Origins of Totalitarianism I; Antisemitism*(アレント『全体主義の起原I——反ユダヤ主義』大久保和郎訳、みすず書房、一九七二年)。以下のアレントからの引用は同訳書による。

第七章 「主体なき欲望」と貨幣――〈分裂症的資本主義〉の成立

I

帝国主義的膨張をもたらしたもの

帝国主義の時代とは、通常、一八八〇年前後から第一次大戦開始の一九一四年に至る三十数年間を指すが、この時代は、十九世紀の拡大する自由主義経済の末路を示すとともに、二十世紀の新しい政治経済体制を準備するものでもあった。それは、ちょうどこの時期に、二十世紀の主導技術の開発が行われたというだけではなく、またドイツ、アメリカの経済力がイギリスを事実上追い越すまでになったというだけではなく、もっと本質的な意味においてそうなのである。

一言で表現すれば、帝国主義とは、例えばセシル・ローズが述べたように「膨張こそがすべて」であるような運動と言ってよい。それもただ、経済の拡張というにとどまらず、政治、文化、宗教（伝道）を含めた全体的な「膨張」の運動なのである。この社会全体を動かす膨張の熱力学によって、帝国主義は、その運動エネルギーの中心となった西欧社会の構造をその根底から揺るがす引き金ともなったのであった。

「膨張」とは、意図と運動が相互に絡み合った無限の拡張を意味している。それは、無限に進行する資本の蓄積プロセスと、やはり無限に進行する権力蓄積のプロセスを含み、しかもそれらが相互にあいまって拡張のエネルギーを相乗化するのである。無限の拡大のみが、無限の資本蓄積を生み、それがまた無限の権力拡大をもたらし、そのことが一層の資本の蓄積をもたらすという相乗的な循環的拡張の論理がそこにはある。

ここでこの無限拡張の運動の行き先を知る者は誰もいない。それは、資本と権力が手を取り合ったほとんど自動症的な運動であって、しかも、拡張の論理の必然として、運動は世界的規模へととどまることなく展開されざるを得ない。理性や意志によってこの展開にするどく切れ目を入れるなどということは不可能なのである。この無目的的な拡張を近代社会の進歩という理念の中に回収しようとしても、それはもはや「目的＝終わり《エンド》」をもたない進歩であり、いわば破滅へとむかう進歩であった。

帝国主義的膨張をもたらしたものは、いずれにせよ「過剰性」である。資本の過剰、生産力の過剰、労働力の過剰、そして権力の過剰である。それらは十九世紀の自由主義体制の中で作り上げられてきた国民国家という観念をはみ出してしまったのである。帝国主義に先立つ七〇年代、および帝国主義の初期の時代には、国民国家の規模を越えた経済の過剰性を資本の流動によってグローバルに運動させるというメカニズムが急速に展開した。自由市場主義の中で、組織された国際的な金融市場を通して海外へ投下される資本が、生産財の貿易による商業利潤より一層魅力あるものとなり、産業資本家や従来の貿易商人とは異なった「金融家」なるものが著しい力をもつようになる。とりわけイギリスのシティーが推し進めた国境を越えた自由な資本市場の形成が、こうした金融家の台頭を可能とした。実際、この時期、イギリスの繁栄を支えたものは、もはや工業生産とその貿易というよりも、海運や保険という貿易外収入と金融からの利益であった。

また同時に、十九世紀末には、後にバーリとミーンズが「所有と経営の分離」と呼んだ事態が著しく進行する。すなわち、生産の現場や経営とは全く切り離された金融の世界で、株式という名目価値において所有権が流動化されるのであり、企業そのものが「資本」化される。

このこともまた金融市場の展開に決定的な役割を演じたことは言うまでもない。ここに、国境を越えて自由に流動する資本の流れが制度化され、投機や、ときには博打にも似たリスクを伴いながら、「実体経済」とは独立した世界規模の貨幣の水路が形成される。

かくして最も早く産業革命を実現したイギリスは、二十世紀初頭には、産業の相対的な衰退を、資本投下から得られる収益や金融取引の手数料収入によって糊塗することとなる。そのことを可能としたものは、「資本主義」とはモノの生産以前に、貨幣の流れによって形作られる運動だと、イギリスのシティーや彼らと結んだ政治家たちが気づいていたという事実であった。かくしてホブズボームも言うように、「資本主義が存続し作り出そうとするものは、何か特定の精選された生産物ではなく、貨幣である。イギリス政治においては、ロンドンのシティーの意見の方が、地方の工業経営者の意見よりはるかに重きをなしていた」のであった。金融家は資本を海外に投資することによって利益を得る。しかし、それは生産を軸とする国民経済とは異なった次元の活動なのである。アレントの言い方を借りれば、金融家は「金持ちの利益を国民経済の利益から切り離してしまったのである(1)」。

「根無し草性」と貨幣

国民経済の自足的再生産という観点からすれば「過剰」な資本は海外に流出する。これと同様に、国内の土地と生産構造からして「過剰」な労働力も海外に流出する。だが、ここで国家をはみ出して流動化した「過剰なもの」は、一体、何によって自己をアイデンティファイするのだろうか。一体、何に自己をつなぎ止めるのだろうか。

この問いの前に改めて召喚されたのが国民国家なる観念であった。言い換えれば、なぜ国家は人々をつなぎ止める結節点となり得るのか、ということである。実際、帝国主義の時代ほど、西欧諸国のナショナリズム（国民国家意識）が高揚した時代はなく、またこの西欧的ナショナリズムは、例えば東欧における民族主義とするどい対比をなしているのである。アレントはこのことを次のように書いている。

（西欧型の国民国家においては）歴史が誰の目にも明らかな足跡を残しており、従って大地自体がそれを耕作し田園につくり変えてきた祖先の共同の労働を示すと同時に、この土地に結びつけられた子孫の運命をも指示しているからである。それ故に国民国家の成立したところではどこでも移住運動が跡を断った。南欧および東欧の諸民族が国民国家の設立に一度として成功しなかった理由の一つは、あらゆる国民国家設立の基盤となった真の土着農民階級がこれらの国々になかったことである。

明らかにこれはいささか誇張されていよう。しかし、ここでアレントが述べようとしていることは次のことだ。西欧の国民国家を支えるものは、「歴史」をもち「大地」に根差した「共同労働」によって結び付けられた、世代を超えた人々の集合体であり、これは南欧や東欧を常に特徴づける「移住運動」とは対立する、ということである。それをアレントはまた次のように述べる。

（非西欧諸国では）農民階級は西欧諸国と同じ意味での土地との結びつきを持たなかった。ここでは国民性は領土と無関係な、特定の個人に生れつき具わりどこにでも持ち運べる特性であると思われたにすぎず、人々が参与する共同の世界の特質、放浪によって失われる特質だとは思われなかった。

確かな国民国家形成がなされた西欧では、国民性は領土、土地（大地）、生産、共同労働と結び付いたのに対して、確かな国民国家形成がなされなかったところでは、それは土地から切り離されて、個人がどこへでももち運びできるものとなった、と言うのだ。そしてアレントは、固有の意味でのナショナリズム、つまり「種族ナショナリズム」は、まさに、この「民族の根無し草的性格」から生まれたと主張する。なぜなら、種族の観念は、具体的な大地という「自分たちに保証された地上の故郷」をもつ必要がないからである。領土や大地、共同労働といった国民国家的な背景をもたない共同体こそが拡大された種族観念を培養する。それは、西欧の「国民的土地共同体」に対する「血の共同体」なのである。こうして国民国家からはみ出した「過剰性」が汎民族主義を生み出す土壌となったとアレントは述べるのである。

全体主義の起源に関するアレントの議論の妥当性については検討の余地はあるとしても、ここで彼女はいくつか重要なことを示唆している。今世紀の資本主義の変貌という本論の関心に即して言えば、それは次のようなことだ。

第一に、アレントは、国家（領土＝土地）と結び付いた生産・労働と、土地から切り離された「根無し草性」を対比させている。ところが、「根無し草性」は、世界という一種のヴァーチャルな空間を浮遊するだけでは自己完結できず、それは、国家や土地とは別のヴァーチャルな「根」を求めることになるのである。そこで領土につなぎ止められない、もっと根源的なフィクションとしての「民族」やさらに情緒的な訴えをもつ「血」がここで呼び起こされる。国民や国家、土地や領土より一層超越的で、かつ根源的で、それゆえに独自的でありながらも、同時に国境と現在という時制を越えた普遍性を志向するものとしての「民族」や「血」である。

だが、「民族」や「血」という根源的フィクションは、資本主義とは対立する。資本主義の「普遍性」は、民族や血が果てしなく追求する独自なものとしての絶対性とは相容れない。民族や血は、資本主義という資本の果てしない前進と自己拡張の運動の前では、もはや決定的な形ではその絶対性をへし折られ、自己を定立することはできない。資本という徹底した抽象性は、本質的には、個体性のみを要求するのであって、決して民族や血を要求するわけではないからだ。

資本の自己拡張運動は、それ自体が、国家や大地を超出していると言う意味で「根無し草的」である。したがって、金融家の精神は本質的に「根無し草的」だと言うことができよう。では、金融家の「根」は一体何によって代補されるのだろうか。金融家が資本の自己運動に寄り添おうとする限り、それは「民族」や「血」ではあり得ない。とすれば、金融家が抱え込んでいる抽象性の空無の根源を埋めるフィクションは一体何なのか。

言うまでもなく「貨幣」である。「貨幣」は、「民族」や「血」に代わるもう一つの、しかもっと現実的で目に見えるフィクションだからだ。金融家が貨幣を追い求めるとき、それは「根無し草」的な存在の、すでに空無になった場所を代補する仮構に他ならないであろう。

「根」を失った過剰性

帝国主義の中には、すでにこの二つの相矛盾する契機がともに含まれていた。「資本主義」と「民族」や「血」の観念である。だが対立はどちらかと言えば潜在しており、表面に現れ出る対立は、アレントが述べたように、「国民国家」と、それを越え出て進軍する「資本主義」や「汎民族主義」の間の対立であった。言い換えれば、「国民国家」を越え出たところで同盟することによって、「資本主義」と「汎民族主義」は手を結び合っていたのである。帝国主義はかろうじて、「資本主義」と「民族」や「血」の対立を調整できたのであった。

だが、第一次大戦が終わり、「帝国」の観念そのものがもはや正当性を主張できなくなったとき、国民国家をはみ出した「過剰性（余分なもの）」は二つの方向に分裂する。国家や大地から浮遊した過剰なエネルギーは二つの水路に分岐する。ここで、あくまで浮遊する個人性（言い換えれば「自由な個人」）に基づいた「資本主義」と、「民族」と「血」という観念の対立が表面化する。ともに「根」を失った過剰性（余分なもの）がもつ空無を代補によって埋めるための虚しくも果てしない追求が開始される。一方では、「貨幣」という虚しい象徴操作によって、「確かな価値」がその先にあるかのような幻想が生み出され、果てしない貨幣追求が開始され、他方では、「民族」や「血」というやはり虚しい象徴操作によって「確かな集団的アイデンティティ」がどこかにあるかのような幻想が生み出され、「民族」と「血」が果てしなく追求される。

こうして、代補はどこまで行っても代補であるというフラストレーションは、資本主義と民族主義を、ともに、果てしなき拡張運動へと駆り立てることとなる。西欧における第二次大戦は、部分的には、この二つの拡張運動の正面からの衝突という面をもっていた。一方にあるのは、アングロ・サクソン的な自由な個人主義的資本主義の自己拡張運動であり、他方にあるのは、民族と血を基底としたファシズムの自己拡張運動なのであった。そして、戦後世界の本質は、ファシズムが否定された結果として、過剰性が、資本の自己拡張という形でしか表現できなくなった点にある。一九八九年以降のソ連・東欧社会主義の崩壊がそれを決定づけた。だがもとはと言えば、それは戦後世界の決定的なテーマであり、もっと言えば、帝国主義が終焉した後の世界の問題なのである。

帝国主義も全体主義も否定された後の世界において、バタイユの言う「呪われた部分」、つまり「余剰」あるいは「過剰性」は一体いかなる形をとるのか。国家や大地や必要といったものに収まりきらない「過剰なもの」は、一体どのように制御できるのか。「根無し草」となった「過剰なもの」が、自らの「根」を永遠に満足できないものによって代補しようとする無限の運動をいかに制御するのか、ここに「ポスト帝国主義の時代」である二十世紀の基本問題があることは間違いない。

存在の空無を埋める消費

第二に、アレントが、国家や土地と、「根無し草」を対比させたとき、もはや資本主義とユダヤ性の結び付きは特別のものではなくなったということに注意しておかなければならない。アレントが、「根無し草」のもつ民族や血への固執の原型的なモデルとしてユダヤ民族主義を念頭に置いていたことは間違いないが（例えば彼女は「種族主義の本義からすればユダヤ人こそ民族の唯一のモデルである」と述べている）、しかしまた、「過剰」な資本と人の流れは、さまざまなタイプの階級脱落者《デクラッセ》や国家離脱者《デシュタット》を生み出したのであり、こうした浮遊する層の中心に位置する「モッブ」こそが、むしろ新たな「根無し草」となってゆくのである。

そして、このデクラッセとしてのモッブという現象が重要なのは、まさにそれが、二十世紀の西欧社会の本質を指し示す象徴的記号だからである。モッブが象徴するものは、まさに「大衆」こそが今世紀の基層的な事実となってきたということに他ならない。「大衆」というカテゴリーが意味していることは、たとえ、人々は国家の内側に属しているとしても、多数の人々は安定した階層や共同体や価値によって国家に落ち着くべき場所をもつのではなく、内面においては、もはや国家からはみ出してしまっている、ということである。国家の内にあって一つの国民性を帯びているとしても、その国民性はせいぜい個人の属性に還元され、いかなる意味でも確かな大地や歴史や階級や共同社会に対して過不足なく適切につなぎ止められているという自覚がもてないのだ。このような意味での「大衆」が登場した。「大衆はもはや階級を基準に区分けすることのできないあらゆる種類の脱落者《デクラッセ》の寄り集まりであって、ヨーロッパの全く新しい現象だった」（アレント）ということである。国民国家からはみ出したモッブが象徴したものは、この意味での大衆なのであって、決して、それは国家の内と外によって隔てられた別の存在ではなかった。

この大衆が、大地からも階級からも社会共同体からも切り離されてアトム化するとき、それこそマルクスの言うような二重の意味で「自由な個人」とならざるを得ない。彼は大地や階級から自由になるとともに、自立した労働者といういささか転倒したやり方で自由な存在とならざるを得ない。要するに、まさに二十世紀の顕著な現象だとクラカウアーが見なした「サラリーマン」が出現することになる。(2) 土地や地域共同体や大家族ではなく、個人的生活を支える職と賃金のみが彼の生存の唯一の確かな基盤となり、彼の社会的存在は大地や共同体に結び付くというよりも、市場を構成する消費者というカテゴリーに包括されるようになるのだ。アレントが、おそらくはハイデッガーの影響のもとにそう見なした、存在の根である土地に結び付いた生産・労働というものは、サラリーマンという存在にはもはや妥当しないのである。

農業に限らず、小規模経営の工業、地場産業、特定の地域の風土や歴史と不可分な企業、職人仕事、地域の小売商店やサーヴィス業、それにこれらの小規模商店が作り出す都市共同体や街路、そして都市や街路に結び付いた生活と風景、こうしたものは多かれ少なかれ「大地」に結び付いた存在の根を与える。仮に都市にあっても、これらの小共同体を媒介として一つの場所と風景の中に安定した生の条件が確保できるとき、人は「大地」に結び付いている。そこには、相対的に不動のものを核として、歴史的な記憶を背景とした人間の相互関係の安定感がある。人間の存在が、相互性の形をとって、空間的な限定と歴史的な負荷の中で確かめられてゆくのである。

この「確かさ」を与えるものこそが、ここで「大地」といったことの意味である。「大地」と結び付くとは、何も農業に従事するということではなく、この共同存在としての確かさを与えるという意味なのである(3)。

ところが「サラリーマン」というカテゴリーは、この意味での大地から相対的に切り離された人間の生の形式を指し示している。「サラリーマン」の登場とともに、関心の焦点は、大地に「根差した」生産・労働から、雇用と賃金水準の安定と消費のスタイルに向かうのだ。経済のマクロ的なレベルで言えば、関心は、いかにして、資源を確保し生産を高めるかではなく、いかにして総消費を増加させ雇用を確保するかに移るのである。

ケインズ経済学の登場とは、まさに二十世紀の経済社会の焦点移動を示すものなのであった。ケインズが、明示はしていないものの、二十世紀初頭の大衆化の進展という新たな社会状況を意識しつつ思考していたことは間違いない。賃金や価格の硬直性というケインズの仮定、そのもとでの有効需要の議論と雇用確保という政策課題、これらは単なる仮定でもなければ大恐慌への緊急対策でもない。ケインズが見て取ったものは、まさに、「帝国主義以降」の新たな経済社会の構造変化であった。資源の確保と生産量の増大、市場確保という帝国主義の課題は、あくまで十九世紀の社会構造のもとで生じたことであった。二十世紀の経済は、生産から消費へと、資源から雇用へと関心の焦点を移転させた。経済の拡張は、資源と市場の海外での確保によってもたらされるのではなく、そのカギは国内の消費の増加にある、と言うのである。

ケインズ革命の最大の意味は、時代の転換が要求する経済の見方へ向けた思考の大転換をもたらした点にある。そしてこの誇り高いイギリスのエリートにとって皮肉だったことは、まさにこの「新しい経済」が、イギリスではなくアメリカにこそふさわしいものだった点にある。そもそもが、ヨーロッパの階級社会を脱出してきた移民国家であるアメリカこそ、文字通りの意味で「デクラッセ」たちの社会である。それは生まれながらにしての大衆社会なのである。二十世紀の「資本主義」は、新たな「過剰性」を体現する大衆のものである他ない。「根無し草」である大衆は、その空無の「根」を埋めるためにもはや

「民族」や「血」をもち出すわけにはいかない。彼らがその空虚を埋めるものは、せいぜいさまざまな「消費財」である他ないのだ。

　むろんこれは一時の満足しかもたらしはしないだろう。それゆえにこそ消費は消費を呼ぶのだが、ここで重要なことは、大衆社会において、消費は本質的にもはや必要とか生活のためとかいう言い訳とは無縁になったということである。消費は、存在の空無をそのつど埋め合わせてゆくための象徴的行為に過ぎない。モノそのものが大事なのではない。買うことそのことが大事なのである。買っても買っても満足できず、欲求は充足されない。なぜなら二十世紀の大衆社会では、人々の欲望の、それゆえ不安の根源は、存在の「根」がないことを否応なく意識せざるを得ない点にこそあるからだ。消費とはせいぜい代償行為にすぎず、消費の結果明らかになることは、依然として、存在の「根」が空無だということなのである。だが、存在の「根」が空虚だから、大衆は永遠に消費者であり続けるのであり、まさにそこに、二十世紀の資本主義の拡張の論理が準備されたのであった。

　したがって、二十世紀の資本主義が大衆社会アメリカに主導されることに疑いの余地がなくなったとき、確かにウェーバーが予見したように、「倫理なき享楽人」の群れが大挙して押し寄せてきた。だがそれは、もはや「ユダヤ的賤民資本主義」と呼べるようなものではない。「ユダヤ的資本主義」と「プロテスタント的資本主義」の対比はせいぜいのところ十九世紀のものであって、二十世紀のものではないのである。

存在の不安

第三に次のことを述べておきたい。

すでに述べたように、大衆社会は、人々の存在の「根」が空無であることを、必ずしも明確にではないにせよ、絶えず突き付けてくる。土地、共同体、教会（宗教）、家族的つながり、つまり広い意味で「大地的なもの」に結び付いている限りでは、そのことはさほど意識されることはないだろう。

だが大衆社会は、一方で、人々を一つの塊、つまりマスとして扱うとともに、他方では相互に無関心な単なる個人へと分解してしまう。人はここでは否応なく、個体性において自己とは何かを問わざるを得なくなるのである。正確に言えば、人は常に自己とは何かという問いの前に召喚されつつも、大衆的なものの中に溶け込んでやり過ごし、日常の怠惰な快楽の中ではそのことを忘却している。あるいは忘却したことにするのである。自己とは何かという剝き出しの問いの前に立たされることを意識の背後に抑圧して、自己を「サラリーマン」や「消費者」として、モノや賃金において秤量しようとするのである。

ここでは、もはや人は、絶対神との契約履行に脅えるユダヤ人やカルヴァン派の信徒のごとき内面的な「罪」の意識を問われることはない。「サラリーマン」や「消費者」という資格において、誰も「罪」を神の前に申告する必要はない。その意味では、二十世紀の大衆人は、根源的な罪の意識（無意識）に脅かされることはもはやないとも言えるであろう。だがそれに代わって、それぞれの個体性の次元において、存在の「不安」につきまとわれることとなるだろう。「罪」から解放されるかに見えるとき、人はその内面にほとんど根拠の知れない「不安」を胚胎することになる。

この「不安」は、共同体から切断された孤独や孤立からくるものではない。人々は、決して一人で単独に生きているわけではない。それどころか、大衆社会では、人々はまさに人々として多数の中にあり、多数と共存しているのであって、大衆社会とは、新たな「擬似的」共同体だとも言えるのである。しかし、まさにその擬似的な、人々との共存という事実が人々を不安に陥れるのだ。ここでは、人々は真の意味で「他者」に向き合い、共同存在として有機的につながり合うのではなく、他者を異質なものとして遠ざけ、無関心となり、結局、マスの中に埋没して「平均的」なものの中に自己を投げ込むであろう。

こうして、たとえ画一化された人々と「ともに」あるとしても、今日、人々はこの「ともに」の中には、決して確かな存在の根を張っているという感覚をもてないであろう。人々と「ともに」あればあるほど、われわれは他者との微細な差異の中で自分を人々から隔離し、そして同時に、自分を人々に同調させるのである。ここには、自己を人々と結び付ける確かな媒介項がない。不安とは、この隔離と同調の間で宙づりになったまま引き裂かれ、頼りなく浮動する存在の不確かさに由来する。

二十世紀の初頭に顕著となった、この人間存在の根源が脅かされているという意識は、当然ながら議論のレベルはいささか異なるものの、例えばハイデッガーの言う「不安」という観念にも端的に示唆されていると言ってよい。

ハイデッガーは、人は、本来、他者とともに生きる「共同存在」であるとしながらも、日常的な平均的な生の中においては、他者との距離を気にしたり、平均の中に自己を埋没させたり、個性をもってでしゃばるものを監視して「存在の平坦化」を行ったりしているとして、こうした存在（ここで言う「大衆人」）を「ひと（Das Mann《ダスマン》）」と呼ぶ。ここでは人は、たとえ他者と「ともに」あっても、本来あるはずの共同存在としては存在していないのである。(4)

では、大衆人すなわち「ひと（Das Mann《ダスマン》）」は徹底した孤独な単独者なのか、と言うとそうではない。そのこと自体を彼はすでに忘却しているからである。マスの中にあって平均的でありながら、決して確かな「共同存在性」をもち得ないとともに、そのことの強烈な自覚はない。その結果、多数とともにいながら、その共同的なあり方の中に、決して自分自身の居場所の「適在性」をもち得ない。そしてまた、覚悟をもった生を選び取ることもできないのである。ここに「不安」が生じる。まさに大衆の中にあって、そのことによっていわば存在の不安を感じることになる。だが言い換えれば、この「不安」は、この世界の内にある人間存在の本質を示すものでもあるのだ。

過剰な階級脱落者

周知のように、ハイデッガーは、自己の「本来性」を忘却してしまった、今日の日常的な人間のあり方を「頽落（Verfall）」と呼び、この「頽落」した日常的な生において、人はその本来の生を忘却し、背後に隠蔽していると考える。「本来のあり方」つまり「本来性」なるものが一体何なのか、そもそもそんなものがあるのか、という当然の疑問は常にハイデッガーに対して投げかけられたものだが、ここではそのことは問題としない。今ここで述べたいことは次のことである。

近代人は、自己の生のあり方を、ほとんど彼個人の経済的能力に委ねていると言ってよかろう。例えばわれわれは今日、ある企業組織のある特定の職種につき、与えられた作業を遂行して賃金を得て「生」を維持する。またわれわれの社会的な「生」は、その評判や認知も含めて、もっぱらどのような家に住むか、どこに住むか、何を身につけるのか、といったことに負うている。つまり経済人として生きることに、もっぱらわれわれの「生」は依存しているのである。

「生」は日々の稼ぎと商品を通した経済的営みの継続でしかない。ここには、人生を、過去からの経験の堆積として見るとともに、他方でその最終のステージ、つまり「死」から逆算して見るという姿勢はない。現在を、過去の堆積とやがてくる「死」へ至る人生の線分の上に意味付け、「死」へと向けて「生」を一定の覚悟の糸に結わえ付けることもできない。ここには確かな使命感もなければ、強烈な倫理観も出てこない。プロテスタントの場合にあり得た、神によって召命された天職の意識も、死後の世界に対する脅えからくる罪悪感も存在しない。また人間が共同して作業するところから出てくる喜びもない。あるのは、ハイデッガー的に言えば、日常的な情態性（単なる惰性的気分）の中での、あれこれの「おしゃべり」や、スキャンダル的なものに対する「好奇心」や、あらゆることを突き詰めない「曖昧さ」だけである。ここでは人はせいぜい経済人という部分的存在でしかなく、また同時に、世界の一部にしか関与せず、関心を示さない。「おしゃべり」や「好奇心」や「曖昧さ」は、世界の断片的な一部でしかなく、ここには本当の意味での他者との共通了解は存在しないのである。こうした惰性的存在、それが「頽落」に他ならない。

ところがまたこの存在は、常に自分が自分自身ではないという奇妙な意識に取り憑かれてもいる。少なくとも、このような「頽落」した惰性的日常のさなかにあって、自分が本来のあり方をしていないという感覚をもつだろう。ここに「不安」が生まれる。自分が断片化され、世界との適切な全体的関係が取り結ばれていないという感覚、自分が、世界の中であるべき位置を占めていないという感覚、マスの中に「平坦化」された存在としては一見快適だが、真の「共同存在性」にはなっていないという感覚、こうした感覚は、必ずしも突き詰められた形で絶え間なく意識の尖端に突き刺さってくるものではないとしても、漠然たる灰白色の憂鬱として、大衆社会にあるわれわれの気分のうちに深い影を落としている。「不安」は、したがって、現代社会の人間存在における原点のようなものなのである。むろんハイデッガーやキルケゴールが透察したように、「不安」は、人間存在の根源にあるとしても、まさに現代の大衆社会ほどそのことを露わにする状況もない。

ところでハイデッガーは、ここで、この「不安」こそが人間をその「本来性」に引き戻す契機になる、と述べる。不安こそが、人間をその根源的全体性への問いへと向ける決定的な要因になる、と言う。「不安」の中に、ハイデッガーは、むしろその徹底的な単独性によって、まさに自分個人の問題として彼の人生を選び取る実存的な覚悟性へと人を開示する、積極的契機を見ようとするのである。

だがたとえそうだとしても、その前提として、人間は「頽落」しておればこそ、その「頽落」に対して不安を感じることは間違いない。繰り返すが、これは、神を前にした罪の意識でもないし、ニーチェが述べたようなルサンチマンでもない。また、特定の対象へ向けられた「恐れ」でもないし、またフロイトが述べた、幼児の性的体験を抑圧することからくる不安とも違っている。それは、存在の非本来的あり方という一種の虚無的な意識が、隠された倫理を刺激して引き起こす不協和音のようなものだ。

こうして「不安」は、特定の対象をもたない。言い換えれば、世界の中で自分のあるべき場所や、他のさまざまなモノや他者との適切な連関（適在性）をもたないとき、不安は生じるのだが、それはまた「気味が悪い」と言ってもよい。「気味が悪い（unheimlich《ウンハイムリッヒ》）」とは、ハイデッガーによれば、「わが家のようで－ない（heimlich《ハイムリッヒ》 un《ウン》）」、すなわち「わが家に－い－ない－こと（落ち着かない、くつろげない、気楽でない）ことを意味する」と言うのだが、ここで重要なことは、「気味が悪い」という感覚は、まさに、われわれの言う「大地的なもの」から遊離しているということなのである。

だがこのことは次のことをも意味している。差し当たり、「ひと（Das Mann《ダスマン》）」は、日常の中では、「慣れ親しんだもの」の中で、「慰め的な独り安心と自明的な「くつろぎ」」の中にいる。しかし、この「慣れ親しんだもの」に亀裂が走り、自明性が崩壊し始めることを予知した意識は、そこに「気味の悪さ」を感じる。そしてその「気味の悪さ」が、「ひと（Das Mann《ダスマン》）」の日常的自明性から、彼を本来的なものへと連れ戻す契機となるのである。

さて、以上、ハイデッガーを参照しつつ論じてきたことは、まさに、二十世紀の初頭に、「不安」を契機として、人は、彼の存在にかかわる深淵を覗き込まざるを得なかったということである。この深淵を覗き込んだとき、人は、日常の生（サラリーマン、消費者、職業人、生活者、隣よりちょっとよい生活などの生）によっては自己を定義できなくなってしまうだろう。

だがしかし、この深淵を覗き込めば、何かが見えるのだろうか。「本来の私」といった確かなものが見えるのだろうか。むろんそうではない。「本来の私」などどこを探しても見当たりはしまい。

だが、もしもハイデッガーの言う「本来性」が、つまり「本来の自己」なるものが一つのフィクションだとすれば、人は絶えず「不安」の中に宙づりにされたままである以外になかろう。人は、ここでは「不安」や「気味の悪さ」を跳躍台として、本来の自己へ自らを開示することはできない。覚悟性をもって確かな共同存在性を確保することは永遠にできない。と同時にまた、何の不安ももたず、「慣れ親しんだもの」「住み慣れたもの」に寄りかかって自明的なくつろぎの中で生きることもできないのである。人は、ただ宙づりの中で絶えず「不安」にさいなまれつつ、自己を探し続けなければならないであろう。

帝国主義が露わにした「過剰性」は、人間をこのような荒地の上に放置することを意味していた。「過剰性」の中に投げ込まれた人間は、もはや共同存在の中に自らの「適在する」場所を得ることもできず、「大地的なもの」の上に「慣れ親しんだもの」をもつこともできず、結果として「脱大地化」して流動することとなる。帝国主義は、アレントが見出したように、あらゆるタイプの「階級脱落者《デクラッセ》」や「モッブ」という、いわば目に見える「過剰性」を生み出した。だが本質的には、それは二十世紀の大衆社会への序幕に過ぎなかったと言ってよいだろう。大衆社会とは、たとえ、マスが一つの共同体にひしめきあっていたとしても、精神的には、すべからく「過剰なデクラッセ」に他ならない。帝国主義において、外へ外へと向かっていった過剰なエネルギーは、二十世紀の大衆社会では内向化して社会の内部に巨大な過剰性の渦を作り出したのである。

II

去勢がもたらすもの

ところでフロイトは「不安」について二つの考え方を提示している。もともとフロイトは、不安とは、過剰なエネルギー（リビドー）を無意識への抑圧に帰因するものだと見なしていた。しかしこの過剰なエネルギーは抑圧しても清算されず、また消滅するわけではないため、何かあるものに対する「不安」という形で発現する。これがヒステリーや不安神経症を引き起こすわけである。ところが、晩年に近づくにつれ、フロイトは、この説を放棄したわけではないものの、不安についての異なった考え方を模索するようになる。この第二の理論は明瞭な形で表現されるところまでは行っていないが、フロイトの模索の方向は比較的明瞭で、少なくともフロイトがここで、「不安」の生じる場所を移動させようと試みていることは明らかだ。不安神経症の場合、不安は、抑圧された無意識において生じている。つまり無意識のリビドーを備蓄する「エス」と「自我」の関連において生じている。ところが、第二の理論では、彼は、不安の発生する場所を、「エス」と「自我」ではなく、「自我」と「超自我」の関連に置こうとするのである。

このことを端的に示すのが「去勢不安」である。論文「制止、症状、不安」においてフロイトは次のように言う。(5) 第二の考え方では、不安は、リビドーの抑圧のような内的なものではなく、外的なものに対する恐怖を媒介にする、と。例えば、子供にとっての最初の恐怖は、安定した母子一体を引き裂く「父親」という外的な力の登場によって引き起こされる。これこそが子供（男の子）にとっての去勢不安に他ならない。

さらにこの考えは、もう少し一般化することができよう。つまり、「去勢」を外的なものによる強力な自我への脅威と解すれば、愛する対象の喪失や死への恐怖が、さらに言えば外部から襲いかかってくる「運命」そのものが絶対的な力をもって自我を脅かすのであり、ここでは、自我はただ欲動の満足（これはもともと「エス」に置かれている）を諦念するだけではなく、その欲動満足を絶対的に禁止する外的な権力作用として現れる超自我に対しても、言いようのない不安をかきたてられることとなるだろう。つまり「超自我の怒りや懲罰、その愛情の喪失にこそ、自我は危険としての価値を認め、こうしたものに対して不安の信号で答えるのである」。

この場合、もしも超自我がもはや外部からの脅威ではなく、強力に内面化されてしまえば、超自我の自我に対する絶対的な禁止は、自我の内部に強迫的な罪責感を与えることは充分予想できる。超自我を内面化してしまいこれを代理してしまった自我は、不安を引き金にして、自己に対してマゾヒスティックなまでの苦行や厳格な道徳、強力な禁欲を強いるだろう。むろんそのことは、一層の不安を呼び覚まし、それがさらに厳しい道徳的リゴリズムをもたらすであろう。そして、このプロセスは、すでに述べたプロテスタントやユダヤ主義において多分に見られたことがらであったと言えよう。

だが、超自我が内面化されて、強力な道徳的禁欲主義にまで高められるためには、実際には、超自我を具体的に代理する、もしくは象徴する「父」や「神父」そして「神」という観念が、いわばごく自然な意味作用をもって社会の象徴秩序の中に成立していなければならない。個人は通常、社会の象徴秩序の意味作用に即してそれらの超越的観念を内面化できるだろうからである。実際、確かに「父」と「神」を象徴的に同一化するユダヤ・キリスト教的世界においては、この超越性の内面化は比較的容易に行われたと言ってよいだろう。

もしそうだとすれば、もはやユダヤ教もキリスト教も、少なくとも表層の日常性の中では宗教的威力を失ってしまった現代世界においては、この内面化はどうなるのだろうか。絶対神という超越的観念を見失った世界で、果たして、フロイト理論が示唆する強力な超自我と、その絶対性に脅える自我という構図はまだ有効なのであろうか。神経症の根本的原因とフロイトによって見なされたあのエディプス・コンプレックスは依然として意味をもつのだろうか。フロイトが問題とした「不安」は、もう少し異なった展望のもとに置くことはできないのだろうか。そのことを少し考えてみたい。そのために、まずはしばらくラカン理論の助けを借りて、フロイトの問題を私なりに整理しておこう。(6)

フロイトのいう「去勢」および「超自我」とは改めて言うと何であろうか。

子供はまずは母親と一体化した世界にいる。ここで子供は母親に対してさまざまな欲求を掲げるとともに、母親の欲望の対象として自己を同一視しようとする。ひらたく言えば、自己のさまざまな欲望を母親が満たしてくれるとき、子供は、母親が自分を愛しているものと信じて疑わず、それゆえ、自分を母親の欲望(愛情)の対象と見なすのである。エディプス・コンプレックス論の出発点をなす母子間の無意識の近親相姦的欲望という、フロイトの分析の基軸はまずはこのように解釈できよう。

ここで子供は、自己を母の欲望の対象として認識する。ところがそこに「父」が登場する。「父」は、母の欲望の対象としての子供を禁止し、子供は「父」という絶対的な力によって、母との関係を引き裂かれる。この「父」とはやがてラカンの言う「大文字の他者」を構成するものであり、ここに「去勢」が生じるのであって、フロイトはまさにこの「去勢」においてエディプス・コンプレックスの条件が成立するとしたわけである。

だがこの「去勢」は、子供を全く新しい次元へと導くこととなる。子供はすでに述べたように、母親との心地よい世界の中では、自分を母親の欲望(愛情)の対象として差し出し、またそうすることによって自己を認識している。だが、実際には、母親の欲望（愛情）の対象は常に子供に向けられているのではなく、他のさまざまなものへと向かうだろうから、ここで、子供は、実際の「父」の出現によって強引に母子関係に切れ目を入れられる。と言うより、自ら、母親の欲望の対象であることを断念しなければならないのである。この場合、「父」は本物の父親というより、子供が断念のために作り出したフィクションだとも言えよう。母子関係に不可避に入ってくる裂け目に対し、子供は「父」という外的権力をもってくるのである。子供は、母の欲望の対象であることを、「父」による禁止という形で自らに断念させるのであり、ここで「父」はあくまで象徴的な存在である。それは、「禁止の審級」を示す象徴であって、実際には「父」は存在しないと言った方がよい。

ところが、この操作によって子供は次のような状況に置かれるだろう。第一に、母親の欲望の対象は決して確定したものではない。それは限定された特定のものを指定することはできず、その意味では常に「空無」であると言った方がよい。ということは、その対象であるはずの自己もまた「空無」である。子供が置かれた状況はまずはこのようなものなのである。

第二に、しかし、子供は、母の欲望の対象が「空無」だとは認識せず、欲望充足が父によって「禁止」されたものとする。そして、この「禁止」によって、「禁止」の向こうに実際には欲望の対象があるかのように考えるだろう。直接的な欲望充足の禁止によって、その彼方に欲望充足の可能性を設定することとなるのだ。欲望があってそれを禁止するのではなく、欲望対象の「空虚」を視野から外すために、まず「禁止」を行い、「禁止」することによって欲望を生ぜしめるのである。ここで、欲望充足は、常に「禁止」によって彼方へ先送りされ、欲望の対象はどこか未知の場所に可能なものとして設定され続けてゆく。その結果、欲望は無限に存在するかのように思われるのだ。

第三に、「父」が具体的な「父」ではなく、実際には実体をもたないいわば不在の存在であり、象徴的な存在だということに子供はやがて気づくだろう。ここで、「父」は、禁止という命令形を発する主体なのであって、具体的な命令の内容が問題なのではない。「父」の世界は、子供にとっては超越的な規則が支配している世界で、そこでは、まず個々の内容というよりも、規則であるということそれ自体が重要なのである。つまり、それは「超越的シニフィアン」であって、それゆえこれ以降、子供はシニフィアンの支配する世界へと移行する。それは、言ってみれば大人の社会であって、言葉や法や社会的ルールといった「象徴的なもの」が支配する世界、われわれが通常、現実の社会と考えている、他者と共存する社会秩序なのである。

自己という空無

だがそうするとここで一つ重要なことが帰結する。それは「主体」あるいは「自己」とは一体何かということだ。と言うのも、ここで「自己」とは「父」によって欲望の充足を禁止されたものだからである。それは「父」によって自己を否定された自己なのである。フロイトは「子供は叩かれる」と題する論文において、「父親」に叩かれる夢を見る子供のケースを取り扱っているが、まさに主体であるはずの自己は、去勢され「叩かれて」否定された存在なのである。

言い換えれば、自己とは、「父」によって「叩かれる」ことによってしか存在し得ないものであり、あるいは父という超越的な「他者」に寄りかかってしか自己を示すことはできないのであって、その意味で、常に自己は不在なのである。自己を自己としてわれわれは認識することはできない。「父」の禁止によって子供が導き入れられたシニフィアンの世界では、自己を表すシニフィアンは存在しない。私がこの世界を見ているとき、私というものはこの世界には存在しない。シニフィアンの連鎖を世界と呼ぶなら、この世界(象徴秩序)には、私そのものを示すシニフィアンは存在しないことになる。自己は一つの不在あるいは空虚としてしかあり得ず、いわば彷徨《さまよ》い続けるべく運命づけられているのであって、自己とは何かと問うてもその答えは決して得られないであろう。そのように問うこと自体が、すでに記号《シニフィアン》的な象徴秩序、この場合には言語秩序の中での探索に過ぎないのであって、そこではすでに、もはや自明で確かなものとしての自己は失われているのだ。

言語によって自己とは何かを把握しようとしても決してできない。それゆえ、主体とは本質的に「存在欠如」であり、それゆえ「私」は、この世界（シニフィアンからなる象徴秩序）においては確かな存在の自明性をもたず、常に存在の不安を抱えている。そこで彼はさまざまな「他者」、つまり最初は母、次に父、さらに象徴的な父、次に……というように絶えず「他者」の欲望の対象を自己のものとして追い求めることになる。他者の欲望の対象を追い求めることで、自己の空虚を埋めようとするのである。これをラカンは「人間の欲望は他者の欲望である」と述べたのであった。

むろん、この欲望充足は本質的にはあり得ない。「他者」さえここでは単なるシニフィアンにすぎず、その実体は空虚である。それは一つの幻想であり、この幻想が社会的に共有されたものであれば、人は、それなりに安定した象徴秩序（この現実世界）の中に住むことができるだけのことである。ここでもまた、人は無限に、幻想のような「他者」の声を聞きながら欲望の対象を探し続けるのだが、そうすればするほど、人は欲望の充足からは遠ざかる。こうして、すべてはいわば幻想の中で、あるいは象徴的なものの中で生じていると言うこともできよう。だが、人々の共存する社会が実際に可能なのは、まさにこの幻想の中で、比較的安定した象徴秩序を人々が共有しており、彼らの無限の欲望追求がそれなりに規則に基づいた社会的行為へと変換されているからなのである。

にもかかわらず、人は、空無である自己という位置の「穴」を埋めるべく何かを求める。人は空虚であることには耐えられず、存在の「穴」は常に言いようのない恐怖を呼び起こす。去勢（禁止）によって、その自明性を破壊され、かつ自らを否定された自己は、ここで新たに自己を指し示す何かを探すのである。そこで、この失われた自己の代わりに、幻想の中で自己の代補をする象徴的存在、それをラカンは「対象a」と呼んだ。このことから分かるように「対象a」は、見失われた自己の場所を指し示す何物かであるがゆえに、それは一方で、そもそもの「欲望」の動因となっていると同時に、他方でその場所を象徴的に補塡するものであるがゆえに「欲望」の対象ともなる。それは欲望の対象であるとともに、欲望を燃え上がらせるものでもある。

フロイトは、欲望とは欠けたものを取り返し、そこへ戻る永遠の努力であると考えたが、まさに、その存在の欠落つまり「空無」からの呼びかけが、人を絶え間ない欲望へと駆り立てる。しかもこの欲望の象徴的対象である「対象a」は、決して欲望充当をもたらさない。人はある虚しさに衝き動かされて次々と欲望を満たそうと試みるのだが、欲望が充足されることはあり得ない。一つの欲望を満たしたとたん、人はそれを「本当に」欲していたのではないという感覚に襲われる。「真に欲していたもの」がその先にあると考える。だが、そんな対象など、実体としては存在しないのである。

つまり「対象a」そのものが、実は確かな内実（価値）をもたず、それ自体もまた「浮遊するもの」であり、シニフィアン（記号）が作り出す象徴秩序の中にあって「余計なもの」なのである。それは決して、人間の現実生活の中で確かな実用的価値をもったモノではないし、人にとって不可欠で確かで親密な存在でもなければ、また人をこの世界と適切な形でつなげる道具的なものでもない。こうした有用性と結び付いた確かな物的次元をそれは決してもたないのだ。

ヴァーチャリティにおける分裂症

さてここで明らかになったことは次のことである。「主体」とは、決して確かな実体をもって存在するのではなく、一つの可能性の次元に、常に失われた自己を捜し求めつつ彷徨する存在と言う他ない。その際、彼は、自らを象徴的秩序の中に投げ込み、次から次へと、失われた自己を求めて、いわば自己を映し出す鏡となる他者を取り替え続ける。何らかの他者が自己の代理となるのだ。こうして、人は常に「他者の欲望」に従って、自らの欲望を作り出す以外にない。ここで自己はそのものとしては存在しないに等しいから、この欲望は、自己にとっては、いわば「空無」の上に作り出された仮構の世界である。いわば一種のヴァーチャリティの世界だ。

だから彼にとっては、このヴァーチャリティの世界でいかに欲望を達成しようとしても、それは決して「本来的な」ものには到達しない。「本来的なもの」はすでに「禁止」されているからである。したがって主体は、彼の活動は常に虚しいもの、あらかじめ失われたものであることを本当は知っているはずなのだ。だが、まさにこの虚しさのゆえに「本来の自己」というあるべき場所へ回帰しなければならないというやむにやまれぬ動因が作用する。ここに、決して充足されることのない虚しい努力としての、欲望の絶えることのない連鎖が生み出されるのである。

とすれば、人が活動する世界は本質的に、一種のヴァーチャリティの世界ということになるだろう。人がその欲望を募らせ、他人のまねをし、また他人と競争し、あるいは他人に対する優越を顕示しようとするこの世界は、彼にとってはすでにヴァーチャリティの世界である。ただそれがヴァーチャリティの世界であることを知るには、この世界では、彼は決して「本来の自己」に出会うことはできないということ、そして欲望は決して真の意味で満たされるものではないこと、「本物」はすでに失われており、それを決してそれとしてつかむことはできないということ、まずはそのことを知らなければならない。つまり彼は「去勢」されていることを知らねばならない。

だがそれでも、ときとしてその「失われたもの」、「無であるもの」は、いわば幽霊のように恐れとおののきをもって回帰しようとするだろう。それは「この世」にあっては全く「余計なもの」である。それは無意識の内からの得体の知れないエネルギーの反乱を伴って現れる。このとき、人は、象徴的秩序が作っているヴァーチャリティ(それが普通言うところの「現実」である）の背後にもう一つの世界、得体の知れない世界、言表不可能なものの世界、しかももっと「本来的なもの」の世界があるという感覚をもつであろう。「本来的なもの」が存在するという感じを植え付ける別の世界がどこかにあるはずだと考える。だがそうして初めて、彼は、彼の住んでいる現実をヴァーチャルなものだと考えることができるのだ。

　フロイトは、この不可視で言表不可能な世界に存在するものを「もの（Das《ダス》 Ding《ディング》）」と呼び、ラカンはそれを「現実界」と呼んだ。そして、この「現実界」はむろんそのままでは現出し得ない。それはいわば不気味で、おぞましいままである。そこで、それを幻想的に表象することによって（これをラカンは「想像界」と言う）、不気味な「もの（Das《ダス》 Ding《ディング》）」は、通常言うところの現実である象徴的秩序（ラカンの言う「象徴界」）につなぎ止められるのである。この場合、この「もの」の世界つまり「現実界」を、想像的、幻想的なものによって象徴界につなぐ上で決定的な役割を果たすものが「対象a」という、欲望をつなぎ止め、欲望をさらに次の欲望へと押し出す何かであると言ってよいだろう。

　ところが、もしも「去勢」がうまく作用せず、「父」による禁止が働かないとどうなるのか。言うまでもなく、象徴秩序としてのこの現実はうまく定位できない。「象徴界」と「現実界」と「想像界」を結び付けているリングが外れてしまうのである。その結果、彼は、彼の住んでいる世界がヴァーチャルな世界であるとは認識できない。と言うよりそもそもヴァーチャルな世界（象徴界）とリアルな世界（現実界）の区別さえできなくなる。

言い換えれば、現実の社会では、人は決して充足されることのないヴァーチャルな欲望を追い求め、自己を捜し求め続けることによってかろうじて主体なるものを保っているのである。「真の」主体は失われてしまっている。しかし、それを代補すべくヴァーチャルな主体を捜し続けることで、通常言うところの「主体」は成立しているのだ。主体とは、主体を捜し続けること、その結果他者の欲望に従って何かを欲望し続けることによってのみ仮構的に構成されるのである。このとき主体は、少なくとも暗示的には、この主体がヴァーチャルなものでしかあり得ないことを知っているのだ。

だが、「去勢」によって主体が否定されるメカニズムがうまく作用しないとどうなるか。この象徴秩序のヴァーチャリティの中で、仮構的な主体が形成されないことになるであろう。このとき、「現実界」と「象徴界」の区別はつかず、社会の場である安定した象徴秩序において、さまざまな象徴をヴァーチャルなものとして取り扱うことができなくなってしまう。次から次へと現れてくる他者の声は、もはやヴァーチャルな象徴秩序を構成するものとしてではなく、まさに「もの（Das《ダス》 Ding《ディング》）」の顕現のようにリアルなものとして現れてしまうのである。これが精神病に他ならない。

注意する必要があるのは、ここで精神病は、フロイトの分析の中心にあった神経症とは類型が異なっているということだ。神経症では、「去勢」や「父の禁止」は成立している。

むしろそれが過度に強力なために欲動の「抑圧」が問題となるのであり、「抑圧」された過剰な欲動が他に転化するときに生じるのが神経症であった。

これに対して、精神病とりわけ分裂病は、この「去勢」や「父の禁止」そのものが「排除」されてしまっているのである。「抑圧」が問題なのではなく、そもそもその前提となる自我がうまく形成されないのだ。だから神経症においては、しばしば強すぎる「抑圧」が無意識の欲動をして次々と対象を転化しつつ自己を実現しようとする、まさにその異様なまでの強度が問題になるが、分裂病では逆である。欲望は一貫した強度と律儀さ（それなりの首尾一貫性）をもたないのである。分裂病においては、自己の内部から抑圧された欲動によって追い立てられる形での現実への強迫的なかかわりはない。むしろ、無であることも含めて、あらかじめ失われた主体の観念がないために、これと緊張関係にある現実の社会の確かな観念がなく、こうして現実の社会からただ遊離してゆく。彼自身が、象徴的言い方ではなく文字通り「浮遊する存在」となってしまうのである。

このような分裂症的傾向をもつ者が、かろうじてこの世界（象徴的秩序）と折り合いをつけてゆくとすれば、彼はそのつど、自己を、想像上で何か他の者に偽装してゆかざるを得ないだろう。常に彼は、自分を他の誰か、他の何かであるかのように見なして自己を繕う。ヘレーネ・ドイチェの言う「かのような《アズ・イフ》人格」である。自分を「……であるかのように」見なすことによって、彼は主体の剝き出しの空虚をそのつど埋め、社会とかろうじて連関を保つ。これはときとして、文字通り分裂症的な行動を引き起こし、場合によっては多重人格的に見えたりもするであろう。彼は一つの人格の上に、あるいは一つの他者の上にとどまることはできない。常に何物かの上を脈絡なく動いてゆく。絶えず何者「かのような」自己を提示してかろうじて不在の自己をつなぎとどめるのである。

資本主義と分裂症的精神

さて幾分長々と、ラカンの助けを借りて、フロイトの精神分析が示唆するところを述べてきた。だが、むろんここでの関心は精神分析にあるのではなく、あくまで資本主義と欲望の関係にあったことを忘れてはならない。では、資本主義というわれわれのテーマに立ち戻って、以上のことは何を意味するのであろうか。最後に二つの点を取り出して論じておきたい。

(1) フロイト＝ラカンは、主体とはあらかじめ自明な自己であることを禁じられた存在であるという。しかし、このゆえにこそ、自己は可能性の中へ身を投じ、自己の空虚を埋める(失われた自己を回復する)べく代補を求める。ただ、この場合の自己の探求は、自己自身が失われているので、他者の欲望の対象を欲望するという形で行われる。ここで欲望の対象は常に象徴的であるというだけでなく、欲望は決して充足されるものではない。むしろ欲望の対象は、それを手に入れたとたんに、人はそれが「本当の」欲望の対象ではないことに気づかされるだろう。ここで欲望は、現実の対象に向けられたとたんに、その内実が空虚であることを発見し、言表不可能かつ不気味な何かに遭遇せざるを得ない。そして、欲望の連鎖が究極的に向かうこの空虚な場所に、ラカンは「対象ａ」を想定したのであった。

フロイト＝ラカンの議論はあくまで精神分析上の概念によって進められている。それをあまりに一般化することは避けねばならないだろう。だが、精神分析上の概念である「欲望」は、また別の面から見れば経済学上の次元をもっている。そして今、仮に思考のアナロジーとしてのみ言えば、この「対象ａ」の位置にあるものとは、経済の次元では「貨幣」に他ならないのではなかろうか。

貨幣は、それ自身が価値の実体において空虚であることによって、一つの欲望を他の欲望へとつないでゆく。それは他のあらゆるモノと交換可能であることによって、他のあらゆるモノを、その実体的な価値から浮遊させて、それらを象徴的な価値の次元に置き直す。貨幣と交換可能であることによって、日常品も装飾品も土地も建物も、それが実体として具体的なモノの連関の中でもっている価値から浮遊させられて、象徴的な次元を獲得する。こうして初めて貨幣は市場交換という社会的世界、つまり「象徴界」へ登場するのだ。「貨幣」はまさに、この経済の「象徴界」の中心に位置している。それは具体的なモノの次元に一切足場をもたない。だが、それゆえにこそ貨幣は、「象徴界」から切り離された、つまり「象徴界」へそのまま貫入することを禁止された「不可能なもの」のすべてを表象するのである。こうして貨幣は、それ自身の根拠をもたないことによって、経済世界という現実の「象徴界」に開いた亀裂つまり「穴」を指し示す。と同時にその「穴」を埋めるものともなっているのであって、主体は、まさにこの空虚を埋める存在の無を示す記号である貨幣を、あたかも「対象ａ」であるかのように求めるであろう。だから、経済の欲望は、本質的にはモノそれ自体へではなく、貨幣へ向けられていると言ってよい。

モノへ向けられた欲望は決して充足されることはない。それは永遠に彷徨う欲望として次々にモノを消費してゆく。むろんここにあるのは、生活の必要物資の確保とか、あるいは経済学者の言う「効用の最大化」といったこととは全く違う。この意味での欲望の充足＝消費の連鎖全体が、すでに「浮遊した」主体の活動であり、それゆえに象徴秩序の中で行われる「過剰なもの」の操作なのである。消費者は買いたいものを買うのでもなく、必要なものを買うのでもない。欠落した自我の穴を埋めるために買うのであるが、しかし、それは決して成功することはない。いわば、無意味なものを買い続けることになる。買われたモノの内容や効用ではなく、買うことそのことが決定的に重要なのだ。買い続けることによって、主体は、発見されるかもしれない自我の可能性を繰り延べにするのであり、この可能性へ向けられた投企だけが重要なのである。

とすれば、この欲望充足の繰り延べを最も純粋に制度化したものが貨幣であることは見やすいことであろう。モノの消費が、可能性の連鎖するプロセスだとすれば、そのとぎれることのない連鎖を巧みに成立させる装置が貨幣なのである。人は直接に大地や自然に働きかけ欲望を満たすのでもなく、また直接に他人のものを略奪するのでもなく、まずはそれを断念して貨幣を求める。貨幣によって、欲望の充足は禁止され先に延ばされる。人は絶えず貨幣を手元に保有し、そのことによって欲望の充足を先に延ばす。貨幣は主体の可能性を常に先送りにするのであり、決して今ここで何らかの充足を与えるものではないのである。

にもかかわらず貨幣が人を惹き付けるのは、まさに貨幣が欲望を充足せず、可能性を先送りにするからであって、それはそのつどの欲望の充足を禁止することによって、欲望を常に象徴的秩序へ縛り付ける。こうして、主体の喪失という根源的な不安を抱くものは、貨幣を追い求め続けることによってその喪失の「穴」を埋めようとするだろう。言い換えれば、喪失した後の自己の「空虚」というまぎれもない事実をあからさまに目の前に露呈することを避けるべく、彼は貨幣を追い求め、そうすることによって、自己の発見という可能性を先に延ばしてゆくのだ。ここに資本主義の精神的基盤の深層がある。

(2) 十九世紀の「古典的資本主義」と二十世紀の資本主義とを分かつ一つの点は、経済の発展の基本的な動因が、資源獲得による生産の拡張から、消費拡大による生産の拡張へとシフトした点にあった。理論的に言えば、生産されたものはすべて販売されるという古典経済学のセイの法則から、有効需要が経済の総量を決めるというケインズ理論への転換がここにはある。

この転換はまた、十九世紀ヨーロッパ、とりわけイギリスのブルジョワ・ジェントリーによって主導された資本主義、階級構造を再生産する形で展開した資本主義から、二十世紀のアメリカに見られるような大衆社会構造を機軸とした資本主義へのシフトを意味していた。そして、大衆社会の経済発展は、プロテスタントの勤勉な労働と言うよりも、あくなき大衆の消費意欲にかかっていると言ってよい。

フロイト＝ラカンを援用して上に論じた欲望と貨幣（対象ａ）の問題が、二十世紀の大衆社会において、マスの中にあって相互に切り離され孤独化した人々の内面と深くかかわっていることは言うまでもないだろう。精神分析家は、何も二十世紀の大衆社会ではなく、より普遍的な人間の精神構造を問題にしていると言うだろうが、そうだとすれば、二十世紀の大衆化状況の中に無防備に投げ出された現代人こそは、この意味での人間の普遍的な精神心理的問題の前に剝き出しで対面していると言ってよいかもしれない。そして、この資本主義の精神心理というわれわれの関心からすれば、大衆社会化への転換の中で生じたこの変化をどう考えればよいのだろうか。

もう一度、精神分析的なスキームに戻れば、主体を喪失(去勢)することによって初めて、この世界(象徴秩序)への通行書を手にする人々は、このヴァーチャルな世界で失われた自己を取り戻すための手段を得、努力を開始する。この手続きとは、失われた自己の場所を埋めるために、次々と「他者の欲望」にしたがって自己の欲望を転移させ、また開拓し続けることであった。資本主義の無限の拡張を精神の深層で支えているものは、この主体の自己喪失(空無)の不安と言ってよい。人は不安に衝き動かされ、ぽっかりと穴のあいた自己の場所を補塡する何かを無限運動として求め続ける。それは決して手に入るものではない。それゆえ、主体は、欲望の直接的な充足をそのつど禁止し、それを先送りにする。

この禁止と先送りのメカニズムを成立させるものこそが貨幣であり、資本主義の根本の機制なのである。言い換えれば、資本主義の「精神」とは、自己を喪失した人間が、その不安から逃れるためにひたすら前のめりになりながら、何かを求めて走り続けているようなものだと言えよう。だから、資本主義は本質的に「不安定」なのである。それは、経済学者が述べるように、絶えず景気変動や失業という問題を抱えているというだけではなく、資本主義を可能としている「精神」が本質的にきわめて不安定だということである。

フロイト=ラカンは、この世界が、言語、法、さまざまなルール、制度といった象徴秩序をもち、人が適切な形でこの象徴秩序の中に位置を占めることができれば、かろうじて自我を保つことができることを明らかにした。この場合、問題となるのは、言語や法などの象徴秩序はいわば「無根拠」であり、その内実は空無であり、この空無をねらって、無意識のリビドーや、何かおぞましいもの、不気味なものが姿を現し、社会秩序を破壊しかねないということである。それを昇華し、象徴秩序に埋め込むには、想像力を媒介にした象徴化作用が不可欠なのであった。

だがもしも、象徴秩序である安定したこの世界へ参入する際の「抑圧」が強すぎればどうなるか。自我は超自我の命令に無条件で服するとともに、過剰エネルギーの無意識レベルへの「抑圧」は、その無意識からの一層強烈な反撃を受けるだろう。自我は両者の板挟みになり、自らを制御できなくなってゆく。これはフロイトが問題とした神経症的な事態と言ってよい。ここでは無意識からのリビドー、あるいは「おぞましいもの」という感覚が現実の行動を衝き動かすことになるだろう。同時にこの無意識からくる衝動は、それをそもそも「抑圧」するよう命じた超自我に対する「罪悪感」を引き起こすだろう。抑圧によって象徴秩序に過剰適応する主体は、欲望充足を自らに強く禁じる。と同時に、他方で、無意識の欲動はその欲動の対象を強く求める。言うまでもなくその対象が貨幣である。

そこで、この場合、貨幣は二重の意味を帯びることとなる。一方でそれは、ピューリタンに見られるように、まさに「禁欲」の証しとして肯定されることとなり、他方でそれは、ルターに見られるように、「おぞましいもの」であり罪悪感の源泉として否定されるのだ。

ここでは貨幣をひたすら追求する場合も、その逆にひたすら忌避する場合にも、等しく、経済の背後にある精神は「神経症的」だということになる。それゆえ、貨幣は、いずれどこか「おぞましいもの」という表象を帯びざるを得ない。貨幣は悪魔の黄金であり、悪魔の誘惑そのものとなる。だからこそ貨幣は金・銀と等置されていたのであり、多かれ少なかれ、貨幣は錬金術的なアナロジーを背後に隠しもっていたのであった。

ゾンバルトが問題としたユダヤ的世界の経済活動は、いわばこのメカニズムを一層民族化もしくは集団化したと言ってよい。フロイトの精神分析自体がユダヤ的だという見解はさまざまな形で表明されているが、そのことの是非はともかく、フロイトが、熱烈な無神論者であったにもかかわらず、強烈なユダヤ人意識をもっていたことは間違いない。彼の最後の問題をはらんだ著作である『モーセと一神教』は、ユダヤ民族のもつエディプス・コンプレックスという集団的な精神心理の起源を明らかにしようとしたものであった。いずれにせよ、「ユダヤ人と資本主義」という主題におけるユダヤ人の金銭愛好は、ユダヤ教の「神＝父」の立てた律法が命じる強烈な禁欲精神と、その際行われる欲望充足の禁止、つまり「去勢」（象徴的には割礼）そして欲望充足の「抑圧」と決して無関係ではないだろうというのが、フロイトの思考が示唆するところである。そしてこのフロイトの思考の線の延長上にわれわれが見出すのは、もしも、「ユダヤ的金銭資本主義」なるものが、いささか常軌を逸したものであるならば、ユダヤ的資本主義の「精神」は、やはり神経症的な傾きをもったものとならざるを得ないということなのである。

こうして、十九世紀の「古典的資本主義」を覆うものは、カルヴァン的市民資本主義であろうと、ルター的反資本主義であろうと、またユダヤ的金銭資本主義であろうと、基本的にはそれを通底する精神類型は「神経症的」と言ってよいだろう。言い換えれば、それは、まだ絶対的な「神」と「父」(牧師、家庭の父、教師など)によって社会集団を組み立てていたユダヤ・キリスト教的な伝統のもとにある資本主義であった。〈生産的/商業的〉〈労働/金銭〉〈大地的なもの/浮遊するもの〉〈実体的なもの/シンボル的なもの〉といった対立も、基本的には、このユダヤ・キリスト教的な枠のもとで定位され表現されていた。それゆえにそれは「神経症的」だったのである。

これに対して、二十世紀の「現代資本主義の精神」の基本構造は大きく異なっている。「神」と「父」を失った現代資本主義の病理は、もはや「神経症的」な傾きをもつというよりも、「分裂症的」な傾きをもつこととなる。象徴的秩序へ参入するための「去勢」と「抑圧」が強すぎるというよりも逆に弱すぎるのである。あるいは過剰エネルギーの無意識への封じ込めと転化がうまくいかないのである。だから、主体は自己喪失の意識さえもつことが難しい。そもそも主体や自己というものが(たとえ空無という形であれ)うまく形成されないのである。無意識さえも存在するのかどうか確かではなくなってしまう。

ここでは強力な欲望は生じない。次から次へと虚しくも対象を追いかける強迫神経症的な努力の跡も、「不気味なもの」に脅えつつも金銭を追い求める危うさも見られない。すべては、確かな停留点をもたずに流れてゆくのである。「古典的資本主義」の背景にあった「罪悪感」はここにはない。それゆえ「罪悪感」が措定した倫理もない。現代社会の基底を作っている「不安」と言うほどの意識もない。モノの消費は、あくなき主体の不安と虚無感を贖うために連鎖するのではなく、ただ流れてゆくために連鎖するに過ぎない。「分裂症的」な精神においては、「かのように」ふるまうことがかろうじて社会とのつながりを確保するやり方であったとすれば、経済生活は、ここでは「かのように」の一環となるのだ。消費の移ろいと変転する流行が、今日の経済においてすでに構造化されているという事実は、今日の資本主義の「精神」が、限りなく「かのように」あるいは「ふりをする」ことから構成される分裂症的なものであることを示しているとも言えよう。

ここではモノは特別の使用価値や必需的価値によって評価されるのではなく、また貨幣も、その背後にある金銀性や「不気味さ」「おぞましさ」によって「大地的なもの」へ係留されるのではない。モノを求めるとき、人は、真の意味でその有用性や使用価値を欲しているのではなく、ただそれが貨幣と等価であり、貨幣と置き換えられるからモノを買うのだ。モノも貨幣も同一の平面で浮遊するのである。

それゆえ、モノと貨幣の間に決定的な違いはなくなってしまう。モノの生産は、あたかも貨幣を次々印刷でもするように、同じもの、すぐに使い捨てられてゆくものを大量生産するようになる。一方、貨幣ももはや特別な存在ではなく、それ自体が手軽なモノの売買のように、金融市場で交換される。それはともに、「大地的なもの」から切り離され「世界」を浮遊し始める。モノであれ、貨幣であれ、「平坦化」された世界で、両者をつなぐ市場を舞台に、自由に浮遊する。

こうしたいささか「病理的な」精神を伴った資本主義がまさに「病理的」だというのは、上に述べた「象徴秩序」と、そこで活動する(空無である)「主体」という基本的な構造が部分的であれ崩壊しつつあるからである。その意味では、二十世紀の資本主義は、常に病理的なものに接近する傾斜をもつと言ってもよいだろう。ウェーバーの「神なき予言者なき時代」という言葉をもじって言えば、「神なき父なき時代」が現代資本主義の置かれた条件だからである。今日の資本主義の精神の「病理」は、古典的な資本主義にとって問題であった「神経症的」なものではない。それに代わって「分裂症的」なものこそが問題なのだ。その点では『アンチ・オイディプス』のドゥルーズとガタリは確かに正しかった。だが彼らは、神経症つまりエディプス・コンプレックスからの解放を求めるために、過度に「分裂症的資本主義」に期待しすぎたことも確かである。現代資本主義の問題の核心は、すでに、「神経症的」なものから「分裂症的」なものへと移り変わってしまっているのだから。「分裂症的資本主義」は決して希望ではなく、それこそがすでに今日の悪夢となってしまっていると言うべきなのである。

（1）H. Arendt, *The Origins of Totalitarianism* II; *Imperialism*, 1951（アレント『全体主義の起原Ⅱ——帝国主義』大島通義・大島かおり訳、みすず書房、一九七二年）。以下のアレントからの引用は同訳書による。

（2）S. Kracauer, *Die Angestellten*, 1930（クラカウアー『サラリーマン』神崎巌訳、法政大学出版局、一九七九年）。ドイツ・ワイマール末期、ナチス登場の前夜にクラカウアーは、大都市に集合し、企業組織の中で一定の仕事を反復する多数の人間に注目した。彼らは、「均一的な生活を帯び……その存在は強いイデオロギー的諸力の影響下にあって画一化されつつある」とクラカウアーは述べる。ここで私が言う「サラリーマン」はナチス前夜のドイツに限定されないもう少し一般的な意味だが、この時期にクラカウアーが、この新しい社会勢力を主題にしたことは重要なことである。

（3）「大地的なもの」が生活の安定を実際に保証するかどうかはむろん状況によるのであって、一般論として言えるものではない。実際には、土地に結び付いた生活、近代的な意味での農業ではなく、自然的なものに依存した生活は自然条件によって大きく左右されるから、実際にはきわめて不安定だという反論はあり得るだろう。確かに、自然と土地、農耕に依存した生活が実際にはきわめて厳しく不安定であり、産業化や都市化という「近代化」がこの自然に依存した生活の不安定を脱する意図をもったという面を否定することはできない。だが、ここで言っている「土地」や「大地」に基づいた生活の「根」という意味は、このような経済的条件のみを指しているわけではない。生活の不安定や厳しさも含み込んだ意味での、人間の大地への依存、深い次元での信頼、容易には変化しない風景や、その風景に結び付いた精神のうちにある確かさ、いかに悲惨な状態をときには招来するとしても、その悲惨も含めて宿命的なものと感じさせるような「大地」への依存、こうしたことをここでは「大地的」と呼んでいるのである。

（4）ここでのハイデッガーの議論は『存在と時間』（桑木務訳、岩波文庫、一九六〇～六三年）による。

（5）フロイト「制止、症状、不安」（『フロイト著作集6』所収、井村恒郎・小此木啓吾訳、人文書院、一九七〇年）より。またここで直接関連する論文は、同書所収の「自我とエス」である。

（6）ラカンについては、直接には『エクリ（Ⅰ～Ⅲ）』（佐々木孝次他訳、弘文堂、一九七二、七七、八一年）所収の諸論文を参照。ただし、かなり難解なラカン理論の基本構造を知る上で例えば次の書物を参照した。福原泰平『現代思想の冒険者たち13　ラカン』（講談社、一九九八年）、新宮一成『ラカンの精神分析』（講談社現代新書、一九九五年）、向井雅明『ラカン対ラカン』（金剛出版、一九八八年）。

第八章　「過剰」と「退屈」のグローバル資本主義

I

「退屈」という魔物

J・M・ケインズは、いくつかのエッセイ風の著述の中で未来社会の展望について触れているが、その際、キーワードとなっているのは「退屈」の一語である。例えば、H・G・ウェルズの『ウィリアム・クリソルドの世界』に寄せた書評の中で、彼がこの書物の中でとりわけ感銘を受けた箇所として、シティーの人々の度し難い倦怠についての描写がある、と書いている(1)。

クリソルドの父親は投機師であり、彼は最初誇大妄想狂であり、そのうち詐欺師となるのだが、これは、彼が「退屈」していたからだ、とケインズは書く。この種の「退屈」、誇大妄想やある種の精神的不安的と結び付いた「退屈」こそが投機という現象を背後で支えており、そのことはわれわれの目の前に広がっている将来の世界にやってくる不可避の課題になるだろうと言うのである。

「退屈」、それは一見したところ、このグローバルな大競争時代の経済を特徴づける言葉としては最もふさわしくないように見える。だがケインズの予言がほぼ念頭に置いていた現在の時点にあって、少し内心を覗き込んでみると、この多忙と多彩な活動の背後で、われわれをじっと見据えているものは、やはり「退屈」という奇妙な魔物なのではないだろうか。

「退屈」という静かな空虚の凝視こそが、われわれを不安にする。退屈という空虚はわれわれをそこはかとない恐怖に陥れる。だからわれわれは、一つの場所にじっととどまり、同じことの反復を楽しみ、そこに確かな生活の味わいを求めることができない。変化しないこと、一定の状態にあること、旧態のものを繰り返すこと、このことに現代人は耐えられない。「要するに、われわれは現在立っている場所にじっとしていることはできない。われわれはたえず動き回っている」（ケインズ「クリソルド」）他ない。

そしてその際、貨幣は格好の材料を提供するのだ。賭けの対象としての貨幣、不安を静めるものとしての貨幣。貨幣は人間の活力の源泉であり、また同時に安心感の根拠でもある。つまり両義性をもっているのだが、この両義性の帰結として貨幣は、常に活動を先送りにすることによって、人を活動に駆り立てるのである。ここに現代人が貨幣に縛り付けられる理由があるだろう。ここで人を衝き動かしているのは単純なことだ。端的に言えば、それは「日曜日に教会へ行くよりもトランプ遊びをすることの方が楽しいと彼らに感じさせるのと全く同じ理由」なのである。

今日では、人々は、かつてのプロテスタントのような禁欲的な敬虔さをもちあわせてはいない。そうだとすれば、芸術家になるような特別の才能ももたず、宇宙の真理を説き明かそうという特別の使命感や卓越した好奇心ももちあわせていない者は、一体どうして退屈をやり過ごすのか。貨幣こそは、こうした人たちの退屈をまぎらわせる「代用品」であり、また不安を静める「鎮痛剤」だと、ケインズは言う。

現代人（および近未来人）の「退屈」と「不安」と「貨幣」との関係は、エッセイ「我が孫たちの経済的可能性」においても繰り返し表明されている。これは、すでに世界大恐慌に突入した一九三〇年に書かれたものだが、ここでケインズは、次のように述べる。

将来の課題はもはや貧困や欠乏ではなく、むしろこの伝統的な経済問題が解決された後にある。それは生存のための闘争という差し迫った問題が解消した後に出てくる「退屈」だ。人は、「生存のための闘争」という従来の思考習慣から解放される。生きるための労働という基本的課題から解放される。にもかかわらず彼らは「生」の意義を確かめる手段も、真の生活の享楽も生み出すことはできない。ここに「神経衰弱」が発生する。こうケインズは述べる。「自らの身を処するということは、特別の才能をもたない普通の人間にとって恐るべき問題である。特に彼が伝統的な社会の土壌や習慣や愛すべきしきたりに根をもっていないとすれば、なおさらである」。

ここでケインズが「特別の才能ももたない普通の人」と言っている点に注意しておかねばならない。「神経衰弱」とケインズがレトリカルに呼んでいるもの、つまり、得体の知れない不安に取り憑かれ、自らの生をどのように充実させればよいのか分からないこと、こうした病理的傾向は、例えばプロテスタント的な独特の倫理的拘束の中で育ったり、またフロイトがウィーンで観察した、爛熟したブルジョワ文化の中で生育したりした神経症患者とは異なっている。それは、禁欲的宗教者やブルジョワ婦人ではなく、ごく「普通の人々」の一般的傾向となっているのだ。だが、なぜ二十世紀に入ると「普通の人々」が不安神経症的傾性を示すのか。それは、「普通の人々」が、もはや「伝統的な社会の土壌や習慣や愛すべきしきたりに根をもって」はいないからなのである。

「普通の人々」は、伝統的な生活の土壌の中で他人と共同的生活を営み、一定の役割を演じてそれなりの承認を得、幸福や人生についての共同的な価値を共有している限りでは、特に不安神経症に陥ることもない。ところが、彼らは、このようなコミュニティからは切り離されてしまった。自己の存在を承認されるべき確かな価値という活動の意味付けを行う「根」を見失ってしまった。このとき、「普通の人々」は、自らの生を生き生きと描き出すことができず、常に不安にかられ、絶え間なく動き回らなければすまなくなる。絶えず動き回り、何かを追い求めることによって、自らの生の空虚を埋める価値の代理を探し回るのである。

そこで「貨幣愛」がその絶好の動機を与えてくれる。それは、ただモノを買うために必要な貨幣ではなく、財産もしくは資産として保有する貨幣であり、しかもその財産は土地のようにただそこに横たわってある存在なのではなく、その価値を絶えず雪だるまのように膨張させる使命を帯びた貨幣なのである。その意味での貨幣愛は、ケインズによると「いまいましい病的なものとして、震えおののきながら精神病の専門家にゆだねられるような半ば犯罪的で半ば病理的な性癖の一つ」(「我が孫たちの経済的可能性」)に他ならない。モノの交換に使われるのではなく、運用される資産として、それ自体の価値を増大する資産として機能する貨幣、さらには、その価値の瞬間的な増殖そのものが目的となったゲームとしての「貨幣愛」、そこには精神病理的な何かがある。神を見失い、「伝統的な社会の土壌や習慣」から切り離されて生活の「根」を失った「豊かな現代人」、彼らを襲うのは、その存在に対する不安であり、その不安と表裏一体となった退屈であり、その結果彼らは、ほとんど投機的に貨幣を追い求めることによってこの精神の不安から逃れようとする。

だが他方で、資本主義経済は、まさに人々の「貨幣的動機」にその大車輪の回転を委ねているのである。「資本主義の本質的特徴が、経済機構の主要な推進力として個人の金儲け本能および貨幣愛に依存しているという点」(ケインズ「自由放任の終焉」)にあるというケインズの認識からすれば、ここにディレンマが生じることになる。資本主義は、まさにその推進力のゆえに、きわめて不安定なものとなる。

企業家を駆り立てる利潤動機と、投機的ゲームによって利益をあげようとする「病理的な貨幣愛」とは、実際には区別などできないであろう。一見したところだけでは、企業の健全な活動である利潤獲得と、投機的で、神経症的なまでの利潤追求は区別することはできない。また、将来の不安のために資産として貨幣を運用しようとする家計への当然の配慮と、投機的な資産運用も実態としては区別できないのである。この本質的に全く異なった二つの作用が地続きとなり、絶えず一方から他方へと貨幣が流動するところに現代の資本主義が成立している。

だからこそ将来の経済の課題はきわめて深刻なものとなる、とケインズは言う。差し当たりケインズは、政府による貨幣の管理によって、ある程度この問題にアプローチできると考えた。しかし、明らかにそれだけでは充分ではない。なぜならここにあるのは、「もっぱら経済的な運営技術上の問題をめぐるものではなく、適切な言葉が見つからないが、心理的といおうか、あるいはおそらく道徳的とでもいえるような問題をめぐるものだからである」（「自由放任の終焉」）。

問題の本質は、もはや、政府が貨幣供給量を管理するといったことではすまない。金融市場をめぐる技術的、制度的な問題でさえない。それは、「普通の人々」の心理や道徳にかかわる問題だというのである。このケインズの認識はきわめて的確なものであり、また重要なものであると思われる。なぜなら、ここでケインズは、「普通の人々」によって支えられている現代の資本主義の最大の課題が、人間の心理と道徳にかかわる点へと移行したことを正確に理解していたからである。そこでそのことを少し違った角度から述べてみよう。

資本主義と市場経済

本書では、経済活動の中に交錯する二つの類型の対立を繰り返して取り出してきた。その区別は、おおよそブローデルの言う「資本主義」と「市場経済」に対応しつつ、それを抽象化したものであった。一方は、貨幣とモノの交換から出発する。経済の中心は貨幣であり、貨幣（資本）の価値の無限の増大を目指す活動を経済と考える。これはモノの次元で言えば、主として必要物資という、より希少で貴重な奢侈品のグローバルな交換から出発する。

貨幣の側から言えば、この活動において本質的なのは、貨幣的価値を増殖させることそのものであり、貨幣的価値の増殖は、グローバルな商業活動から証券を中心とする金融的活動までを包括する。いずれにせよ、ここに国境を越えた、主として商業的、金融的かつ大規模な（通常、特権的な）活動の類型が存在するのであり、それを「資本主義」と名づけたわけである。

他方はこれと違い、本来は地域の単位で生活必要物資を自給していたのが、規模の拡大と生産性の上昇、生活程度の向上とともに、まずは拡大された地域的な範囲での生産物の交換圏が生成し、それが一層大規模化して、市場経済化するという論理である。ここで関心の中心となるのは、貨幣ではなく、地域や国という場所と結び付いた生産であり生活であり、それを媒介する交換の体系としての市場なのである。貨幣や貨幣価値の増殖はここでは決定的な役割は果たさない。むろん経済は利潤動機をもって営まれるのだが、利潤はあくまで生産に投下され、関心の中心は貨幣そのものの増殖ではなく、生産性の向上と生活の向上にある。「市場経済」がこの側面を示す概念である。

むろん経済史的な事実を対照させて、これらの二つの類型がきれいに区別され得るなどと主張することは許されない。実際の経済においては、両者は入り交じり、交錯し、分離することなど不可能である。にもかかわらず、少なくとも、十九世紀に至る古典的資本主義においては、この両者は、ブローデルが述べたように、あくまで「類型」として概念上の区別を可能とするばかりではなく、この概念的区別はきわめて重要な認識を提供するものだと思われる。なぜなら、この区別が立脚するものは、ただ、経済活動の外面的な特徴ではなく、それを背後で支える人間の観念、心理、倫理の相違に他ならないからだ。

この「類型的」区別において重要なのは、その背後にある時間や変化の観念、空間と距離の観念、帰属するものの観念、象徴性の観念、そして倫理や道徳観の違いなのである。重商主義者とアダム・スミスの対立、ウェーバーとゾンバルトの対立、「市民的資本主義」と「ユダヤ的資本主義」の対立、ヴェブレンが述べた「産業の将帥」と「金融の将帥」の区別、それらはまさにこの類型の相違を示している。

ではこの二つの類型の対立という観点からした場合、二十世紀の現代資本主義の特徴はどこにあるのか。答えは、少なくとも古典的資本主義との対比で言えば、この二つの類型の対立はもはやそのままでは現出しなくなってしまった、という点にある。だから、一見したところ、近代の市場社会の生成を大きく特徴づけてきたこの二つの類型の対立はもはや解消したかのようにさえ見えるのだ。この両者の融合こそが差し当たっての「現代資本主義」の特質と言ってよいのであり、この変質をもたらしたものは、端的に言えば、十九世紀後半に始まる西欧における帝国主義と新興資本主義国アメリカの登場であった。

すでに述べたように、帝国主義は、もはや「ユダヤ的資本主義」などという特定の民族的比喩で語られる経済の類型化を無意味にした。十九世紀の末から生じた西欧の階級構造の変質と、伝統的なコミュニティの衰弱、宗教的精神や禁欲の倫理の崩壊の中で、もはやウェーバーとゾンバルトを対立させた「市民的資本主義」と「ユダヤ的資本主義」の区別は意味を失ってゆく。

もしこう言ってよければ、帝国主義の中で、あらゆるものが宗教的背景をもたないユダヤ資本主義に、つまり「神なきユダヤ的資本主義」に飲み込まれていったということかもしれない。階級や既存の社会的コミュニティ、そして国家から離脱したり脱落したりした者たちが、ただ金銭によってのみ彼自身を社会に仲介させるために、あぶくのように金銭を求めて世界へと浮遊する。巨大資本と階級脱落者《デクラッセ》が結び合って、経済の国境線は急速に揺らいでゆく。それは、〈国民経済／グローバル経済〉という二つの類型を区別するボーダーだけではなく、〈産業資本／金融資本〉〈生産活動／金融活動〉という類型を区別しつつ結び付けるのである。帝国主義において両者は補完し合う。資本は両者を自由に流動するのである。

「ライフスタイル」への還元

だが、「資本主義」と「市場経済」という二つの類型の対立を、一見したところ、ほとんど無意味に見せてしまうものこそが、二十世紀の産業社会を支配する「アメリカ型経済」に他ならないのである。

アメリカ経済の特質をここで詳論するわけにはいかないが、十九世紀の西欧と対比した場合、その最も基本的な特質は、アメリカ経済こそが、すべてが「階級脱落者《デクラッセ》」から成り立っているような経済、つまり平均的な大衆なるものの上に構成された経済だという点にある。むろんこれは原則の話であり、ヨーロッパと対比した場合のアメリカの特質という意味においてであるが、アメリカという国家の登場の文明論的な意義は、原則としての無階級社会、建前としては平等な個人の自由と能力が評価される舞台としての市場経済が、アメリカという社会の組成と合致していた点にある。

階級にも特定の社会的コミュニティにも、特定の土壌にも、また特定の習慣の拘束にも、つまりあらかじめ何物にも帰属しない「自由な個人」こそが類型としてのアメリカ的資本主義の原点である。「階級脱落者」あるいは「故郷喪失者」という意味での「自由な個人」、すなわちあらかじめ「脱大地化」した人々が経済の中軸へ登場したのである。

しかし、この「自由な個人」は、特定の集団や階級や地域や宗教といったものに囲い込まれないという理由によって、逆にまた巨大な一つの集合をなすこととなる。「大衆社会」がそれである。自由な個人の等しい競争という理念の別の側面は、画一的で平均化された大衆社会に他ならない。大衆社会の平均的構成員は、もはや土地や地域コミュニティや親族的つながりの中に生活の「根」を置くのではなく、あくまで、「独立した」個人として企業に「従属する」のである。「自由な」個人の資格において彼は経済に「捕らわれる」のだ。サラリーマンという、まさに二十世紀の大衆化現象が生み出した経済類型は、自由な個人という資格で、企業や市場に決定的に依存し、自らをそこに縛り付けるのだ。

このように彼らは生きる他ない。ここで「生きる他ない」と言ったのは、ただ、経済的な意味での生存の現代的条件を述べただけではない。現代人の関心を、つまり生を預託する観念のありかを述べているのである。現代では、生を預託し意味付ける観念の場が、共同社会の伝統的価値でもなく、宗教的信念でもなく、まさに企業や報酬、賃金といった経済的なものに移ってしまったということだ。

現代の自由な個人は、伝統的拘束からも、宗教的抑圧からも自由となった。だが、そうなったとたん、彼は、「経済」なるものに従属することとなった。これは何も唯物論的な意味で言うのではない。「自由」の内容が「経済」の領域に置き換えられたのである。「自由」はもはや、政治的自由（公的な政治参加）でもなく、宗教と信仰をめぐる内面の自由でもなく、また抑圧からの解放でもなく、生活の安定と経済的幸福をめぐるものとなったのである。いち早くその転換を思想の次元で準備したのは、ちょうど産業の急成長するイギリスに生じた功利主義とマルクス主義であり、それを継承したのは、社会主義や福祉主義であった。二十世紀の社会思想はことごとく、「自由」の問題を経済の領域に置き換えるところから出発している。ソ連の社会主義やイギリスの福祉主義はその実験であったが、最も際立った、そして最も成功した実験はまさにアメリカ資本主義だったのである。

階級や伝統的秩序に自らの生活を担保できない「自由な個人」にとっての最大の関心はと言えば、いかに安定した生活を確保するかにある。より正確に言えば、ここで生活《ライフ》とは生計《エコノミック・ライフ》のことなのである。さまざまな無駄やら交際やらを含んだ多様性を帯びた「生活」は、その生活の基礎条件に過ぎない「生計」へと単純化され縮減される。「生」に意味を与える「確かなもの」は、もはや禁欲的労働ではなく、また天職意識でもなく、人々から得られる称賛や承認でもなく、また伝統的価値や社会の習慣への愛着のこもった信頼でもなく、もっぱら生計のための職と賃金なのだ。したがって長期的に生計を安定させる見通しこそが決定的となる。そしてそのためには、長期的な雇用保障と安定した賃金水準の確保こそが何にもまして要請されよう。

二十世紀の資本主義の成否は、まさにこの条件を提供し得るかどうかにかかっていた(2)。なぜなら、社会主義とは、何をおいてもまずはその基本条件の確保をこそ至上の要請とするものだったからである。一切の階級秩序と伝統的コミュニティ、そして宗教的組織を打ち崩してしまった社会主義の実験にとっては、何よりもまず人民の生計を保証すること、そしてそのことのみが決定的な課題となったからである。そして社会主義は、解放されて「自由」となった農奴や労働者にパンを与えるという至上命令を実現するために、まさに彼らの「自由」を奪い取るというパラドックスの中に陥っていったのであった。

アメリカ経済の成功は、これとは全く異なったやり方で、その同じ問題を解決した点にある。しかもそれは充分に「おつり」がくるものであった。

特別な才能や係累や使命感をもたない「普通の人々」にとっては、職と賃金の安定こそが最も重要な生の内実をなすようになる。さらに言えば、その上に生活レベルの向上がもたらされればよい。「ライフスタイル」という観念が、経済の土台の上にかろうじて「夢」を、つまり象徴性を植え付けるのはまさにこの理由による。そしてアメリカ資本主義は、「普通の人々」に対して、職と賃金とライフスタイルの夢を、つまりそれらの螺旋的な上昇の可能性を提供したのであった。

いわゆるフォーディズムがアメリカ経済を象徴するのもまさにそのためである。フォーディズムは賃金を生産性にスライドさせ、また同時に労働を単純化、効率化して大量生産を可能とし、その結果生じる生産性の上昇を賃金の上昇に転化した。この両者が必然的に結び付くとき、大量生産／大量消費をもって資本の拡張の原理とする大衆消費社会の経済的ロジックが完結する。だがこの場合、重要なことは次のことである。

消費はもはや、必需性と奢侈性とに区別されるものではなく、あらゆる消費が「ライフスタイル」という社会的評価を基礎としたイメージに還元されるのである。西欧的な階級構造がもたらした〈労働者／ブルジョワ〉という対立に基礎をおいた〈必需／奢侈〉という区別は、もはや意味をもたない。その代わり、消費はすべからく薄められた意味で「象徴的行為」となるのである。せいぜい「ライフスタイル」という象徴性のもとに個人の想像力は飼い馴らされるわけである。「私」とは何かと言えば「私の生き方（ライフスタイル）」と言う以外にないのだ。

可能性を先送りする貨幣

だがさらに重要なことは、個人の生をこの社会につなぎ止める唯一の絆である賃金報酬に、かつてなく重要な意味を与えられるということである。このことはまた同時に、生活物資価格の安定を要求する。したがって一般的な価格体系が長期的に安定することが不可欠となる。言い換えれば、貨幣価値が長期的に安定するということであり、この場合、賃金報酬が貨幣で支払われること、およびその貨幣の価値が、一方では労働によって尺度され、同時に他方では生活物資によって測られることこそが決定的な意味をもっている。

ケインズはまさにここに二十世紀の経済の基本的な条件があることをよく知っていた。彼の想定した固定価格体系および硬直的賃金という考えは、ただ理論上の便宜的な仮定に過ぎないのではなく、二十世紀の経済の条件を示すものなのである。だからこそ、賃金は貨幣で測られなければならなかったのであり、また貨幣は価値を保蔵するものだというケインズの認識は、人々が、貨幣賃金を維持し、一定の生活水準を保ち続けるということによってしか「生」の意味を確定できなくなったという二十世紀の社会的条件を表現しているのである。

ここでは貨幣は、古典的経済学のように単なる交換手段であり得ないことは言うまでもなく、また重商主義のように富一般や、奢侈品を象徴するものでもない。それは商品世界一般の等価形態でもない。ここで貨幣は、一方で個人に属する能力と、他方で「ライフスタイル」として示されるその達成を象徴することによって、個人を社会へと媒介するメディア（媒体）となっている。

しかもさらに重要なことに、この「ライフスタイル」は、ただ現在のあるがままの姿を示すだけではなく、将来のあるべき姿をもイメージするものなのである。それは将来の「実現可能性」であり、そのために人は貯蓄を行う。まさに将来の「実現可能性」を担保する点にこそ貨幣の意味がある。貨幣は、現在の欲望実現を禁止することによって、「可能性」を先送りする。いや「可能性」を先送りすることによって、そこに欲望が生じると言った方がよいかもしれない。欲望とは、常に「禁止」によって不在化させられたものを取り返そうとする無意識の運動だからである。可能性の先送りこそは、最も巧みに仕組まれた「禁止」であり、欲望装置となる。

まさにこのような装置をエンジンに組み込んだところに、アメリカ資本主義の文明的な意味があった。個人のレベルで「ライフスタイル」と「可能性の先送り」と見なされたものは、まさにアメリカ社会の基本的構図を決定するものであった。巨大な大衆消費社会、それも絶えず豊かさを追求し、夢の実現を図って物質的な達成を拡大し続ける社会、それが二十世紀のアメリカであり、アメリカ産業主義とは、社会全体における「ライフスタイル」の向上(アメリカン・ドリームの実現)と「可能性の先送り」の巨大プロジェクトだったと言ってよい。このプロジェクトの中で人々はまず同質化される。イギリスの経済学者マーシャルは、アメリカの人種的多様性にもかかわらず、「それでも彼らは同じ商品を購入している」ことに驚きを隠さない。ブーアスティンが強調するように、アメリカは、「ライフスタイル」という概念によって、新たな「共同体」としての消費社会を生み出したのであり、「消費社会は、共通の福祉、共通のリスク、共通の利害、共通の関心の意識を有する人々により構成されていた」のだ。(3)

ここでは、「資本主義」と「市場経済」の区別はさして意味をもたない。特権的で自由な金融の動きを中心とするグローバルな資本主義と、生産物の交換が拡大した市場秩序の対比はさして意味をもたない。ましてや、「市民的資本主義」と「ユダヤ的資本主義」の対比もさしたる意味をもたない。その代わり、あらゆるものが部分的に資本主義的であり、同時に市場経済的であり、またユダヤ的であり同時に市民的なのである。特別の才能をもたない、しかも伝統的な土壌から切り離された「普通の人々」にとって、かろうじて確かと思われるものは、一つの消費共同体の中で社会的に露わになる賃金とライフスタイルだけでしかない。ライフスタイルを見せることによって初めて人々は社会の「承認」を得るのだ。もう少し広く言えば、この承認を求めて将来のライフスタイルの向上の可能性を先送りした貨幣の保蔵だけが生の確実性を担保し、その可能性を与える条件は安定した賃金報酬なのである。

重要なことは、ただ今の生活というよりも、それを将来へ向けて先送りできるという点にある。貨幣はここでは将来の可能性を象徴するのであって、それは現在の禁止と不在を資本化して、欲望というエネルギーへと転化し、生の意味を将来へと送り出すのだ。

ヘンリー・フォードがT型モデルを発明し、GMのスローンが年次式モデルを発明したとき、この方式は決定的となった。ここに、二十世紀の産業発展の基本的動因が生み出され、同時に物質的豊かさによって容易に尺度される進歩の観念が成立したのである。ここで資本主義は、十九世紀の帝国主義のように海を越えて海外へと展開するのではなく、一つの社会の内部へと向けて膨張する。あるいは一つの社会の内部において将来に向けて拡張する。無限に拡大する大衆消費という形で、西欧近代が産み落とした進歩の観念はいとも容易に二十世紀のアメリカで具象化したのであった。

繰り返すが、この「進歩」は、せいぜい貨幣賃金とライフスタイルにしか「確かなもの」を求めることができない「自由な個人」によって支えられているのである。神を失い、伝統社会や確かな価値からも切り離された個人、「神」からも「大地（故郷）」からも切り離された個人、それが「自由な個人」である。言うまでもなく、この個人は本質的に存在の確かな根をもたない。あるいはそのような「根」をもち得ないという意識にさいなまれている。この「自由な個人」、しかも特別の才能も使命感ももたない「普通の人々」は、当初、その存在の「根」を、つまり「確かなもの」を、かろうじて安定した賃金や安定した生活に求めようとしたのであった。

しかし、生活を長期的に安定させるはずの貨幣の保蔵は、全く逆説的なことに、この生活を決して安定させはしないのである。なぜなら、貨幣の保蔵は経済成長を生み出すからである。フォーディズムは、賃金と生活水準を絶え間なく向上させることによって、まさに間断ない変化を導入したのであり、結果として、「自由な個人」が求める「確かなもの」とは、不断の変化や絶えざる成長、向上する将来への期待に他ならなくなる。

ここに、絶え間ない現在の否定、今ある自己に安住できない自己、つまり永遠に不在の自己の探求、このいわば「私探し」としての無限の欲望が生じる。「確かなもの」は決して確かではない。それは絶えず流動し、浮遊し、変化し、しかも常に不在のものなのだ。得体の知れない焦燥、不安が、潜在的に「自由な個人」を衝き動かしている。大衆（一般的他人）と同調し、かつ他者より少しだけ抜きん出たいというささやかなエミュレーションが、この焦燥と不安の帰結であり、またそれを増幅する。期待を将来へ先送りすることによって焦燥のはけ口は未来へと先延べにされるのである。現代資本主義（アメリカ型資本主義）を基底で動かしているものは、時間軸の上に展延された焦燥と不安という心理的機制に他ならない。

II

「過剰性」のパラドックス

さてここできわめて重要なことを述べておかなければならない。それは次のことである。資本が無限の拡張運動を繰り広げている間に、いわばその水面下で徐々に危機が進行してゆく、ということがそれだ。それは決して目に見えず、そうとは意識されず、確実に不協和を作り出してゆく。

「自由な個人」は、もっぱら生活の向上を求め、ライフスタイルに込められた夢の実現を求める。これを可能とするメカニズムは、すでに述べたように、現在の欲望を禁止し、不在の可能性を将来に幻視させることによって現在の欠乏を意識させるというものだ。

つまり、自由な主体の意識においては、欲望はいまだに充足されず、したがって欠乏と不足が経済の根底を形作っているように思われる。彼にとっては欲望に対してその対象（商品）が欠乏しているように見えるのである。彼は、あたかも自己が欲望の主体であるかのように錯覚し、透視でもしたかのように未来から逆算して現在の欠乏を嘆くことになる。こうして、経済を拡張させているものは、主体からすれば正当にもともと存在した欲望であり、それと対比された現在の欠乏であると見なされる。こうして、経済はいつまでも希少性の領域にとどめられ、経済学は永遠に希少性の科学と見なされる。

だがすでに明らかなように、ここで実際に生じていることは、希少性どころか、いわば無限の、しかも過激なまでの「過剰性」なのである。

存在の「根」をもち得ないと感じる個人は、それ自体がすでに「余分な存在」である。むろんこれは何か価値判断を交えて言うのではないし、また通常言う意味での「余計者」ということでもない。彼は、自分自身の生の意味を、彼の生きている世界（それは、神や伝統や法や言語や隣人や説話や異邦人といった多様な意味の連環によって構成されたいわば象徴的秩序である）との関係で適切な形で納得させることができない。ある特定のことがらに対する使命感や職業意識、隣人や社会からの称賛、こうしたことから切り離された主体は、多かれ少なかれ自分自身を「余分な存在」と感受せざるを得ないのである。自分は一体誰かによって必要とされているのか、自分は一体この世界でどのような位置を占めているのか、こうした答えの出ない問いの前に彼は虚しく立たされる。その意味では現代人はすべからく、程度問題はあっても「余計な存在」なのだ。

そして、まさにこの「余計な存在」であり、自己を世界（象徴的秩序）の中に適切にはめ込むことができないがゆえに、現代人は、あたかも外部世界のどこにもありはしない自分自身を探し求めようとするように、欲望を先送りし続ける。存在の根拠が不在であるからこそ常に満たされない欲望がそこにあるかのように錯覚するのである。

こうして、現代の「自由な個人」は、まさに何にも拘束されない自由の中に置かれているがゆえに、自分は欲望の主体であると考える。しかも実際には、まさにその何物にも拘束されない自由のゆえにこそ、彼は欲望という錯覚に取り憑かれているのだ。ラカンが述べたように、自己（主体）というものはそもそも「余計なもの」であり、この世界（象徴的世界）の中には存在し得ないものであるとすれば、この場合、この錯覚された存在はあくまで「余計なもの」としてしか意識されず、一種のヴァーチャリティでしかない。

それゆえ、ライフスタイルなどというものが一種のヴァーチャルなものでしかないように、ここで消費活動は本質的にヴァーチャルなものである他なくなる。消費はもはや決して「生存のための闘争」でもなく、また真に希少な奢侈品へのブルジョワの密かな愛好でもなく、ただ虚しく自己を求める主体の欲望作用の結果であり、しかもその主体の欲望なるものはヴァーチャルなものに過ぎないからである。

そうだとすると、現代では消費はそもそもが「余計な活動」と言うしかなくなるだろう。現代人が、一方でいくらでも消費に勤しみながら、他方ではもううんざりだと感じている根本の理由はそこにある。だがそのことを理解できない自己は、まさにここに主体の自明性を錯覚して、消費を欲望の充足、希少なものの獲得、欠乏の克服と見なすのである。

だが、この錯覚によって資本の無限拡張が生じる。それはあたかも人間の無限の欲望によって牽引されたものであるかのように見なされる。しかし実際には、この資本の運動の背後で進行しているものは絶えざる「余計なもの」の産出に他ならない。主体はどこまで行っても不在なのであって、それどころか、不断に産出されるおびただしい商品の群れに囲まれて、われわれが自己の生をかろうじてつなぎ止め、その意味を確保しようとする世界（象徴的秩序）は、ますます不安定なものと化し、目まぐるしく変動するようになる。

こうして、われわれはますます「世界」によって振り回され、かといって無意識のうちに堆積された伝統的なものや慣習や信仰やらにすがりつくわけにもいかない。「神」は姿を消し、「偉大なもの」はいまだ到来しないのである。

かくて、経済の中に、消費生活の中に、意識を沈殿させて行けば行くほど、われわれはますます不安と焦燥にかられるようになるだろう。ますますわれわれ自身を「余計な存在」と感じるようになるだろう。やがては、商品の山からなる世界全体をさえ「余計なもの」であり、ヴァーチャルなものと感じるようになるであろう。しかし、それにもかかわらず、人々はそれを欲望の充足、欠乏の克服と考えるのである。あたかも希少性の原理にしたがって成長するかのように理解される経済の背後で、真に進行していることはこうした実はとてつもない「過剰性」の産出なのだ。(4)

ここに現代の資本主義の根本問題がある。深刻なパラドックスがある。そして戦後、先進国が、フォーディズムや大衆消費によって先導された「アメリカ型資本主義」を受け入れて五十年もたてば、この「過剰性」あるいは「余計なもの」はさすがにいくら等閑視し抑圧しようとしても、抑圧し得なくなってしまったと言ってよいだろう。

だが実は「過剰性」あるいは「余計なもの」とは、すでに繰り返し述べてきたように、資本主義の発生以来、繰り返し姿を現し、絶えず問題を突き付けてきた元凶なのであった。「過剰性」あるいは「余計なもの」が、二十世紀の世紀末に再び回帰してきたわけである。あるいは、アメリカ的資本主義の展開の中で隠蔽されていた「過剰性」の問題が再び露わになりつつある、と言ってもよいだろう。それゆえ、この論の最後に、まさに今日の資本主義における「過剰性」「余計なもの」の問題に触れておかねばならない。

ケインズの見た変換

最初に述べたように、ケインズは、資本主義が高度に発展した段階で生じる最大の問題は「退屈」だろうと「予言」していた。そして、われわれは今、まさにケインズがスケッチしたこの将来の経済問題の前に立たされている。ケインズの不吉な予言は、基本的な問題としてはまさに現実のものとなりつつある。

だがさらに言えば、それは、今世紀に始まった「現代資本主義」全般の問題であった。なぜなら、ここでケインズが述べているのは、まさに今日では、経済活動がすべからく「過剰性」の相のもとに放置されざるを得ないということだからである。全般的な「過剰性」こそが、現代経済の基本的な問題となっている。資本主義的な経済活動そのものがあらゆるものの「過剰性」あるいは「余分性」の中で行われ、しかも「過剰」であるがゆえにこそ、資本主義的な活動の無限の拡張が生じるということなのである。

差し当たり、ケインズが問題とした「過剰性」から見ておこう。ケインズは、現代の資本主義が絶えず消費に対して過剰生産に陥ることを問題とした。(5) そしてこの過剰生産を作り出す点にこそ貨幣の作用があると見なした。なぜなら、このメカニズムを引き起こすものは、まさに人々は貨幣を、価値を増殖する資産として保有するという事実に他ならないからである。

もしも人々が、手にした貨幣をすぐにモノを買うために使えば、生産されたモノはすべて販売されることとなる。また家計や企業家の過剰な貨幣がすぐに新たな生産のための投資に回れば、社会的な貯蓄は常に投資され、市場は常に均衡する。つまり貨幣がただ交換の手段として使われているだけなら、市場は常に均衡し特別な問題は生じない。この世界では過剰生産は生じない。したがって、失業も生じない。

だが人々が貨幣を資産として保蔵すればどうなるか。あるいは資産価値を増加させるために金融市場で運用すればどうなるのか。そのときには貨幣は生産されたもののすべてを購買するものとしては流通しない。しかも、企業家の意思決定である投資が、社会に存在する貯蓄をすべて吸収するという理由はどこにもない。投資を決める最大の要因は将来の経済状態の予測に基づく予想収益率であり、これは、個々人の資産選択の結果である貯蓄の大きさとは何の関係もないからである。そうすると、人々が資産選択の結果、貨幣を大量に保蔵したり、絶え間なく資産投資として運用したり、かつ企業の予想収益率が低下したりすれば、間違いなく過剰生産状態が生じる。

言い換えれば次のように言うこともできよう。ケインズが述べたように、将来の状態は全く不確定で確率的な計算さえ許されない不透明なものだとすれば、この場合、もはや「神」からも「共同体（伝統）」からも見放された「自由な」人々は、この不確定な状況において、生活の不安を感じないはずはないであろう。そこで「不安」を一時的にも回避するために、人は貨幣を資産として保蔵し、また金融資産に運用しようとする。貨幣の保蔵は「不安を落ち着かせるため」であり、それゆえ「われわれが金銭を手放すさいに要求する手当（利子）は、まさにこの不安の尺度となる」（ケインズ『雇用、利子および貨幣の一般理論』）。

これこそが、もはや「脱大地化」してしまった今世紀の中間的大衆層の合理的自己防衛である。今日、もっぱら企業や市場経済に依存した形でしか生を組み立てられない「自由な個人」は、まさにその自由のゆえに不確実性にさらされ、「確かなもの」が存在しないという感覚をもたざるを得ないからだ。「不安」こそが貨幣という存在の基底にあり、それがために経済は過剰生産に陥るのである。

このとき、不況が襲い失業が生じる。言い換えれば、モノだけではなく人も過剰となる。自らを、社会的には「余計なもの」としてしか表徴できない人々が生じる。失業者とは単なる経済統計上の事実ではなく、自己の尊厳を社会の中で確認できない「浮遊する」存在なのである。「不確かさ」「不安」「貨幣」「過剰生産」「余計なもの」、これらは明らかにひとつながりの脈絡において理解されるべきことなのだ。ケインズが見ていた世界はこうしたものであった。

ここに、アダム・スミス以来の自由競争的な古典的資本主義から、現代の資本主義への転換がある。言い換えれば、古典的なセイの法則の世界から、ケインズの有効需要の理論の世界への転換があった。そして、この転換において決定的な役割を果たしたものは、経済の核心に「貨幣愛」というものがある、という認識なのである。この認識に到達したとき、ケインズ自身は必ずしも意識してはいなかったにもかかわらず、二十世紀の経済を理解する上で決定的な論点に遭遇していたと言ってよい。

過剰性を生み出す貨幣愛

周知のように、ケインズは現代の管理通貨制度の理論的な支柱を与えたとされており、その理由の一つは、金本位制度に対する批判にあったとしばしば指摘される。確かに、金本位制度に対するケインズの攻撃は終生一貫して手厳しいものであった。彼は金への愛好、つまり「呪うべき黄金欲」こそが「貨幣愛」を典型的に示すものであり、金の愛好が、貨幣を流通から脱落させて経済の成長を阻害すると言う。

ここでケインズが問題にしているのは、金＝貨幣がもつ精神分析的な次元にまで踏み込んだ「黄金欲」であり、重商主義的な、あるいはジョン・ロー的な夢想を基底にした「貨幣愛」であった。貨幣＝金はそれ自体の象徴的価値のゆえに人々の無意識の権力欲の代用となる。こうしたいささか非合理的な「呪術的思考」を排すること、ここに合理的で理性的な貨幣の管理という思想の一つの意味があったことは間違いない。管理通貨制度とは、貨幣から一切の呪術性を排除しようとする「近代」の不可欠の試みである。

だがもっと重要な点はそこにあるのではない。貨幣が「呪術的思考」の罠に陥って流通から脱落することが真の問題なのではない。そうではなく、貨幣がただ貨幣と交換され、貨幣のみのシステムの中で流通し、そのことによってまさにそこにヴァーチャルな価値が形成されてしまうこと、そのことこそが真の問題なのであった。つまりあのジョン・ローの錬金術的な合理的詐術が、この「呪術からの解放」のさなかに回帰してきたということである。

例えば、重商主義者たちが貨幣＝金という等式に立って「貨幣こそは富である」と言ったとき、彼らは、貨幣こそがあらゆるモノの価値を代理するという貨幣の象徴性を暗黙裡に表明していた。ここでは、貨幣は一般的な等価物としてあらゆるモノの価値を代理《リプリゼント》＝象徴するのである。その意味で、貨幣は、モノの世界から象徴的に超越しつつも、モノの世界に対して対応をもっていた。金銀という世俗性（モノの世界）と超越性（象徴の世界）の両義性を兼ね備えた独特の存在物があって初めて貨幣が効果的に貨幣であり得たのは、まさに、貨幣そのものがこの二重性をもっていたからである。

だが、充分に組織された金融市場におけるマネーゲームの世界では、もはや貨幣はモノの価値を代理するものではない。貨幣はいわばそれ自身の分身と交換される。株や債券との交換はともかく、外国為替市場においては、貨幣はそれ自体が多様な貨幣群（さまざまな通貨）に分割され、それらが交換される。価値は時間と空間の差異の利用の中からのみ発生する。ここでは、貨幣はいかなる意味においてももはやモノの世界に象徴性の拠点をもたない。貨幣と貨幣、あるいは貨幣と貨幣的なもの（金融商品）が交換される金融市場では、価値はもはや使用価値というような実体的なものへは回帰せず、したがってこのシステムの外部にある確かな基準をもたない。

この「確かな基準」を見失った世界で「投機」がなされる。価値は絶えず浮遊し流動し「確かな基準」をもたない。金融市場（株式市場や為替市場など）における「投機」は、この「確かなもの」つまり「実体的なもの」（生産や労働の効率や使用価値や有用性など）から切り離された世界で初めて可能となるのであって、ここに「投資」と「投機」の決定的な違いがある。両者はともに将来の不確定性を前提としているのだが、「投資」はその長期的な不確定性をマイナス要因として忌避しようとするのに対して、「投機」は（短期的な）不確定性をプラス要因として活用する。それゆえ、長期にわたって不確定性が支配する場合にはどうしても「投資」から「投機」への、つまり生産部門から金融部門への資本のシフトが生じる。ここにこそ経済を変調に、そして長期停滞に陥れる最大のアポリアがある。これがケインズの議論の核心の一つであった。

別の言い方をすれば、この投機的世界においては、不確かさからくる不安を鎮めるために人々は貨幣を保蔵するのではなく、一層の貨幣を得るためにそれを駆使するのである。不安から身を防衛するのではなく、不安から逃れるために貨幣ゲームに身を投じる。おそらく不安はここで無意識のうちに抑圧されるだろうが、このことが一層の不安を暗黙裡に呼び起こすこととなる。

「不安」の根源にあるものは、すでに述べたように、自己を確かなものとして確認できないという焦燥であった。それは言い換えれば、自己を映し出す鏡としての確かで象徴的な道具立てが見失われているということである。「神」「父なるもの」「伝統的価値」、生を意味付ける「物語」、他者からの確かな「承認」、こうしたものが確かな形で存在していない、ということだ。そしてそのことが、不在の自己の拠点を見出そうとする虚しくも無限の運動を呼び起こす。資本主義とは、まさにこの運動を欲望と生産の循環過程へと組織する機構であった。

したがって、いずれ資本主義の運動の根底には、存在の「不安」が横たわっている。この不安は、この世界における自己の絶対的な不在を暗黙裡に了解しているからこそ、この決して見つからない自己の不動点を、将来の「可能性」の次元へとそのつど送り出して確保してゆくのである。人は、その失望（絶望）を将来の可能性の中へとアリバイ化し、絶望を先送りにすることによって、根源的な不安から逃れ続けようとする。

貨幣は、このアリバイ工作に最も効果的に手を貸すのである。貨幣は欲望の充足を先送りすることによって、実に巧みに「可能性」を引き伸ばす。したがって「貨幣愛」はこの「可能性」の引き伸ばしに巧妙に加担する便利な心的装置となっているのだが、その結果として、過剰生産、過剰労働力、そして同時に無限に続く消費過程が生み出される。つまり「過剰性」が産出される。現代の経済では、絶え間ない過剰生産への圧力と無限の消費意欲が共存しているのだ。この両者は決して矛盾するわけではなく、同じことの二つの現れなのである。

欲望自体を追い求める欲望

だが、ここで事態をもう一歩先まで進めてみよう。貨幣の保蔵は、それでも将来に対する不安と将来の消費、つまり将来の「可能性」の実現を想定していた。しかし、無限に続く金融市場でのマネーゲームではどうなのか。ケインズが「投資」から区別した意味での「投機」においては事態がどう理解されればよいのか。

明らかに、投機的なマネーゲームにおいては、もはや将来の「可能性」としてさえ、貨幣はモノの世界へ戻ってくることを期待されてはいない。貨幣がその「流動性」を発揮し、貨幣と貨幣の間の絶えざる差異化が生み出す剰余価値のみがここでの関心となっている。貨幣は一層の貨幣を生み出すための手段であり、同時に目的である。手段と目的は同化し、貨幣それ自体が貨幣を追いかけることによってシステムは成立している。ニクラス・ルーマンが金融市場を「自己準拠的なシステム」と呼んだゆえんがここにある。貨幣は、もはやモノの世界を象徴するのではなく、自分自身を象徴し自分自身を追いかけるのである。

このシステムを動かしている心理はもはや「不安」ではない。自己が見出せないことに対する根源的な不安ではないのだ。それゆえ、欲望は将来の「可能性」へさえも向かわないのである。欲望はそれ自身を追い求めること、そのことを欲望していると言ってよい。欲望は可能性の次元においてさえ、モノという実体へ、したがって世界（象徴的秩序）へ回帰しようとは欲しない。ここではそのことの虚しさ自体がすでに気づかれていると言うべきであろう。このとき、欲望そのものがもはや過剰となってしまう。欲望は「確かなもの」（実体的なもの）へは向かわない。なぜなら「確かなもの」など存在しないことが、ぼんやりとではあれ、すでに気づかれているからだ。

ここまでくるともはや「自我」や「主体」というような観念は問題とはならないであろう。「主体の不在」とか「あらかじめ叩かれた主体」などという概念さえ問題とはならないだろう。不在であったり発見されたりすべき主体などというものそのものが、フィクションとしてでも適切には形成され得ない状況に直面しているのだ。まさにそれこそが「分裂症的」と呼ばれるゆえんであった。この「分裂症的」な意味における主体の崩壊あるいは未確立こそが現代の資本主義の自画像としてはふさわしいと述べた理由もここにある。

分裂症的資本主義においては、モノへ向かう欲望の無限拡張ということが主要な問題なのではない。欲望はもはやモノへは向かわないのである。欲望は欲望自体を追いかける。このことを最も効果的に示すのが投機的なマネーゲームであり、そのための装置が、さまざまな金融商品を駆使して資本を運動させる金融市場に他ならない。国境や人種や民族といったさまざまな切断面を越えてグローバルな規模に自由化された金融の流れこそは、現代の資本主義の分裂症的特質を最大限に指し示すものだと言ってよかろう。

そして、ケインズが、過剰生産（失業）をもたらす原因として最も重視し、かつ最も手を焼いたものが、このグローバルな金融市場における投機的マネーゲームだった。彼が、貨幣の管理を唱えた最大の理由もここにある。そして、ケインズの言う「不安」ではなく「退屈」こそが、このマネーゲームを支配しているのだとすれば、確かにここには、技術的管理の枠には収まり切らない、精神心理的課題があると言わざるを得ないであろう。

資本主義からの脱落者

さてここまでくると、われわれは、二十世紀のアメリカ資本主義の展開の中で隠されてきたあのテーマ、経済の歴史を貫いているあのテーマに再び遭遇することになるのではないだろうか。それは言うまでもなく、「資本主義」と「市場経済」の対抗と交錯というテーマである。

だが今日、新しい世紀に入り込んだわれわれは、それをもはや、新重商主義vs.新自由主義、あるいは新国民的資本主義vs.新ユダヤ的資本主義という具合に、使い古されたレトリックを復活させて論じるべきではない。問題なのは、市民社会に好意的な市場経済かユダヤ的金融資本かという択一でも対立でもない。そうしたものが回帰しているのではない。回帰しているのはもっと抽象的かつ根本的なものである。それは、〈固着するもの／浮動するもの〉〈生産的なもの／金融的なもの〉〈実体的なもの／シンボル的なもの〉〈確かなもの／不確かなもの〉〈不動のもの／運動するもの〉といった一連の対比によって示されるような何かなのである。言い換えれば、このような抽象的な二項対立こそが歴史を貫通しているものであったと言ってよいだろう。

戦後五十年ほどのアメリカ型資本主義の時代にはこの対比はうまく隠蔽されてきた。しかし、決して消え去ったわけではない。大量生産・大量消費、一国内部での市場の拡張、フォーディズム的拡大循環、制御された金融と国際資本移動、こうした条件のもとでの資本主義の展開は明らかに限界まできている。七〇年代初めのブレトンウッズ体制の崩壊や、オイルマネー、ユーロダラーによる金融のグローバル化、そして八〇年代の金融自由化や海外直接投資、九〇年代のグローバル・エコノミーというように段階を踏みつつ資本主義経済は新たな世界へ入りつつある。この中で、制度的に制御された調整様式をもつフォーディズムにしたがって経済を拡張することはほとんど不可能となった。こうして新たな「過剰性」のもとで、あの二つの類型の対比が再び意味をもち始めており、問題の焦点をわれわれは再定義しなければならないのである。

今日の経済を特徴づける一つのことがらは、グローバルな競争圧力のもとで、世界的規模での生産の過剰が生じていることである。これは一方で八〇年代の自由化の帰結であり、他方ではコンピュータ技術やインターネットを中心とする情報技術の展開の結果である。先進国から中進国へと拡大してきた産業化と場所の制約を取り去る情報技術のおかげで、世界的に広範な形で産業構造の同質化、消費生活の同質化、情報技術への接近が生じている。こうした中では、もはやグローバルな貿易システムは、リカードの比較生産費説のように調和的には作用しない。むしろ「戦略的貿易」あるいは「敵対的貿易」が生じるだろう。この過激な競争はグローバルな規模で激しいコスト競争を惹起せざるを得ない。

そこでその結果はどうなるか。相対的に高賃金(これがフォーディズムを支えてきた)にあった先進国での賃金水準の相対的低下と失業率の上昇、有効需要の全般的低下が生じる。要するに過剰な生産、過剰な労働力、そして過剰な資本が先進国のいたるところに生じる。そして、消費の全般的な低下と見通しの悪い将来予測の中で、過剰な資本は金融市場へと流れていくであろう。

かくして一方に、グローバルな金融市場を通した資本の、ますます拡大しかつ加速する流動があり、他方には、一国の枠の中で、あるいは特定の地域という場所性と結び付いた生活や生産にかかわる経済がある。概括的に言えば、グローバルな金融(そして情報)経済と、ナショナルなもしくはローカルな生産・生活経済の対立が生じることになる。こうして経済は、もっぱら競争と効率をめぐる「経済＝エコノミー」と、生存や生活をめぐる

「生計＝ライブリーフッド」へと乖離するだろう。

むろん今日支配的なのは、グローバルな金融・情報経済である。言い換えれば「資本主義」の今日的形態がそこでは支配的と言ってよい。そして金融工学と情報工学が今日の「資本主義」を推進する。この場合、決定的な問題は、今日のグローバル情報資本主義の核に「ユダヤ的」なものがあるかどうかではない。それより重要なことは、この「資本主義」は一方で大衆を動員し、「普通の人々」をそこに巻き込まざるを得ないということであり、また同時に他方でそうすればするほど、「資本主義」からの脱落者を生み出していくということなのである。

すでに述べたように、貨幣が貨幣を追い求める投機的マネーゲームの核心には分裂症的傾性が存在する。これはおそらく情報が情報を追い求めるという情報至上主義的な場面にも妥当することであろう。したがって今日の「資本主義」の成功者はいずれにせよ強く分裂症的傾性をもつこととなろう。それは、かつてのユダヤ的もしくはプロテスタント的な神経症とは対極にある。「神」を放棄し、「父なるもの」を否定し、「伝統的権威」を批判し、「コミュニティの規律」を喪失し、「脱大地化」してきた現代社会では、まさに分裂質的なものが制覇するだろう。

しかし、まさにその分裂質的なものに支えられた大競争の中で、勝者と敗者が分かれ、あるいはそもそもグローバルな大競争の世界から排除されたものが、たぶんおびただしい勢いで産出される。「資本主義」からも排除され、あるいはおのずから「資本主義」からの脱落を志願したものは、浮動する金融や流動する情報とは無縁なところに存在の確かさを求めようとするだろう。

むろん彼らは、「神」や「伝統」や「コミュニティ」を自明のものとしてそこに回帰するわけにはいかない。仮に「伝統」の重要さを唱えるとしても、ひとたび「脱伝統化」したこの社会においては、伝統とは意識的に「再伝統化」されたものである以外にない。「コミュニティ」についても事態は同じである。近代社会と二十世紀のアメリカ型資本主義は、すでにその自明性を掘り崩したからである。それゆえ彼らにできることは、何か別の回帰すべき価値を作り出すか、もしくはかつてのものを再構成しようと試みるかであろう。これはともに現代では困難な作業ではある。

だが問題は、経済社会の歴史を貫徹しているあの二重性というテーマに照らし合わせれば、「浮動するもの」「不確かなもの」の制覇の中で、いかにして「不動のもの」「確かなもの」を確保するかにこそある。「浮動するもの」と「不動なもの」、「不確かなもの」と「確かなもの」、この両者の節度ある対抗と均衡こそが課題だと言わざるを得ない。

「確かなもの」の必要

エマニュエル・トッドは『経済の幻想』の中で、グローバル経済を次のように批判している。(6) 経済のあり方を規定しているのは一種の社会的な「無意識の層」で、その層を形作っているものは、主として家族や共同体のあり方についての「人類学的な基底」(トッドの言う「人類学的無意識」)だと言う。この歴史的に形成されてきた人類学的基底が、それぞれの地域において固有の共同の信念(宗教的なもの、イデオロギー的なもの、思考習慣など)を規定し、それがさらに各地域の経済のあり方を規制している。それゆえ、「グローバル・スタンダード化」したような世界的市場経済などというものは存在せず、少なくとも国によってその経済構造や様式は違う。

これがトッドの議論である。だからトッドからすれば、例えばあくまで「個人の自由」に基づくグローバル市場も、実はアメリカ社会の無意識的な共同信念の実現に過ぎないということになる。

このトッドの議論は、本書の私の議論にとっても示唆的だ。それぞれの社会の基底には容易には変化し得ない「不動のもの」「確かなもの」が、ほとんど無意識のうちに、しかし頑として存在するというのがトッドの信念だからである。

今ここで、家族を軸にする人類学的構造をこの「不動のもの」の核心に置くトッドの仮説の妥当性について検討することはできない。不動のもの、不変のものを文字通り全く変化を受け付けないものと受け取るのも適切ではない。ただ地域的、歴史的な基底をもった共同の信念が社会の深層には存在するという考えそのものを否定することは難しいだろう。

グローバルな金融・情報のネットワーク、さらに直接投資を含めた資本の世界的な流動は「浮遊するもの」「不確かなもの」の系譜を継承する。しかし、経済の基底に、地域的、歴史的な「不動のもの」「確かなもの」が存在するとすれば、決して、いわゆるグローバル経済は実現しないこととともなろう。

金融革命とIT革命によって新たなグローバル資本主義が展開する時代の決定的な課題は、いかにして、それに対抗する「不動なもの」「確かなもの」を確保するかという一点に絞られてくるだろう。すでに述べてきたが、ここにあるのは、二つのタイプの経済というよりも、まずは「経済」についての二つの観念なのである。二つの経済が構造的に識別できるというわけではないし、二つの異なった経済が存在しているというわけでもない。にもかかわらず、ここには経済についての二つの考え方、捉え方の違いがあり、しかもそれは歴史的な背景をもったものなのである。ただ経済学はそのことを認識しようとはしなかっただけである。

重商主義に対してアダム・スミスの勝利宣言を行ったとき、経済学はこの二つの思考類型を経済に当てはめることを放棄した。しかも、逆説的なことに、スミスが本来、展開しようとした「確かなもの」に基づく「市場経済」を、一般論的に抽象化して「市場均衡モデル」なるものに変形し、その結果、一種のねじれが生じて、もともとスミスに発する「市場経済」についての理論が、逆に、重商主義に源泉をもつ商業的・金融的グローバリズムを支持する理論へと変わってしまったのである。

これは不幸な逆説である。もしも重商主義とスミスに示される対立が保持されていれば、経済における貨幣の意味理解も随分と異なったものであったろうし、経済と呼ばれる体系の中にある多様性、二つの類型の対立と交錯といった主題が決して見落とされることはなかったと思われる。市場中心主義の思考に支配されたグローバリズムが、これほどまでに席巻することはあり得なかっただろう。経済を動かし、支えているのは生きた人間であり、人間は存在の「根」を、共同社会に根差した「大地的なもの」に求めるという基本的なことを、これほど容易に忘れ去ることはなかっただろう。脱大地性と大地性への回帰という二つの異なったベクトルをもった運動が、生きた人間の作動する経済をさえ貫いている。その両面を見ることが必要なのである。

と同時に、九〇年代に入ってからしきりに唱えられるようになったグローバリズムという観念は、何もいきなり近年になって登場してきたわけではない。グローバルな次元でシンボル操作にかかわる経済活動と、国民生活の秩序、生産と生活、雇用にかかわる経済活動の間の対立は、すでに近代資本主義の成立以来のものだということも強調しておく必要がある。その意味では、ケインズ政策やフォーディズム的なアメリカ資本主義の展開に支えられてきた戦後五十年ほどの経済構造の方がむしろ特異なのである。いわゆるグローバル化は今に始まったことではない。

にもかかわらず、現代のグローバル情報経済が従来のそれとは異なっている点は、それがあくまで二十世紀の大衆社会、もはや「神」にも「伝統的価値」にも「コミュニティ」にも、そして「大地」にも、少なくとも自明性においてはその存在を委託できないような大衆の大規模な参加によって成り立っているということである。安定した、しかも共同の信念に支えられた象徴的な秩序という「確かなもの」の中に自己をうまく差し挟むことができなくなり、絶えず「確かな」自己を探し求める現代の「自由な個人」こそが消費を牽引し、それだけではなく、今やマネーゲームとインターネットも牽引しつつあるからだ。

だが「存在の不安」を抱え込んだ「自由な個人」という脚色された配役が、果たしてこのグローバルな金融・情報の市場競争というリアリティにどこまで耐え得るかは、全くもって未知なのである。「自由な個人」という暗示にかけられた役者たちが、市場という舞台の上で消費というヴァーチャルな演《だ》し物を演じている間にも、資本の生み出すあらゆるものの「過剰性」という現実の方は着々と進行してゆく。こうしたことがいかなる帰結をもたらすかを予想することは不可能に近い。確かなことは、グローバルな市場という蜃気楼のような舞台のヴァーチャリティを可視化するためにも、経済の基底にある「大地的なもの」―「確かなもの」を再発見すること以外に、当面、予測される破局を回避することは難しいだろうということだけである。

（1）J. M. Keynes, *Clissold*, 1927（「クリソルド」）。また本書に直接かかわるケインズの所論として次のものを参照。「我が孫たちの経済的可能性」（一九三〇年）、「自由放任の終焉」（一九二六年）、「ロシア管見」（一九二五年）など。「クリソルド」も含めて、これらは『説得論集』（『ケインズ全集9』宮崎義一訳、東洋経済新報社、一九八一年）所収。

（2）概括的に言えば、戦後、この課題、つまり企業で働く以外に生の安定を確保することのできない人々の職と賃金の安定をどう確保するかが先進国の課題となった。社会主義は一つの方法を提供し、イギリス等の西欧諸国が採用したのは、職業訓練やケインズ主義と結び付いた福祉主義であった。これに対して、日本は、長期的雇用慣行や安定した年功序列型賃金体系によって、この課題に対応したと言ってよい。いわゆる日本的経営の大きな利点は、強力な政府や福祉主義を採らずに、長期的な雇用と賃金の安定を達成した点にある。その結果、日本では膨大な中間層（サラリーマン層）が登場することとなったのである。

（3）D. Boorstin, *The Americans; The Democratic Experience*, 1973（ブアスティン『アメリカ人』（上・下巻）新川健三郎訳、河出書房新社、一九七六年）。ここでブーアスティンは、価格が固定化すること、および均一価格が成立することの重要性に注目している。均一価格の固定化によって、人々は価格の安い高いによってライフスタイルと組み合わされた、きわめて分かりやすく見やすい消費行動に導かれるのである。「固定価格は市場を民主化するのに寄与した」とブーアスティンは言う。「価格によって色分けされた新しい種類の商品」が次々と登場してくることはライフスタイルの形成にも決定的であったと言えよう。さらにブーアスティンは、アメリカ社会のいわば「発明品」として、「統計」と「広告」について論じているが、これも重要なことである。統計に基づく所得分類は、「生活水準の定量化」を可能とし、「アメリカ人は自分たちを所得額によって分類するのが性にあっていることに気づくだろう」と言う。そのアメリカ人の性癖をまさに顕在化させたのである。また広告は、ライフスタイルについての社会的イメージを提供することによって、確かにすべての人を消費者社会という「共同体」に誘い込んだのであった。

（4）資本主義経済が、本質的に「過剰性」の上に成り立っていることを、見事な簡潔さで透察したのは、言うまでもなくバタイユであった。未開人のポトラッチや中世人のゴシック建築のような、社会化された壮大な「蕩尽」をもはや執り行えない近代社会では、人間の生存を越えた過剰なエネルギーは、一部は奢侈や浪費として処理されるとしても（ときには戦争という大量破壊によって処理されるにしても）、一部は資本蓄積としてまさに社会に「蓄積」されてゆかざるを得ないのである。宗教的な「聖なるもの」を失った近代人は世俗世界の中で、本来なら「聖なる次元」に移行したはずの「過剰性」を処理しなければならない。資本主義はそれを先送りすることによってむしろ、過剰性を膨らませてゆくのである。G. Bataille, *La Part Maudite*, 1949（バタイユ『呪われた部分』生田耕作訳、二見書房、一九七三年）。またバタイユの「消費の概念」と題する論文（一九三三年）は、ほとんど全く異なった視点からのケインズ理論の先取りとも言えよう。

（5）ケインズの問題とした長期不況の状態を、「過剰生産」と呼ぶことは経済学者の批判を呼ぶだろう。経済学的な見解からすれば、長期停滞の原因は過小投資にせよ過小消費にせよ、いずれにせよ有効需要の過小にある、と理解するのが通例だからである。確かに、完全雇用、完全操業を実現するだけの有効需要水準からすれば、現行の総需要が小さすぎ、デフレ・キャップが発生しているのである。デフレ・キャップが発生している経済では、有効需要が過小だというのが経済学の理屈であろう。だが、ここで言っている「過剰性」あるいは「過剰生産」とはそのような意味で述べているのではない。価格メカニズムのようなメカニズムが作用しないとき、有効需要は完全雇用水準の生産まで達しないことが問題なのである。投資の過小にせよ、消費の過小にせよ、ともかくも現行の、つまり現在の社会的生活を維持し（そこには現行の価格体系も含まれる）、企業活動を引き起こそうとする投資意欲に対して、生産能力が過剰となっているのである。人々の消費活動や企業の投資意欲に対して生産能力が過剰となっていることが問題なのであって、その結果として失業が生じるかどうかは本質的なことではない。むしろここでは、失業が生じることそのものが「過剰性」の表現と見るのである。ケインズ自身は、主として投資意欲の低下が長期経済停滞の原因だと見ていた。そして、この不況はいわゆるケインズ政策によって脱出できるとしても、長期的にはほとんどゼロの利子率に対してさえも、純投資がきわめて少ししか行われないような状態が来るだろうと予測している。そうだとすれば、今日、経済活動は明らかに「過剰」な水準に入りつつあるということだ。先進国は戦後、ケインズ政策によって政策的に有効需要を作り出して完全雇用を確保してきた。だがそのこと自体、政府の人為的介入がなければ、経済活動はもはや「過剰」となっていることを示している。ここで「過剰性」と呼んでいるのはそういう意味である。また、できれば私の『ケインズの予言』(PHP新書、一九九九年)を参照されたい。

(6) E. Todd, *L'Illusion Économique*, 1998(トッド『経済幻想』平野泰朗訳、藤原書店、一九九九年)。トッドがここで採用している考え方、つまりフロイトの「意識」「前意識」「無意識」の区別にしたがって、人間の意識的な営みである経済の背後に、「文化的下意識」そして「人類学的無意識」が存在するという考え方は、方法論的には疑問を呈されるだろうし、また文化決定論、あるいは構造決定論という批判が出されるだろう。だが、ヨーロッパのいわば人類学的地図を描き分けるとでも言うべき、彼の大作 *L'Invention de l'Europe*, 1990(トッド『新ヨーロッパ大全(Ⅰ・Ⅱ)』石崎晴己・東松秀雄訳、藤原書店、一九九二〜九三年)がこの下敷きになっていることを考えれば、決して思いつきでもなければ、強引な議論でもないことは明らかである。アングロ・サクソン的な「個人主義的資本主義」とドイツや日本的な「直系家族的資本主義」という対比は、一層の検討や検証の余地はあるものの、重要な論点であると思われる。

終章　「大地」と「世界」の抗争——結論的覚え書き

「作品」としての経済

ハイデッガーは「芸術の起源」という論文において、芸術作品とは一体何であるのかという問いを発し、これに対して次のように思考を進めている。まずは、芸術作品は、われわれにとってある独特の「物」として現れてくる。だが芸術作品をある特有の「物」と考えることはできるであろうか[1]。

ただしこの場合、「物」とは三つの性格をもっている。第一に、芸術作品としての「物」は、例えば絵画のように、さまざまな「何か」を表現し、そこに何らかの意味を指し示すとわれわれは通常考える。要するに、ここで「物」とは、それが表すさまざまな意味作用、つまり諸表象の担い手として理解されているわけである。第二に、例えば絵画は視覚に訴え、音楽は主として聴覚に訴える。そこで一般的に言えば、芸術としての「物」は、それが訴えかける多様な感覚の統一と理解することができよう。また第三に、芸術作品は、質料と形態の統一ということも可能である。色、堅さ、音といった感覚的なもの、そして素材や材料は「物」の質料であり、芸術作品とは、この質料に形を与えたものである。つまり「物とは形相化された質料である」と言うことができよう。これらは、比較的容易にわれわれの常識に訴えてくる理解だと言えよう。ところが、ハイデッガーは芸術作品のこのような理解をきっぱりと退けるのである。

では芸術作品の意味はどこにあるのか。それを、ハイデッガーは「大地」と「世界」の争いを切り開き、指し示す点にこそある、と言う。

ここでハイデッガーが述べようとしていることを正確に要約することは難しい。そこで私なりに砕いて述べればおおよそこういうことになるだろう。例えば、ここにヴァン・ゴッホの描いた農夫靴の絵がある。この絵を見て、われわれは、まずは農作業に繰り返し繰り返し使われた農夫靴の確かな感触を見る思いがするだろう。あるいは、農夫の生活の匂いをそこに嗅ぎ取るかもしれない。そしてこうしたことはまさに農夫靴の「道具性」のもつ確かさを媒介として立ち現れている。そしてそれが「道具」であるということはまぎれもない事実である。だが道具としての確かさという感触は、本当のところわれわれに何を指し示しているのだろうか。

道具としての靴の背後には、この靴がまさに道具として使われる確かな地平がある。この堅牢でびくともしない靴の背後には、風の吹きすさぶ耕地とそのはるか彼方にまで伸びる畝、粘り強い足の運び、降りてくる夜のとばりと野道の索漠が広がっている。そしてさらに言えば、それは労働を後にしたささやかな安楽や質素なスープ、やがてくる収穫、貧困に打ち克った喜び、といったことをも暗示している。つまりここで示されているのは、一方で、農夫の作業がその上に据えられている「大地」であり、他方で、農夫がその上に作り上げている生活と活動の「世界」なのである。

靴という「道具」がここで明らかにするものは、靴を道具たらしめる「大地の黙然たる呼びかけ」に他ならない。靴は、ただ有用性をもっているから靴という「道具」なのではなく、まさに道具として、この「大地」と「世界」に見事に「安らう」からこそ道具なのだ。「この道具は大地に帰属し、農夫の世界の中に守られている。道具それ自身は、この守られた帰属から立ち上がり、それ自身の内に安らう」。靴という道具は、ただ有用だから道具になっているのではなく、農夫が立つ「大地」と彼の「世界」の中にまごうかたなきやり方で適合し、慣れ親しんだ存在となっている、と言えよう。ハイデッガーはこのように言うのである。この慣れ親しんだ存在となること、そのことを彼はまた「信頼性」とも呼び、次のように書いている。

われわれは、この本質的な有ることを信頼性と名づける。信頼性のおかげで、農夫は、こうした道具を通して大地の沈黙の呼びかけの中にはめ込まれている。道具の信頼性のおかげで、農夫は自らの世界を確信している。

ゴッホの農夫靴の絵がわれわれの前に指し示すのはこのような地平なのである。それは差し当たりは農夫靴という道具でしかない。しかし、この道具の有用性は、ただその農作業のさなかで示されるのではなく、「大地」と「世界」の中に信頼性を確保し確かなものとして存在することによって初めて現れてくる。こうした農夫靴のあり方こそが、農夫靴が真にそうであるところのあり方に他ならない。

言い換えれば、ゴッホの一枚の農夫靴の絵は、まさに農夫靴が真にそうであるあり方を「空け開く」のである。「空け開く」とは、日常の中で何かに覆われてしまい、もはや忘れ去られ、気づかずにいるものを、あたかもその覆いを取り外すようにして「明け透く」ことである。それは、覆いを取り去る、つまり事物を「不伏蔵態」にすることである。われわれが今日「真理」と呼んでいる観念の本来のギリシャ的概念である「アレテイア」が、この場合の「覆いを取り去る」つまり「覆われていないこと」を意味することを想起すれば、ここで「空け開く」とは、まさに「真理」を指し示すことに他ならない。ゴッホの絵は、この意味で「真理」を指し示すと言ってよいだろう。それは、「大地」と「世界」における存在の固有のあり方を指し示す。その意味で、ここで芸術作品は真理を起生せしめるのだ。

同様のことはギリシャの神殿を見ても分かるだろう。神殿においては道具的有用性は一層背後に退く。その代わりそこでは「大地」と「世界」の関係はさらに明瞭にせり出してくる。神殿を前にしてわれわれはすぐにその場所にまつわる神話や世界観を想起することができよう。ここで神殿という作品は、神、宇宙、誕生と死、災難と祝福、勝利と屈辱といったこの「世界」を指し示す。それは神話や聖なる次元、そして民族的記憶に結び付いた世界を「空け開き」、そこに開かれ、広がった連繋を示す。神殿は、上に向かって開かれた「世界」を想起させる。しかし、そのことを、神殿はまさに「大地」の上で、つまり一定の記憶と歴史に固着された場所へと回帰させ、そこに停留しつつ行うのである。要するに「神殿という作品は、現に立ちつつある一つの世界を空け開くと同時に、その世界を大地の上へ立て返す」のだ。

ここで「世界」と「大地」は相補的であるとともに対立もしている。「世界」が常に空け開くことを本質とするのに対して、「大地」は常に、それを中に引き入れて保持しそこに閉じ込めようとする。この意味では、「世界」と「大地」は絶えざる争いを繰り広げ、この争いは、〈開け／閉じ〉〈流動させ／固着させ〉といった対立する契機をめぐってなされる。と同時に、両者は本来的な意味で相互的である。なぜなら世界の空け開きはあくまで大地に根差し大地の上でなされるからであり、「世界は大地の上に自らを創基し、大地は世界にくまなくそびえ立つ」からだ。このことをまた彼は次のように述べている。

大地は世界という空け開いたものを欠くことはできない。他方もし、世界がすべての本質的な命運を主催している広がりと軌跡として、自らをある決定されたものの上に創基すべきであるならば、世界は大地を離れて浮動することはできない。

「世界」と「大地」は、こうして相争うのだが、その争いそのものが、「大地」の上に

「世界」を屹立させることによって可能となる。「大地」は「世界」をもたなければ、そもそも「大地」として意識されることはなく、また「世界」は「大地」を離れてしまってはほとんど意味を失ってしまう。「世界」は「大地」の上に自らを空け開くことによって、それは「大地」と抗争するのである。そしてそのことを指し示すのが芸術作品に他ならないのである。

芸術作品における真理の生起とは、結局「世界と大地の間の争いを引き受けること」に他ならず、それはとりもなおさず、芸術作品が、真理の根底をなす、この「根源の争い」を明るみに出すことができるからなのだ。作品とは、大地の上に一つの世界を創立し、そこに存在の「不伏蔵態」、つまり覆いを取り外されたものとしての「真理」を明け透くものなのである。その意味では、芸術は決して日常の有用性の中に解消されるものでもないし、便利さと快適さの中に人をまどろませるようなものであるはずもない。作品とは、むしろ、日常の快適さや便宜の中に裂け目を入れ、便利と快適という功利を引き裂き、裂け目に直面した人間の実存的なあり方を突き付けるような形態を生み出すものなのである。だが、同時にこの実存は、宙に浮いた身軽な自由さなどとは無縁な、確かな存在の根底を改めて想起させるようなものでなければならない。このとき作品は、空け開く「世界」と、その世界を定立するはずの「大地」の両方を、その対抗を指し示すこととなる。

これがおおよそハイデッガーが述べていることである。さて、ここに要約した議論は、むろん、芸術作品の本質をめぐってのものなので、本書の資本主義論とは何の関係もない。経済の世界を論じる語法と芸術作品についての議論は全く別のものであろう。だがそのことを了解した上で、あえてカテゴリーの混同を厭わずに言えば、ここでハイデッガーが提示した「世界」と「大地」の争いというテーマは、本書の資本主義論と全く無関係とも思われないのである。

この場合、無関係でないとは、差し当たっては、ハイデッガーの議論の組み立てが、われわれの資本主義理解に一定のヒントを与えてくれるというぐらいのことだと言ってもよい。だが、もう少し踏み込んで言えば、経済活動さえも、ある観点からすれば、広い意味で「作品」（芸術という言葉は外しておこう）として論じることが可能なのではないか、という思いを私は払拭することができないのだ。

ギリシャ人にとって、国家《ポリス》は「作品」であった。これはハイデッガー自身も述べ、またアレントも述べていることである。とすれば政治とは作品を創造する活動であり、それゆえ政治は、まさしく「大地」と「世界」の抗争と調和を演出せざるを得ない。この抗争と調和の中で、政治はまさしく日常の中で覆われてしまった「真理」、つまり国家や民族の歴史的運命や使命といった観念を引き出し、そうした観念に関与せざるを得ない。

確かにこれは、民族の歴史的使命などという観念をあまりに安易に呼び起こすという意味ではファシズムとある種の親和性をもち、多くの者が指摘したように、ハイデッガー的な政治理解がもたらす危うさもある。だが、それが危険であろうがなかろうが、政治が、「大地」を引き受けた上で、その基礎のもとに「世界」を造形するという「作品」の創造にも似た精神を不可避にはらんでしまうということは否定できない。

これと比較すると、経済はどう見ても「作品」と呼ぶことは難しい。そこには芸術家の意図や政治家の意志のような作為的な精神作用が介入する余地はほとんどないし、まして、スミスからハイエクへと至る市場経済の理解は、いかなる意味であれ、市場は決して人為的、意図的構成物ではないと主張しているのである。市場経済は、何の意図も歴史的目的もなく、自生的に形成されてきたものだという。

だが、「(神の)見えざる手」という言い方を引き合いに出すまでもなく、経済は一つの秩序を生み出してきた。人為ではないが、それゆえにより一層大きな何物かが生み出す秩序をそれは経験してきた。スミスが暗に述べたことは、市場は人間の意図などというささやかで頼りないものを越えたもっと偉大で確かなもの、つまり「神」や「自然」の「作品」だということである。そしてそこにウェーバーが付け加えたことは、この「神の作品」の目に見えない地下には、宗教から罪悪感までを含めた人間の精神心理の、ほとんど無意識の作用が横たわっているということであった。

そもそも「作品」は、本質的には、人間の意図や人為によって作り出されるものではない。たとえ、一見したところ、作品が人間の人為の所産のように見えるとしても、それが

「覆われているものを取り外す」つまり「不伏蔵態」である限り、「作品」をより深いところで規定しているものは、覆われて背後でうごめく隠された何かなのだ。人間の意図や人為など、ここではさして重要ではない。作品を生み出そうという人間の固有の強固な意志なるものは、ただ、その覆われてある何物かに接近し、それに即してその作用を「明け透く」助けを行う限りで意味をもつ。もしくはその「覆っているもの」に戦いを挑みつつ自然を切り取り、無の空間を造形し、そこに自然の隠された作用を描き出したときにのみ意志として存在することになる。実際に意味をもつのは意志そのものではなく、意志を有能な侍女として、自らを露わにしてゆく「覆われてあるもの」の方なのであり、それが「不伏蔵態」として空け開いたものだけがここでは問題となる。

とすれば、さまざまのバラバラで統率のとれない無数の小さな意志が、乱流のようにして衝突し合いながらもそこに秩序が見られるとすれば、そのような秩序こそは、秩序を「作品」として理解することが可能である証拠となるのではないか。そしてこの経済の秩序を、秩序として取り出し、その作用を「空け開く」ものは実際には政治的な意志なのである。決して市場は、文字通り自由に放任されるという意味で自生的に形成されるわけではない。とりわけ今日の経済は、序論でも述べたが、決して自生的に展開するというものではなく、むしろ、経済を動かしているいわば見えない作用を、いかにして政治的な意図のもとに有効たらしめるかこそがテーマなのである。とすれば、経済を人間の意図と潜在的な秩序化の相互作用が生み出す「作品」と見ることは全く不可能でもなかろう。むろんこれが、「作品」という概念の規律を無視したいささか強引な用法であることは承知の上でのことではあるが。

だがこのことにこれ以上こだわるのはよそう。ここでハイデッガーの芸術論を引き合いに出したのは、ただ、経済という「作品」においてもやはり、「大地」と「世界」の対立と調和ということこそが決定的なテーマとなっていると言いたかったからに過ぎない。

「世界」と「大地」の抗争としての経済

この書物で繰り返し私が論じてきたことは、経済という舞台における二つの要素の対抗と均衡ということであった。一つは、グローバルな金融や商業、情報にかかわる活動であり、端的に言えばグローバルなシンボル・エコノミーであり、他方は、特定の場所（地域、国家など）を基盤とした生産と生活、そしてそれにかかわる交換を軸にする活動である。前者が、貨幣による交換モデルから出発するのに対して、後者は土地と生産のモデルから出発する。それゆえ前者が、貨幣をいかに獲得し、いかに流通させるか、またいかにして貨幣的価値を増殖させるかをテーマとするのに対して、後者は、土地の改良、労働と生産の効率、その上での生産物の効果的な交換と生活の安定をテーマとする。

この二つの活動を区別する、もしくは区別しなければならない論理的な理由はまた次のように述べてもよかろう。

通常の場合、経済学は人間の生存と生活の必要と、これに対する資源の希少性から出発する。そうすると次のような理解が出てくる。本来、人は土地に働きかけて必要物を生産し消費していた。しかし、一方で余剰が生じ、他方で欠乏が生じると、ここに交換が始まる。それゆえ交換はもともとモノとモノの交換であった。ところが経済の発展とともに交換が大規模化し、一般的な意味で資源が希少になってくると、ここに貨幣を使った交換つまり市場が成立する。そしてひとたび貨幣が登場すると、市場交換はさらに拡張し、人々はただ必要物だけではなく直接に生産や生活の必要に直結しない奢侈品や、新奇なものをも、希少性の原理に基づいて交換する。こうして経済は、自給経済、物々交換経済、生産と市場交換経済、貿易を含む大規模商業経済へと展開してゆく。おおよそこれが経済の展開に関する通常のロジックである。

ところがここに重要な問題がある。それは、なぜモノとモノの交換の体系の中に貨幣が登場するのか、ということだ。一体、貨幣はどこから登場するのか。これはモノとモノの交換というロジックの中からは出てこないのである。そこでこの場合、貨幣は「外部」からもたらされたという他ない。つまり、必要物質を生産し交換する局地的な市場の「外」から貨幣は導入された、もしくは侵入したという以外にない。ということは、この局地的な生産・交換の市場の外に、あらかじめ貨幣が流通しているもう一つの別のタイプの市場が存在することになる。そしてこの市場は、生活の必要物資の生産・交換にかかわるものではない。

ここに、貨幣という資格で金銀が流通し交換される大規模な市場が想定されざるを得ない。ここで交換されるのは、生活の必要という観点からすれば「余計なもの」であり、しかもそれが嗜好される場所では生産されないもの、つまり奢侈品、貴重品、新奇なものである他なかろう。それゆえ、当然ながらそれらは、その場所では生産不可能で、他の場所からもってくる以外にない。ここに、生産と生活の必要に基礎づけられた市場交換とは原理的に異なった市場、貨幣（金銀）と「余計なもの」が交換される国境を越えた商業活動、要するにシンボリックなものの交換にかかわるグローバル市場が存在しなければならないことになる。

こうして、市場交換には二つの異なったロジックをもった二つの類型を区別できる。この二つの経済のロジックは原理的に異なったものであるが、両者がなければ大規模な市場経済は成立しないのである。

ここに二つのタイプの経済活動があり、二つのタイプの経済の考え方がある。本書の言葉では、この両者を、それぞれ〈物財交換モデル〉と〈貨幣的交換モデル〉と呼んでおいたが、この二つのタイプが存在するのは、歴史的事実というよりもまずは論理的な帰結なのである。実際の経済にあっては、この二つの類型が〈対立／均衡〉を生み出し、そのことによって経済の変動しつつある秩序を作り出してゆくと言ってよかろう。経済における最も興味深い現象は、それが決して、常に安定して均衡した秩序としては理解できないと同時に、また、ただ変動と同様を繰り返していくカレイドスコープのようなものとしても理解できない点にある。市場経済は絶えず変動しつつ秩序をもっている。言い換えれば、ある状態を絶えずつき崩し、変動・流動させ拡大しようとする力と、諸活動を一つの場に収斂・固着させ、不動のものにしようとする力の二つの力が作用しているのだ。ここに経済という世界の最も興味深い現象がある。現実の経済は、この二つの力の対抗と均衡の結果であると言えるだろう。

ではこの〈対抗/均衡〉を生み出す二つの力とは何か。それを、あえてハイデッガーの言葉を拝借した上で、私は「世界」と「大地」の対抗と均衡と言ってみたいのである。この二つのものの対抗と均衡として「経済」を描き出すことが、本書の基本的なテーマであった。

「世界」において、経済活動は絶えず拡大し、新奇なものの価値を新しく開拓し、流動を求め、無限に価値を増殖しようとする。ベンチャー的な投資は、隠されていた利潤機会を暴き出し、そこに経済世界があることを開示する。投機は、のっぺりとした経済の時間・空間の中に、文節化された裂け目があることを知らしめ、価値を生み出す世界を切り拓く。未知の利潤機会を求める商業活動は地球の果てまで「世界」を開こうとする。押しとどめるもの、固定しようとするもの、隠そうとするものは、ここでは活動への阻害と見なされる。無限に天へと伸びることを目指した中世のゴシック教会のように、ここでは、価値は無限に空間的に増殖しようとする。

確かに経済活動において、世界はゴシック教会のように可視的ではないが、地球規模の不可視の空間の中で、価値の無限の増殖という形において世界は開き示されるのである。情報ネットワークや地球上のあらゆる地域を結ぶ金融市場は、目に見えない世界のありさまを開示する。しかしまた、実際に、世界のあらゆる都市を覆い尽くす類似した消費社会の様相、世界のマクドナルド化と呼んでもよい均一のものの浸潤、高層建築群、巨大産業と化した映像文化、こうしたものは、目に見える姿をとって「世界」というものの様相を指し示す。グローバルな資本が今日生み出した都市の形姿や消費文化は、明らかにそこに「世界」を開示している。

だが、「大地」はこれとは対極にある。長い年月にわたってほとんど変化しない風景、農耕地と溶けあわされた生活、地域の特性の上に育った文化、安定した雇用と生活、安堵を与える人間関係。つまり、安定したもの、確かなもの、慣習的なもの、対面的な人間関係、慣れ親しんだもの、こうしたものが「大地的」なものである。そしてこの大地的なものの上に、多少の経済変動によってはびくともしない生産の集団的な組織化、安定した雇用、着実な生活、信頼できる人間関係や長期的な取引、特定の地域や共同社会と不可分な小規模な生産や商業といったものが存在する。

ここで中世のゴシック教会と現代の都市の巨大高層ビルを際立って引き離すものは、ゴシック教会があくまで「大地的なもの」の上に立って造形され建造されるのに対して、現代の巨大高層ビルは「大地的なもの」の排除の上に立って建設されているということなのである。ゴシック教会は、まさにそこになければならない。ゴシック教会においては、「大地」と「世界」は対抗しつつも均衡している。「世界」は「大地」の上にそびえ立っている。しかし、現代の高層建築では、「世界」は「大地」から切り離されて、つまり「脱大地的」なものの上に構成されている。鉄筋とコンクリートを組み立てることによって建設される現代の高層建築は、その資本にせよデザインにせよ素材にせよ、いかなる場所にも移し替えることができる。それは、根をもたず、根をもたないがゆえに世界において普遍的と見なされ、あらゆる場所に輸出され、その結果、あらゆる場所から場所性(大地性)を奪い取ってゆく。

そしてこのような脱大地的な普遍性、大地から切り離された世界性の最高位に「貨幣」がある。ちょうど中世のゴシック教会が、その内部に価値のヒエラルヒーをもって価値を管理する司祭を擁し、その無限の上方に神をもったように、現代の経済の高層建築のヒエラルヒーの最高位には貨幣という司祭が鎮座し、貨幣を通してあらゆる価値は管理される。また貨幣を通して、これに魅入られた者は無限の価値の増殖を求めて金銭という神《マモン》に接近しようとする。

ところが、貨幣によって建造され金メッキで飾られた教会という現代の「世界」には、その「世界」が落ち着くべき大地がない。中世教会には、その足元には「大地」があり、この「大地」には、教会を支える人間たちが存在した。彼らは、特定の刻印を押された場所に住み、そこに「住む」ことによってむしろ、神という普遍を開示しようとした。これに対して、現代の高層建築の経済においては、それを支える「大地」は見えない。シンボリック・マネジャーなどと呼ばれる国際ビジネスマンや金融マンはもはや大地に根をもっていない。彼らは、電子化されたヴァーチャリティという「脱大地化」した世界の中を走り回り、自らを絶えず流動するものと規定して、特定のローカリティへの執着をあっさりと放棄したがゆえに世界《コスモポリタン》的であることを演出する。だが、まさにこの世界性のゆえに、彼らはどこへ行っても真の普遍性には出会わないのである。どこまで行っても同じだということは、どこへ行っても局所的なものに捕らわれているということだからだ。いや、ここではもはや局所的／普遍的という概念装置そのものが意味をなさないのだ。

「大地」と「世界」の抗争と均衡というテーマは繰り返し論じられてきたし、また、ちょうど芸術においてある種の「作品」が、この二つのものの抗争を「空け開く」のと同様に、経済の領域で、この二つの類型が「空け開かれ」たいくつかの時《モーメント》がある。本書はそれらを論じてきたのであったが、まず第一の時期は、ヨーロッパに商業革命が生じ、一方で国家財政と結び付いた金融グローバリズムが展開し、他方で国内の地域的生産と市場が拡大を遂げて来た時期である。重金主義と重農主義の対立、そして少し後に生じた重商主義とアダム・スミスの対立とは、まさにこの時代における、「大地」と「世界」の抗争であったと言えよう。

そして第二の時期とは十九世紀半ばの自由主義から後半の帝国主義への移行期、およびそれがミックスされた十九世紀から二十世紀にかけての時期である。帝国主義(自由貿易帝国主義)はこの二つの流れを統合させていったのであり、その均衡の上に生み出されたものであった。それはちょうど、ウェーバーとゾンバルトの対立を形作っていた「市民的資本主義」と「ユダヤ的資本主義」の対立が大きく変形されてゆく時代でもある。その結果として二十世紀に新天地に新たに生み出された「作品」は、「アメリカニズム」と名づけられるのがふさわしい。

ここでは「大地」と「世界」の抗争というあのテーマは、大衆社会と大衆文化というアメリカ資本主義特有の条件のもとに回収され、一見したところ対立は解消したかに見える。マンハッタンの高層ビルは逆説的に、アメリカという剝き出しの大地にそびえ立っているかに見えるのだ。もっと身近な日常の空間に生み出された消費文化は、どの場所にでも適合してしまうがゆえに「世界」と「大地」を寸分のずれもなく重ね合わせてしまうように見える。ちょうどポップ・アートやハリウッド・ムービー、そしてマクドナルドのようにあらゆるものを商業化して、日常生活の中に便利さと快適さという質をもち込むアメリカ資本主義によって、経済生活は、便利さと快適さからなるライフスタイルの追求という次元へとスライドした。しかし脱大地化した大衆社会の上に構成された経済は、世界を開示するというよりも、大衆的生活の安定と功利性へと平板化していったのである。これを一つの「作品」と見なすとしても、ここではあの「大地」と「世界」の抗争が立ち現れてくるような「作品」ではなかった。

だが今日、資本主義は、再び「大地」と「世界」の抗争という永遠のテーマの方へ一歩、一歩と近づいているように見える。重商主義以来の、したがって経済学が誕生して以来の隠されてきたテーマ、比較的近いところではケインズによって取り上げられながらも、そのケインズ理論がアメリカに移植されるや否や換骨奪胎されて消し去られてしまったあのテーマが再び回帰しつつあるように見える。ただそれを論じるための道具立て、つまり「作品」を作り上げる素材は、もはや、重商主義とスミスの対立でもなければ、市民的資本主義とユダヤ的資本主義でもないし、帝国主義と自由主義といったものでもない。今基底に置かれているものは、分裂症的資本主義におけるあの二つのものの対抗というテーマなのである。言い換えれば「神」なき「父」なき資本主義という時代における対抗なのだ。

そして「大地」という安定した集合体、その中に安らかに自己を収めるとともに、窮屈な確執と出口のない憂鬱の中に自己を閉じ込める、あの大地的なものに寄り添った家族や地域といった共同体から切り離されたとき、人はただ故郷喪失者となるだけではなく、自己喪失者ともなる。ここで人は、「故郷」だけでなく「私」をも見失う。もしも、精神分析的な考えの助けを借りて、「神」からも「大地」（家族や共同体）からも切り離された人々を「主体」の喪失者と言えば、現代の経済を「神」なき「主体」なき資本主義と言ってもよいだろう。だが、この「神なき主体なき資本主義の時代」における、あの二つのもの、「大地」と「世界」の対抗と均衡とは、果たしていかなる様相を呈するのだろうか。

このような問いを発したとき、私には、一つの信念のようなものがあることを告白せざるを得ない。それは、ちょうどハイデッガーの言う真の芸術作品が、「世界」と「大地」をともに開示するものである、つまり「大地」の上に「世界」を打ち立てるような種類のものであるのと同様に、経済という「作品」においても、本来、「大地」の上に「世界」が構成されていなければならないはずだ、という信念である。「大地」と「世界」は切り離されてバラバラにあるのでもないし、またどちらか一方があればよいというものでもない。まさに、大地は世界を必要とし、世界も大地を必要とする。

「世界」を見失った「大地」は、ただ習慣的なものの繰り返し、凡庸で安心できる退屈さと安易さに寄りかかり、安逸をもとめる精神のまどろみとともにあらゆるものが沈滞し、何かに隠され閉じ込められてゆく。生は衰弱し、欲望は抑圧される。ここに宗教的信条を伴った禁欲が支配するとなると、人は容易に神経症的な生へと追い込まれてゆくだろう。

一方、「大地」から切り離された「世界」は、ひたすら新奇なものを追い求め、固定するものを流し去り、絶えず価値を生み出そうとする。欲望は常に先へと向けられ、欲望が欲望を生み出す。生は刺激に富んでいるが刺激そのものが自動症的に追い求められ、精神は休まるところを知らない。この目まぐるしい刺激に対する快楽中枢の反応の中で、共同体的なものから切り離され、宗教的信条が消え去るとなると、欲望の主体は容易に分裂症的になるだろう。いや正確には、主体という確かなものが形成されないがゆえに人は分裂症的になると言わなければならない。主体の欠落のゆえに、分裂症的な現代人は、貨幣や金融やヴァーチャリティの生み出す目まぐるしい快楽刺激装置の依存症となる。

これはどちらも危機的な状況と言う他ない。そして資本主義とは、常に、この危機を内包しているがゆえに本質的に不安定なシステムなのだが、今日、資本主義の内的危機とは、神経症ではなく分裂症的な方向へ一挙になだれをうつかのように向かっている点にある。この危機は、まさに「世界」が「大地」から切断されてしまうことによって生じていると言ってよいだろう。

「分裂症的資本主義」に抗する「文化」

ところで『アンチ・オイディプス』においてドゥルーズとガタリは次のように論じていたことをここで思い出しておきたい[2]。

資本主義の本質は、彼らによると「脱土地化」と「脱コード化」にあると言う。簡単に言えば、資本主義的な労働・生産は「土地」という固定したものからの解放、資本の流れの専制的な権力や行政的な規則からの解放を前提としており、ここに土地や規則から外れた自由な「流れ」を生み出してゆく。資本は「流れ」の典型であり、資本の流れを規制するものは利潤原理以外にはあり得ない。社会的な秩序を固定化しようとする規則や制度という「コード化」はすべからくこの「流れ」によって「脱コード化」されることとなる。資本主義とは「脱コード化した種々の流れの連接」なのである。

ここで、ドゥルーズとガタリはそのいささか奇妙な言葉遣いとは裏腹に、決して目新しいことを主張しているわけではない。むしろいささか単純すぎる図式によって現代の資本主義の本質を描き出そうとするとさえ言ってよいだろう。

大雑把に言えば、封建社会（彼らの言う「土地機械」）から専制社会（彼らの言う「専制君主機械」）へ移ることによって、まず「土地」（自然、共同体、共有の土地）が「脱土地化」（共同体の崩壊）され、集権的な国家に再編された（中央集積化）。ここでは、土地に代わって、権力によって規定される規則や制度というコードの「超コード化」（中央集積化）が行われる。だがまだ完全な意味での「脱土地化」は行われず、それは次の段階である資本主義に至って高度に行われる。

と同時に、資本主義は、専制的国家の「超コード化」をも解体し、すでに述べたように、あらゆるものを「流れ」に変換してゆく。利潤原理は根本的に国家の原理と対立するのである。専制的国家にあっては、権力が作った制度装置によって剰余価値が確保されたのに対して、資本主義においては、資本の流れがそのつど生み出す差異化によって剰余価値が作り出される。彼らが、資本主義の成立によって「コードの剰余価値が流れの剰余価値に変わった」と言うのはそういう意味だ。脱コード化とは、権力が搾取するというコードの剰余価値を、専制的権力装置を使わない一層普遍的な「流れ」の生み出す剰余価値へと転換することなのである。すぐに分かるように、ここで彼らが述べていることは、資本主義における、土地、労働、資本の「商品化」という、マルクスが提起したあの主題の変奏と言ってよい。

ところで問題はその次である。経済学が扱うこの資本主義の脱コード化（商品化）という主題は、欲望の流れの脱コード化という一層一般的な主題とどのような関係をもっているのだろうか。この問いが提起されるのは、資本主義を動かすものは、結局、人々の欲望であり、資本主義の無限の拡大的展開も、欲望の無限の流れを前提とし、それゆえ資本主義の脱コード化は、欲望の脱コード化を前提とするだろうと考えられるからに他ならない。

差し当たり、欲望の脱コード化はまた「分裂者」と深くかかわっているということに注意しよう。これはすでにわれわれも述べてきたことであった。だからひとまず、彼らが言うように「いたるところで資本主義は〈分裂者の流れ〉を流通させている」と言うことは可能である。土地や国家への固執が「父親」や「オイディプス」の観念と結び付いて神経症を生み出したとすれば、脱土地化と脱コード化を果たした資本主義はそれとは対極にある分裂症を生み出すであろう。

だが、それにもかかわらず、資本主義は脱土地化と脱コード化するまさにそのさなかに、脱コード化という「流れ」に抵抗するもの、「流れ」をせき止めるものを生み出す、と彼らは言う。資本主義は、脱コード化しながらも、まさにそれを「抑圧－抑制」する装置を生み出すのである。

例えば、いったん脱土地化した土地をもう一度私有財産化して登記し、商品化しながらもそこに新たな固着したものを生み出す。それは封建的な共同体的な土地の再来ではないが、私有財産としての「再土地化」であり、資本主義がこのような私有財産としての土地を再構成するのである。また、一度は解体した国家－家族という封建的、専制的制度を、再び資本主義は呼び戻し再編成する。ここで国家は、決してかつての強権的な専制君主国家ではなく、例えばケインズ主義的政策主体あるいは福祉国家として資本主義の「調整者」といういわば機能的な国家として呼び戻され、家族はかつての共同体的家族ではないものの、核家族といういわば再コード化した形で再編成される。

こうして資本主義の手によって、「流れ」をせき止めるものが再び形成される。資本主義は、労働力の再生産の場としての家族（家族＝家計）や福祉的国家機能を必要とするのである。そしてそのとき、この〈パパ・ママ・ボク〉の家族において、あの神経症の元凶であるオイディプスが再来するのだ。

ここで注意しておかねばならないことは、この「オイディプス的なもの」は、資本主義が社会に対して要請するものであって、その逆ではないということだ。それは、かつてのように人間の自然的な共同生活の中で、社会の中に生み出されたものではない。つまり社会が社会の秩序を維持するために経済に抗して作り出すコード化ではなく、資本主義が自らの存続のために社会の上に作り出したものだ。ドゥルーズ／ガタリはそれを「社会的公理系」と呼ぶが、この社会的公理系を生み出すことによって、実際には資本主義は決して「分裂者」のようには完全な流れを生み出せないのである。

ここにおいて、ドゥルーズとガタリは、資本主義に対する「分裂者」の優位という奇妙な夢想に身を委ねることとなるだろう。それは資本主義を純粋な流れに、つまり「分裂者」の欲望の流れへと向けて解放してゆくポスト・モダンのユートピアへと読者を誘惑するのだが、問題は、一九七二年の時点で書き付けられたこのポスト・モダンの夢想は、今日、彼らがおぼろげに垣間見たよりはるかに現実のものとなってしまったというところにある。

実際、資本主義の中での分裂症は、もはやドゥルーズとガタリの夢想したユートピアどころではなく、現実の悪夢となりつつある。とりわけ今日の、グローバル化やボーダーレス化は、経済の流れに関する限り、確かに国家をほとんど越え出ており、ケインズ主義も福祉主義もすこぶる評判は悪い。市場の管理という意味で言えば、国家のアジェンダが縮小していることは間違いない。また女性の職場進出や家族の意味の変化の中で「オイディプス的家族」はむしろ解体しつつあり、規制緩和や大競争化の中で地域的コミュニティもほとんど解体した。土地について言えば八〇年代からの土地バブルで、もはや土地は「私のもの」という守るべき財産ではなく価値を生む商品となってしまった。つまり経済の次元に焦点を当てる限り、国家、土地、家族、コミュニティという「オイディプスの源泉」はことごとく解体の方向に向かっている。その意味では、ドゥルーズやガタリが見越した以上に、資本主義の「分裂症」は現実のものとなっているのだ。

このことは今日の資本主義の最先端に明らかに現れている。情報の流れを瞬時につかむグローバルな金融市場におけるマネーゲームがその典型であろう。ケインズが述べた「退屈しのぎ」という以上に、情報と金融の結合したマネーゲームにおける金融ニヒリズムは進行していると言ってもよい。「アンチ・オイディプス」はすでに実現してしまっており、今日の子供たちはもうほとんどオイディプスのような強固な父親コンプレックスなど抱きようもないのだ。国家行政をも家族をも市場が巻き込んでゆくとき、「父」と「子」という関係さえ容易には成立し難いと言わねばならない。

市場主義者は「強く自立した個人」を唱えて、市場の失敗を自己責任という名目で個人に転嫁しようとするが、この「アンチ・オイディプス」の時代には、もはや「強く自立した個人」など存在しようがないのである。ドゥルーズとガタリは、資本主義を「器官なき身体」と呼んだが、それをもじって言えば、今日の経済は「主体なき経済人」によって動かされている。いや文字通り、現代の資本主義を作動させているものは、確かにほとんど身体的な反応と言ってもよかろう。電子的な情報に対する脳神経の反応、ヴァーチャルな刺激に対する身体的感覚の反応、まさに「器官なき身体」が条件反射を起こしているように見える。

　確かにこうした動き、「分裂症的資本主義」へ向かう動きが現代を支配している。これはまぎれもない事実と言ってよい。だが、興味深いことに、そうなればなるほどそれとは逆行する動きも生じてくる。市場経済が「大地」から「脱大地化」し、グローバルでかつヴァーチャルな世界へと拡張を続ければ続けるほど、同時に、人は「大地」への回帰を希求するようにも見える。端的に言えば、経済が根無し草になり浮動するものとなればなるほど、人は、同時に、確かなもの、安定したものを求めるようになる。

　こうして再び、国家や家族や地域や組織といった広い意味での社会共同体が回帰してくる。グローバルな金融やインターネットが席巻すればするほど、人は信頼できる他者との共同活動の空間を求め、信頼できる他者との共同生活の中に安堵を求め、それゆえさまざまなレベルで、信頼を確保できる共同体を見出そうとするのである。

だから、国家や家族、地域や組織が回帰すると言っても、それは、「社会的公理系」のように、資本主義をうまく機能させるための経済的役割とは違っている。国家はただ、景気を調整し所得分配を按配するものではなく、人々を確かな形で「大地」に結び付けるものでなければならない。家族にせよ、地域社会にせよ、組織(企業組織も含む)にせよ、それらは経済的な機能集団というだけでなく、またむろん自然発生的な共同体でもなく、自覚的に、対面する人々を結び付けて特定の場所という文脈に、つまり「大地」へと媒介するものでなければならない。

景気を調整する国家、労働者を再生産する家族、生産を効率化する組織、失業者を救済する装置としてのコミュニティではなく、浮遊し、ますます不確定な場となりつつある市場経済に対抗する「大地的」な場としての国家、家族、組織、コミュニティを人々は必要としている。それは著しい競争の中で翻弄される分裂症的な生に対する、確かな生の防衛である。グローバルな大競争市場に対して、もっと確かで安定したもの、信頼に値する人と人との関係、耐久性ある価値の基準、そのようなものを人々は求めるようになる。

ここにある問題は、グローバル化しヴァーチャル化する市場経済と、これに対抗するものという課題である。差し当たり、これに対抗するものを、つまり「大地」と呼んできたものを、それぞれの社会的文脈、社会的構造に結び付いた広い意味での「文化」と呼び換えてもさしつかえないだろう。ここで言う「文化」とは「文明」と対比してのことだ。少なくとも表面上は普遍的な装いをもって領域や空間を越えて広がってゆく「文明」に対して、それぞれの場所と具体的な人間集団によって担われ育生《カルティベート》されることによって初めて意味をもつ「文化（カルチャー）」である。したがって今日の「大地」と「世界」の争いとは、端的に言えば、「文化」と「市場経済」の争いと言ってもさしつかえない。

エマヌエル・トッドは、先にも書いたように、市場経済の背後に、それぞれの場所、特定の共同社会という「人類学的構造」なるものが厳然として存在し、グローバルに画一化した経済などというものは形成されないと言う。宗教、家族形態、財産相続に示される親子、兄弟関係といったものが、その共同社会の支配的な考え方（イデオロギー）を生み出し、行動文法を生成し、つまりはここで言う「文化」を形作る。もし市場経済が、この「文化」を無視してグローバルに「世界」を作り出そうとするなら、ここで市場はこの「文化」と衝突する。結局、長期的に見れば、市場経済は、それぞれの「文化」を基礎とし、その上に造形されてゆく他ないのである。

むろん、現実的な観点からすれば、「文化」と「市場経済」を対立するものであるかのように扱うことは必ずしも適切ではない。グローバルな市場と、ローカルな文化はただ対立し合うものではない。序章でも述べたように、例えばギデンズは、「文化の脱‐埋め込み」こそが今日のグローバル時代の新たな文化の形になりつつあるとし、もはや文化を、特定の土地、つまり「大地的なもの」に結び付ける理解そのものが無意味となりつつある、と言う。市場のグローバル化によって、われわれは、香港製のシャツを着、イタリア料理を食べ、日本製のビデオでアメリカ映画を見、スイス製の時計で時間を計り、インドネシアへ旅行するのにインターネットでアメリカの旅行会社へ申し込む。こうした生活の、一体どこが「大地的」なのかと言うわけである。今日では、文化はすでにそれぞれの「ローカルな場所」から「脱-埋め込み（disembeddedness）」を果たし、人々のアイデンティティの基準は、もはやローカルな場所ではなく、グローバルに広がった世界で新たに定着されなければならない、と言うのだ。すでにわれわれは、充分に「脱領土化（deterritorialization）」してしまっていると言うのだ。

このことには一定の言い分はある。ここでは、トムリンソンの言うように、グローバル化とローカリティは対立するのでなく、ローカルな生活の中に、グローバルなものがさまざまな形で貫入し「複合的結合」を引き起こしているのだ(3)。われわれは、ベルリンの壁の崩壊、コソヴォの戦争、アメリカの株式市場、ロシアの大統領選挙などの情報に対して全く無関心に生活することはできなくなってきている。しかも、急速に発展する、BS、CSそれにインターネットという情報メディアが世界の出来事を「脱領土的」にわれわれの「家庭」の中にもち込んでくる。

こうして、われわれはどうしても「家庭文化的な視点から離れたところに自分の身をおいて考えることができる」（トムリンソン）ということになる。このことは、確かに、「国家的な視点、あるいはローカルな視点という、これまで誰も疑わなかった静止点から見える「そこにある」世界に住むことで得られていた存在的「安心感」の喪失を象徴するものである」（トムリンソン）と言うことは可能であろう。ここでは世界の出来事が「文化的な脱領土化」をもたらしているのである。われわれの大多数は確かにめったに海外旅行もしないし、ほぼ一定の場所に縛られて生活していることは確かだが、だからと言って、われわれの意識は決して、一定の場所に縛り付けられているわけではない。われわれのアイデンティティの意識を構成する素材はグローバルなものなのである。

私は基本的にはこの主張はほぼ妥当だと考える。今日では、確かに、グローバルなものがローカルなものと混ざり合っており、どこへ行っても雑種的文化が生育している。だが、この議論を逆から言えば、また、ギデンズやトムリンソンも認めているように、それにもかかわらず、決して、特定の場所性を剝離した「脱領土化」した文化ができるわけではないことを意味している。グローバリズムは、決して画一化したグローバル文化を生み出すわけでもなく、また世界を均質化するわけでもなく、ある種の特定の文化（例えばマクドナルド化）を世界に標準化するわけでもないのである。文化の相互貫入やモザイクは生じるとしても、その核には、決して消滅し得ない場所性が残される。

そもそも「文化」が純粋で混じりけのないものだと考えることは全く間違っているし、どの文化も、他の文化や文明から影響を受け、多かれ少なかれ雑種的なものなのである。

だがそのことと、「文化」が、その文化に強い影響を受ける者のアイデンティティを形作る上で決定的な役割を果たすこととは別のことである。「脱領土的」なものを含もうが含むまいが、どちらにしてもある特定の「文化」の中で、安心し、そこに自己の場があると感じ、そして生の価値をそれによって形作ることのできる「文化」を人は必要とする。だからこそトムリンソンも、グローバルなメディアの進出が「そこにあった世界」の与えていた安心感の「喪失」をもたらす、と述べているのだ。

そしてそうである限り、いかに「脱領土化」したものであれ、グローバルなものの影響は、そのローカリズムの形に合わせて消費されてゆく以外にないのである。自覚的であろうとなかろうと、グローバルなものの取り入れは選択的でしかあり得ないのだ。つまりグローバルなものによる影響の受け方そのものが、その場所のもつ「文化」のあり方や「文化」のもつ歴史的な力に依存すると言う他ない。とすれば、グローバリズムとローカルな文化の相互作用そのものが、ある特定の場所のもつ「文化」の特性や歴史性の自覚のもとに置かれなければならないだろう。

いずれにせよグローバルかつ均質な文化などというものは存在しないとすれば、「脱領土的」なグローバル化は、特定の「文化」の自覚を促すのである。つまり、グローバル化の中で、さまざまな他国や他地域の影響をいかに取り入れ、そのことによっていかなる「文化」を創出することが「大地的」な安定をもたらすかを自覚的に選択してゆかざるを得ないのだ。そしてこの選択のレベルで、どうしても、その社会の基底的な構造と、グローバルな市場がもたらすある種の価値は、決定的に対立し得るのである。

この意味で、社会の基底に容易には変化しない基層構造があるというエマニュエル・トッドの透察はきわめて重要なものだと思われる。グローバルな市場化もIT革命による情報経済も、それ自体としては良いも悪いもない。問題は、それが、ここで言う「文化」に基づいたものであるかどうかである。存在の根拠がますます頼りなく不確定となり、経済活動がますます分裂症的となる時代には、存在の安定を確保し、分裂症を回避する「大地」が必要とされるのだ。経済活動はこの「大地」によって基礎づけられていなければならないのである。金融グローバリズムやサイバー・エコノミーは、特定の国や地域の「文化」と手をつなぎ、文化を担う人間集団の信頼を強化する限りで意味をもつ。しかし、この意味での「文化」と対立する場合には、それらは当然規制されてしかるべきなのである。「大地」と「世界」の対抗と均衡というあのテーマは依然として継続していると言わねばならない。

そしてこの両者を対抗させつつ均衡させるという「作品」はただ放任すればできるものでは決してないのだ。ここではハイエク流の「自生的秩序」という考えはほとんど役には立たない。「大地」と「世界」の間に緊張と調和を生み出すものは、結局のところ政治的構想力である他ない。そして、政治的構想力が力強く作用するためには、国家（あるいは一般に共同社会）についてのセルフ・イメージがある程度共有されていなければならない。つまり、われわれがいかなる「大地」の上に立っているのかということだ。「大地」が確かなものとなって初めて、その上に「世界」を構想するという「作品」を描くことが可能になるからである。今、われわれが必要としているのは、やみくもなグローバル化や金融経済の移行ではなく、またIT革命による情報化でもなく、それらを意味ある形で定位すべき「大地」をどのように再構成するかである。そのためには、われわれの社会の基層をなす「文化」についての共通了解とそれに基づく政治的構想力こそが今求められているのである。

（1）ハイデッガー「芸術作品の起源」一九三五年（『ハイデッガー全集第5巻　杣径』所収、茅野良男、ハンス・ブロッカルト訳、創文社、一九八八年）。以下の引用は同訳書より。または、「ヘーベル一家の友」一九五六年（『ハイデッガー選集8　野の道・ヘーベル一家の友』所収、高坂正顕・辻村公一訳、理想社、一九六〇年）より。

（2）ドゥルーズ、ガタリ『アンチ・オイディプス』（市倉宏祐訳、河出書房新社、一九八六年）。原書が出版されたのは一九七二年である。

（3）E・トッドについては第八章、注（6）参照。

J. Tomlinson, *Globalization and Culture*, 1999（トムリンソン『グローバリゼーション』片岡信訳、青土社、二〇〇〇年）。他に、M. Featherstone, S. Lash, R. Robertson eds., *Global Modernities*, 1995 参照。

補論

二つの経済原理——資本と労働

本書のもととなった『貨幣・欲望・資本主義』が書かれたのは二〇〇〇年であった。一九八九年にベルリンの壁、一九九一年にソ連と社会主義圏が崩壊し冷戦体制が一応終結してから約十年である。序論にも書いたように、この十年は世界経済の大きな転換期であり、また模索の時期でもあった。「模索の時期」とは、言い換えれば先の見えない時代、きわめて不透明な時代である。一種の混乱期であり、誰もが確かな指針をもてない時代である。にもかかわらずこの時代を支配する簡便なコンセプトは「グローバリズム」や「IT革命」、「ニュー・エコノミー」といったものであった。混沌とした現実とはまったくかけ離れたユーフォリア、もしくはオプティミズムがわれわれの観念の世界を支配していたのである。

確かに社会主義の崩壊と資本主義の勝利は、表面的に見れば、市場経済の世界化であり、利潤機会の拡張であり、次々と生み出される技術革新ということになるであろう。社会主義の停滞は自由競争の欠如から生じたとすれば、資本主義の勝利は、競争がもたらすあくなき利潤機会の開拓や新たな技術の開発によってもたらされたと言わねばならない。とすれば、市場のグローバル化は、ほぼ無条件に世界中に富の機会をばらまくことになるであろう、というのである。

もちろん、このような楽観論が現実から大きくかけ離れた茫洋たるイメージに過ぎないことは言うまでもなかろう。「グローバリズム」も「IT革命」も「ニュー・エコノミー」も決して無条件に世界の人々を幸福にするものではあり得ない。

では問題はどこにあるのだろうか。現実に生じていることは何だったのだろうか。

本書における私の立場は、端的に言えば、「資本主義はその成功のゆえに大きな矛盾を生み出す」という、例えばシュンペーターの見解に近いものである。

より具体的に言えば、市場経済のグローバル化は、確かに、金融や資本の動きに主導された「脱国境化」を促進するであろう。しかしそれは同時に、安定した労働や生活の確保を優先する「再国境化」への強力な圧力をも生み出す。ここに「グローバル・エコノミー」と「ナショナル・エコノミー」の対立が生じ、それはまた「金融の経済」と「労働・生産の経済」の対立と言ってもよい。

経済活動の基盤となるものは、労働と資本という二つの生産要素であるが、同じ生産要素といってもこの両者ではその意味がまったく違っている。さまざまな規制をかいくぐり、国境を飛び越し、できる限り身軽にすばやく世界を浮動することを身上として自己増殖を続ける「資本」と、一つの場所に固着して容易には世界へ向けて流動も浮動もせず、相互の繋がりを組織化する「労働」では、まったく異なった意味をもっているのだ。

しかも、「資本」は、貨幣を刷ることでいくらでも人為的に作り出すことはできるが、奴隷貿易などあり得ない現代では、労働は自由自在に作り出したり持ち運んだりすることはできない。それは、ある特定の場所やコミュニティに縛られて生活を営む人間そのものの営みなのであって、人は安定した生活に第一義の関心を置いている。資本と労働はまったく異なった機制のもとに置かれているのである。

この両者の対立はまた、二つの経済上の精神類型の対立を示しているであろう。経済上のエートスと言ってもよい。「資本」の操作にかかわるエートスと「労働」による生産活動のエートスの間には大きな開きがあり、そのことは経済に大きな亀裂をもたらすのである。それは、現代のグローバリズムの時代になっていきなり始まったことではない。本書で述べてきたように、ヨーロッパにおいて最初に組織的な資本主義らしきものが形成されてきた十六世紀の時点ですでにこの対立は始まり、十八世紀にそれを経済政策の教義に反映したのが重商主義とアダム・スミスの対立であった。

欲望と貨幣の増殖

「資本」と「労働」をときとして激しく対立させるこの亀裂は、実は「資本主義」なるものの本質に根ざしている。というのも、「資本主義」とは、何よりもまずは「資本」の自己増殖運動だからである。「資本（キャピタル）」とは、まさしく「頭＝頂《いただき》（キャップ）」となる「資金」であり、将来に向けて先頭をきる資金である。文字通り「頭金」なのである。

将来は不確実であるが、その不確実性が生み出す利益を求めて何ものにも「先駆けて」資金が動く。最初の資金は信用による借り入れによる他ない。そしてその信用を可能とするものは、将来における収益であり、将来の収益をもたらすものは、通常の場合、労働による生産活動である。いわば「帽子（キャップ）」だけがまず飛んでゆき、実体をもった頭と胴体は後からくっついてくるのだ。

だから、「先駆けて」動く資金に見合った生産活動がなされれば万事うまく行く。「帽子」に見合った頭がうまく収まればそれでよい。

しかし、そもそも「帽子」が先にあって、それに見合った「頭（体）」が帽子を追いかけるというのでは事態が完全に転倒している。通常は、例えば、子どもの成長にともなって体が大きくなり、それに見合った帽子も必要とされるのである。

それゆえ、ここに二つの活動の対立、もしくは思考の対立が生じる。労働から出発して生活に必要なモノを生産し提供するという実体的な経済活動と、自己増殖を目指す資本の動きによって機制される金融の経済である。

この二つの経済原理、すなわち「労働・生産の原理」と「資本の原理」は必ずしも調和しないし、その動因となるエートスもまた調和しない。そこでもしも、「労働・生産の原理」を飛び越して「資本の原理」が自己増殖するメカニズムが生み出されれば、両者の亀裂はますます増大し、資本主義は、その語義の通り「資本の原理」によって「資本」の増殖をはかろうとするであろう。金融市場が組織され、貨幣の流動性が著しく高まり、金融市場での投資や投機によって利益が生み出されてゆくのである。

このとき、生産されてモノへ向かっていた人間の「欲望」は、貨幣の増殖そのものへと向けられるようになる。ここでは「欲望」はもはや日常の必需品や便宜品といった確かな対象をもたずに、貨幣の増殖、あるいはゲーム的な利得それ自体へと向けられる。しかし、貨幣の増殖とはまさしく将来の可能性の増大そのものであって、それこそが資本主義を突き動かしているのだ。「欲望」はもはや今ここで特定のモノへ向かって充足するのではなく、将来へと先延ばしされ、将来の可能性の追求として「欲望」自体を増大させてゆく。金融市場での資本の自己増殖がそのメカニズムを生み出すのである。

それは確かに「資本」主義の展開という他あるまい。資本主義の高度化と言ってもよいだろう。にもかかわらず、この高度化は、「労働・生産の原理」と言うべき実体経済と「資本の原理」によって主導される金融経済の間の矛盾を調停しがたいまでに拡張してゆくであろう。同時に、この高度な資本主義社会の「欲望」は、ただ消費財という日常的な商品へ向けられるというより、金融市場でのゲームが生み出す掛け金へと向けられるだろう。

自由主義と民主主義の分裂

この「二つの経済」の間の亀裂はまた、「国家」に対しても矛盾を突きつける。経済だけではなく政治の次元においても、国家は、まったく対立する二つの要請に引き裂かれることになるであろう。

一つは、世界的に市場を展望しつつ、資本の動きを自由化し、高速化し、利潤機会を拡張する、いわば「グローバル化」の方向であり、他方は、労働や生産を安定させ、国民の生活や福利を確保するという「ナショナル化」の方向である。「脱大地化」と「大地化」である。

前者は、「市場」とりわけ「金融市場」へ寄り添う政策を要請し、後者は「国民生活の安定」と「雇用の確保」への志向をもつ。政治的に言えば、前者はいわゆるグローバル企業を後押しし、後者は国内で自足する企業や被雇用者の利益に立つ。そしてこの二つの異なった方向や利益を調停することは決して容易ではないのだ。

二〇〇〇年前後という時期は、まさにこの亀裂が世界へと広がっていった時期であった。思想的に言えば、前者の「グローバリズム」への志向は「新自由主義」と呼ばれ、後者の「ナショナル・エコノミー」への志向は、反グローバリズムを標榜した。その際、興味深いことに「民主的政治」は、反グローバリズムの側へと傾斜したのであった。つまり、「二つの経済」の亀裂は、自由主義と民主主義の間に容易には調停しがたい対立を生み出したのである。つまり、冷戦体制の時期に西側諸国が掲げていた「自由・民主主義」のイデオロギーが、冷戦以降には「自由主義」と「民主主義」へと分裂したのである。

その結果、先進国ではいずれも政治状況がきわめて不安定化する。一方で、政府は「市場」を無視することができない。財政緊縮、規制緩和、競争促進などの「新自由主義政策」をとる他ない。つまり「市場迎合的（market favored）政策」である。政策を評価するものは市場、とりわけ株式市場を中心とする金融市場なのである。

ところが競争重視の「新自由主義政策」は、所得格差や地域格差をもたらし、さらには過度なコスト競争の帰結として賃金低落や失業をもたらす。それはときにはデフレ経済をもたらす。かくてグローバルな競争は、先進国に対しては賃金下落や産業空洞化へと作用する。こうした事柄は、民衆による政府への不満を生み出し、民主政治は不安定化するであろう。その結果、絶えず政権批判が噴き出し、次に成立した政権は、失業対策、景気対策として財政拡張や超金融緩和政策を採用するだろう。しかしそれは「市場に嫌われる」。かくて、この拡張政策もうまくいかない。逆に財政拡張による国債や過剰流動性が一層の経済の混乱を招きかねないのである。

グローバル資本主義の構造的矛盾

さて、以上のような事態は、二〇〇〇年以降、世界経済に対してどのような相貌を与えたのであろうか。本書で述べてきた「グローバリズム」と「金融経済」からなる資本主義は果たして適切に機能したのだろうか。それとも「二つの経済」の亀裂はますます資本主義の矛盾を拡大したと言うべきなのであろうか。

答えは明瞭だと思われる。

確かに、世界全体のGDPは冷戦崩壊の二十年前の二十五兆ドルから、今日六十兆ドルを超えるまでに増加した。約二・五倍になったのである。中国をはじめBRICs諸国が年に数パーセントの成長を続けている。にもかかわらず、世界経済の変動性（volatility）は著しく進行している。とりわけ、二〇〇〇年代前半のアメリカの好景気に続く二〇〇八年のリーマンショック、そして、二〇一一年のギリシャ財政危機から始まるEU危機と、世界経済は大変な変動を経験している。

この変動をもたらした背景には、グローバルな金融経済の展開があったことは間違いない。これも冷戦が崩壊した約二十年前におおよそ四十兆ドルであった世界百カ国の金融資産は今日では約二百兆ドルに達している。GDPが二・五倍になったのに対して、金融資産は五倍になっているのである。今日、世界のGDPの合計を約六十兆ドルとすれば、金融資産の方はその三倍強になっている。モノやサーヴィスの動きという実体経済に対していかに貨幣が過剰に流通していることか。言い換えれば、今日の資本主義の「欲望」は、生産されたモノという以上に金融的な世界へ向かい、そこでまた生み出されてゆく。

二〇〇〇年代のアメリカの好景気は、金融市場と不動産市場におけるバブルによって支えられていた。とりわけ、金融工学の手法を取り込んだリスクの合理的管理と言われる新しい投資技術は、例えばサブプライムローン問題を生み出した。リスクを細切れにして分散するという「スライス・アンド・ダイス」といった手法によってリスクは隠されてしまったのである。それが不動産バブルを引き起こした。また、「ブラック・ショールズ式」と呼ばれる高度な数学的テクニックを駆使した金融工学によって武装されたヘッジファンドは、株式市場にバブルを引き起こした。

そしてバブルはいずれ崩壊する。二〇〇八年九月のリーマン・ブラザーズの経営破綻に端を発するいわゆるリーマンショックは、またたく間に世界中に波及し、「百年に一度」と称される金融危機へと発展したのであった。

つまり、高度な数学や金融工学で武装された合理的な投資手法は、決して本当の意味でのリスクを管理はできなかったのである。仮に確率計算可能な「リスク」と、確率化不能な「不確定性《アンサーテンティ》」を区別するなら、合理的投資がかろうじて扱えるのは確率計算可能な「リスク」だけである。

しかし、生きた経済を動かしているものは確率計算不可能な「不確定性」なのである。そして、「不確定性」こそは、実は、将来へ向けてリスクを取りつつ利益を得るという「資本の運動」の本質に属することなのだ。言ってみれば、資本主義はまさにその「資本の運動」の本質によって、きわめて危機的な事態に陥れられたのであった。

二〇〇八年のリーマンショックによって引き起こされた世界経済の危機においては、各国の強力な財政出動と超金融緩和によって最悪の事態は回避された。しかし、その歪みは三年後にはギリシャ財政危機からスペイン、イタリアの財政危機へと発展し、EU全体へと波及している。リーマンショックを救った財政出動は巨額の財政赤字を生み出し国債市場を著しく不安定にした。ここでも主役はヘッジファンドのような投機資本であった。その背後には、言うまでもなく超金融緩和によってばらまかれた過剰流動性がある。

経済には波がある。今日のようなグローバルな経済においては、景気変動はグローバルに連動して、世界経済の大きな波動を作り出す。短期的に言えば、財政出動や超金融緩和がこの波をもちあげることはありうるし、世界経済は全体的に好調に見えるときもある。しかし、今日のグローバル資本主義は、構造的に言えば、ほとんど解決不能な矛盾の上に置かれていると見なければならない。

矛盾とは、改めて言えば次のようなことだ。経済（特に金融経済）は著しく脱国境化されている。にもかかわらず政治的主権は各国にあるために、政府は自国の雇用や生活に責任をもたねばならない。

したがって次のようなことが生じる。各国政府は、自国の雇用を確保するために景気刺激政策をとる。さしあたって財政拡張政策をとるとしよう。しかしそれは赤字国債を累積させ、国家的な信用を低落させかねない。つまり「国家」は「市場」に狙い撃ちされるのである。したがって、政府は、緊縮財政に転じ超金融緩和政策をとる。しかしそれは金融市場における過剰流動性を一層膨張させ、それはバブルを引き起こす。しかし、バブルはやがてはじけてそれが実体経済まで不調に陥れる。かくてまた、各国政府は景気刺激政策を余儀なくされる……。

ここでは「景気刺激（雇用と生活の安定）」と「健全財政（国家的信用）」と「金融の安定（バブル現象の排除）」は両立しないのである。ここに今日のグローバル資本主義の矛盾が示されている。

賢明な破局主義

今日、このグローバル資本主義の根本的な矛盾した構造を解消することはきわめて難しい。そこで例えば、ジャン＝ピエール・デュピュイは『経済の未来』（以文社）と題する書物のなかで次のように言う。

この根本的な矛盾を解決する客観的な手段は存在しない。経済学という専門的学問は何ら解決策を提示できないどころか、むしろ経済学が事態を一層ひどいものにしている。にもかかわらず、人々は、経済学的な原則にしたがって、利益を最大化するという合理的行動をとっている。そこでは今日の資本主義が根本的な矛盾を抱えているという点はまったく無視されている。そしてこの状況が続く限り、資本主義は「原理的に言えば」破局へ向かう他ない。

これを逆転することはできるのか。逆転とは言わずとも、事態を多少はやわらげることはできるだろう。それは他でもない、われわれが「破局主義者」になることだ、とデュピュイは言う。

実際、このままだとグローバル資本主義は「破局」へ至る他ない。かつてのマルクス主義者や社会主義者のように体制変革などという選択肢はもはやあり得ないのである。それは一つの「運命」という他ないであろう。そして、おそらく今日、日々途方もない金を動かす投機家などは無意識の「破局主義者」だと言ってもよいのだろう。

しかし、われわれは無意識の破壊主義者であってはならない。デュピュイは意識的に「賢明な破局主義者」たれ、と言う。

「賢明な破局主義者」は、まずは破局の到来をわれわれの「運命」であるかのように見なさねばならない。ところが、そう考えた途端に、破局を避けるための新たな想像力と理性が作動するであろう、と彼は言う。われわれの将来を「破局」という「終末」に置くことで、われわれは、世界を覆う市場という現実から多少は超越できるとともに、将来へ向けて新たな「投企」が可能となるだろう。これは市場経済を支える合理性ではなく、それを超越した別の合理性である。金融工学にもとづく「投機」ではなく、想像力に基づく「投企」なのである。

デュピュイの戦略が適切なものかどうかは簡単には言えない。実のところ、彼は苦しい期待を未来に託しただけで、何も述べていないとも言えるかもしれない。

歴史的理性の復権

しかし、本書で、私が述べてきたことも、デュピュイの「賢明な破局主義」とそれほどの大差はない。しかも、今日、生じているグローバル資本主義の危機は、必ずしも、歴史的に目新しい特異現象というわけでもないのである。

グローバリズムは少なくとも、過去二回の大きな波をもっていた。第一の波は、十五、十六世紀の地理上の発見によって作り出された世界を結ぶ交易路がヨーロッパに新たな利潤機会を生み出した時代。そして、第二の波は十九世紀後半から二十世紀初頭にかけての帝国主義の時代。この過去二回のグローバリズムの波において特徴的なことは、一方で、経済の世界的なネットワークが作り出され、資本が自由に世界を流動すると同時に、他方で、国家間の激しい対立が生じ、ときには戦争にまで至ったということである。グローバリズムの時代とはまた、国家間対立の時代でもあるのだ。

このことは、グローバリズムの第三の波と言うべき二十世紀末からわれわれが目撃している今日の事態においてもさして変わらない。一方で、市場が世界大に拡張し、資本の動きがほとんど無規制に自由化された。利潤機会は国境を越えて拡大した。と同時に、今日、国家間の対立や軋轢は深まっている。国家が、市場、資本、資源、食糧をめぐる激しい相互競争の決定的な主体となって改めて立ち現れてきている。いわば「新・帝国主義」の様相を帯びてきているのである。

この事態を「科学的」に了解し、危機を解決する合理的科学をわれわれはもち得ない。市場主義の経済学も、自由主義の政治学も何ら解決策を提示できない。「専門的科学」はうまく機能しないのである。それどころか、経済学という「専門的科学」は、今日の危機的な事態を生み出した責任さえをも負うべきであろう（この点については、私の『経済学の犯罪』講談社現代新書〔二〇一二年〕を参照されたい）。

とすれば、われわれにできることは、歴史から学ぶことであり、その上で将来に向けた論理的な想像力を働かせることであろう。このままでは「破局」が来ると知れば、確かにそれを回避しようという智恵がかすかにうごめきだすであろう。智恵を与えてくれるものは、過去の経験であり、経験からの学習である他ないであろう。「破局主義者」はまた「経験主義者」でもなければならない。将来への「投企」はまた過去の「経験」を踏まえたものでなければならない。このような歴史性をもった「歴史的理性」は、ものごとをすべからく数学的なものや統計的なものに還元して合理的に設計すべきだとする「科学的理性」とは明白に異なっている。

今日、われわれは真の意味で、文明論や歴史性に立った想像力と理性を復権できるか否かの瀬戸際に立っていると言わねばならないのである。

あとがき

今日では、人文、社会科学系の学問は細分化され、それぞれの専門的な研究分野が成立してしまっている。むろん、現代社会はますます複雑化しつつあるので、その複雑な全体に通じることはほぼ不可能だ。しかも、研究書や論文は次々と印刷され、コンピュータ情報化の進展が加われば、一つの専門分野に習熟することさえかなりの時間と労力を要する。こうなれば個別の専門主義の壁を打ち破ることはきわめて難しく、その結果、アカデミズムの研究者の大半は、それぞれの専門という城壁を盾にしてかなり狭い特定の分野に閉じこもるか、もしくは、ある分野の「専門家」という立場から、特定分野に限って社会に向けて発言することになる。「専門」から逸脱すること、専門性をもたないこと、しかもその上で社会的発言をしたり、本を書いたりすることは、今日の閉塞した誇り高いアカデミズムからすれば、ほとんど言語道断なことであろう。そうでなくてもほとんど無視されるのが必定であろう。

だが、この複雑な現代は、また、既存の専門だけでは捉えられない時代でもある。現実が学問分野の割り振りに配慮してくれるはずもなく、当然ながら、現実は既存の分野を飛び越えて相互に絡み合っている。要するに、これは経済学の主題、これは政治学の主題などと、ゴミを分けるように分別することなど不可能なのだ。そして、この領野を越えた相互依存が拡大すればするほど、過度な専門性への依存はむしろ大きな障害となるのではないだろうか。

例えば、「冷戦以降」の十年、日本は、グローバリズムと称される市場競争促進の中にあって、一方で経済的混乱を余儀なくさせられ、他方では、一種の社会秩序の緩やかな崩壊感を味わってきた。そして、これは全く別々のことがらだとは私には思われないのである。

経済を動かすものは、一体、何なのか。とりわけ現代の資本主義を動かすものは、ただ、市場のメカニズムではなく、人間の心理であり、心理を集合的なものとして表現する社会の価値や文化ではないのか。とすれば、経済の問題は、人間の精神作用と切り離しては論じられないはずであろう。言い換えれば、市場経済にも社会秩序にも、その背景には、いわば「精神の作用」があると考えるべきなのではなかろうか。そして、この十年の日本経済の停滞や世界経済の混乱、あるいは、端的に言えば、現代のグローバル経済も、人間の「精神の作用」と切り離してしまうわけにはいかないであろう。とすれば、グローバル経済を動かしている「精神の作用」とは、一体、どのようなものなのだろうか。それが私の関心であり、本書を書いた動機でもある。
　このような問題の立て方を多くの読者に共有してもらえるとは考えにくいだろう。また
それが、経済学や社会学、心理学といった特定分野の専門家から理解してもらえるとも簡
単に期待するわけにはいかないだろう。この問題に対しては、特定の専門分野への沈潜は
ほとんど何の役にも立たないのである。ただ、資本主義を背後で衝き動かしている「精神
作用」というテーマは、決して、今日になっていきなり出てきたものでもないし、また社
会科学の本来のテーマとして見れば、決して思いつきというわけではないことは強調して
おきたいと思う。それは、従来は主として、資本主義と宗教精神という文脈で論じられて
きたことがらなのである。
　本書で私が試みたことは、このテーマをもう少し広い形で引き継ぐことであった。現代
の資本主義の「精神」を論じるには、狭い意味での宗教は、今日、あまりに時代離れして
しまった。むしろ、宗教なき時代、つまり「神なき時代」の資本主義の精神こそが問題な
のである。無謀を覚悟で、フロイトらの精神分析やハイデッガーの哲学へほとんど無免許
運転のままで越境した理由もそこにある。本書では、フロイトやラカン、ハイデッガー、
アレント、それにニュートンの他、重商主義者やジョン・ロー、マックス・ウェーバー、
ゾンバルト、ケインズなどの経済学者からいくつかの論点を拝借したり論じたりしている。
そして、それらの「知の巨人」たちの周りには、それこそ巨人の露払いの役を買って出た

「専門家」たちが多数いる。本書での私の議論に対しては、それぞれの「専門家」からは苦情が呈せられるだろうと思うが（もっとも、読んでいただければの話だが）、本書を書いた私の意図は、それらの「知の巨人」を論じることそれ自体にあるのではなく、「資本主義の精神解剖学《サイコアナトミー》」というテーマを、歴史と思想史の大きな流れの中に流し込み、その中から「現代の資本主義」の意味を浮き彫りにすることにあった。この試みが成功しているかどうかは読者に委ねる以外にないが、ただ、経済思想、哲学、社会学、精神分析などを越境することで初めて見えてくるものもあるのではないか。そして現代の資本主義の問題とは、まさにその「超領域的」な思索を要求しているのだと思う。そうだとすれば、私の無鉄砲な無免許運転も大目に見てもらえるのではないか、と期待したい。また、本書のようなささやかながらも無鉄砲な試みが、専門家という司祭に取り仕切られた日本の知的世界に多少の刺激を与えることができれば望外の幸せである。

本書は、私にとっては、以前に書いた『「欲望」と資本主義』（講談社現代新書、一九九三年）の続編、もしくは発展のつもりである。そのコンパクトな本は、幸いなことに、多くの人から好意的な感想をいただいたが、同書は私にとっては、アイデアをスケッチした序論のようなつもりであった。だから、『「欲望」と資本主義』の続編を書くことは、私には長い間の課題だったのである。

本書はまた、近年出版した『アダム・スミスの誤算——幻想のグローバル資本主義

(上)』』、『ケインズの予言——幻想のグローバル資本主義(下)』(ともにPHP新書、一九九九年)の続編という面ももっている。一層正確に言えば、『「欲望」と資本主義』の続編を本書のような形で書こうと思い立ったのは、まさに、この二冊を書いているときであった。二冊の本で扱った基本的なモチーフは本書でもそのまま引き継がれていると言ってよい。

この数年間、本を出すたびに、いつもあとがきに書いているのだが、本書もまた、社会思想や社会哲学という学問的な性格と、現実へ向けた社会評論的な性格を併せもっている。この二つのものは、私にとっては別のものではない。アカデミックな研究の世界と、ジャーナリズム的な評論的世界を架橋することはやはり必要な作業だと思っている。その上で言えば、本書は、近年の私の書いたものとしては、多少学問的な方への傾斜が大きいであろうが、この背景には、現代のグローバル資本主義と社会秩序というきわめて差し迫った問題関心があることは先に書いた通りである。

本を書くということは私の場合、ほとんどタイミングよくタイミングのよい編集者とめぐり会う、ということ以外の何物でもない。何をいつ書くかなどは、私にとっては、自身で決めるというよりも、常に偶然がもたらす「運命的邂逅」によって与えられるようなものなのだ。今回も例外ではなかった。『「欲望」と資本主義』の続編のことが気になりつつ、PHP新書を書いているまさにその最中に、新書館編集部が、ぜひとも『「欲望」と資本主義』の続編を書くようにという話をもってこられた。いや、ほとんど「佐伯さんには書く義務がある」と言わんばかりであった。しかも、ときあたかも、ヘッジファンドの暴走によってあわや世界大恐慌の到来、という気分が立ち込めていた一九九八年であった。

本書は、編集部の好意に甘えて、雑誌『大航海』に連載したものを中心にしている。本書の第一章から第八章までは、『大航海』連載（一九九九年八月号〜二〇〇〇年十月号）のものに加筆し、新たに序章と終章を書きおろした。連載論文は、一回一回が相当分量の多いもので、決して読みやすいものではなかったと思う。それをひとまとめにした本書は、いささか胃にもたれるのではないか、という危惧がないわけではない。だが、知的文化を含めてあらゆるものが簡便で手軽で、即効性を高めることが時代精神となっている今、このような多少、重量感のある書物も、逆に存在理由を主張できるのではないかとも思う。いずれにせよ、それもこれも、連載時から丁寧に作業を進めていただいた編集部の皆さんのおかげであることは間違いない。私の怠慢で、編集部の想定しておられた出版予定をいささか遅らせたことをお詫びしつつ、この場を借りて、ありがとうと述べておきたい。

二〇〇〇年十一月十六日

佐伯啓思

文庫版あとがき

本書は、二〇〇〇年に新書館より出版された『貨幣・欲望・資本主義』に、新たな「補論」(書き下ろし)を加えて文庫化したものである。

改めて読み返してみて、かなり重量感のある内容で、しかも、まだ十分に調理されていない料理をそのままで盛りつけた、という印象がないわけでもない。もっと整理して読みやすく読者の前に提供すべきであったという反省もわいてくる。

しかし、多少の弁明を許してもらえば、この書物で私が試みたことは、グローバル化とともにきわめて不安定化している現代の経済を、ただ経済現象として理解するのではなく、人間精神の表現として理解するというかなり途方もない試みであった。まさしく「資本主義の精神解剖学《サイコアナトミー》」である。この試みの成否は別として、分も顧みずあえてこのような途方もない試みへ踏み入ったのは、そうでなければ現代という時代の相貌は捉えられないだろうと思ったからだ。

最初に『貨幣・欲望・資本主義』が出版されてから十年以上たった。二十一世紀の最初の十年は、九・一一テロやイラク戦争、そして、リーマンショックなどと世界は激動にさらされてきた。経済について言えば、一方で中国をはじめＢＲＩＣｓの大躍進と並行して、リーマンショックからＥＵの危機へと、これもまた海図も指針もなく荒波の中を漂流している。その様は、十年前に手探りで描き出そうとした図像そのままであるように思われる。

今回の文庫化にさいして文芸評論家の三浦雅士さんが大変に丁寧な解説を寄せてくださった。この解説だけを読んでもらえばそれで十分です、とつい口から滑り出そうになるが、いずれにしても、この文庫版の読者の中から、「経済の精神解剖学」のような試みに関心をもち、できればそれを引き継いでくださる人が出てきてくれればそれにまさる喜びはない。文庫化の作業を進めてくださった筑摩書房の松田健さんにも感謝したい。

二〇一三年四月二十五日

佐伯啓思

解説　故郷の山河

三浦雅士

佐伯啓思の『貨幣と欲望――資本主義の精神解剖学』は名著である。佐伯啓思はここで、経済学そのものを根底から批判している。むろん、この場合の経済学とはいわゆる新古典派経済学、それもケインズの理論を一掃したシカゴ学派のそれであり、一九八〇年代以降、世界をほぼ席巻したといっていい経済学いやイデオロギーである。日本も例外ではない。とりわけ一九九〇年代以降、官民こぞってグローバリズムを標榜し、規制緩和の自由主義市場経済を称揚してきた日本の根幹をなしてきたのがこのイデオロギーである。佐伯啓思はその経済学なるものを徹底的に批判している。

だが、名著である理由はそこにあるのではない。その説くところ――経済学こそが経済を破綻させているというのだ――はきわめて説得力に富み、日本の現状への適切な警鐘になっているが、そしてそのことだけでも十分に価値があるが、それが名著である理由なのではない。名著である理由は、危機に臨んでつねに原点に立ち返って考えなければならないという思想の流儀を見事に実践しているところにあるのだ。

たとえばこういうことがある。

衣服とアクセサリーといえば、衣服が「主」でアクセサリーが「従」だと誰もが考える。だが、起源まで遡れば逆であることがすぐに分かる。人は初めから衣裳を身に着けていたわけではない。これは自明である。ではなぜ衣裳を身に着けるようになったのか。暑さ寒さを凌ぐためか。そうではない。もしそうならば、暑いところ寒いところへ行かなければいいだけの話である。そうではなく、人は何よりもまず、悪霊を祓うために人体の穴の周囲に呪《まじな》いを施したのだ。刺青《いれずみ》がそうであった。さらに首環《くびわ》、腰紐がそうであった。呪物《じゅぶつ》としてのその首環が垂れ下がってシャツやジャケットになり、腰紐が垂れ下がってスカートやスラックスになったのである。やがて、それらが暑さ寒さを凌ぐことが分かって、逆に、暑さ寒さを凌ぐために着用していると思うようになった。すなわち、呪術的起源が忘れられ、同じ場所に合理的起源が居座ることになったのである。

衣服の起源は呪術にあるというこの事実は、考古学的に証明される必要もなければ人類学的に検討される必要もない。人はいまも暑さ寒さを凌ぐために衣裳を身に着けているわけではないからである。少なくともそれが「主」ではない。何よりもまず自分自身が何ものであるかを確認するために身に着けているのだ。そして、まさにその点を狙って、ファッション・デザイナーが腕を競い、さまざまなブランドが覇を争っているのだ。自分自身が何ものであるかを確認することと、悪霊を祓うこととは、いずれも自他の認識へのこだわりを示す点で寸分も違っていない。人間など泡のようなものだ。衣服装身具がなければ自分なるものなど雲散霧消してしまうのである。原初の昔から変わらない事実だ。衣服には衣服の系譜学があり、遠近法があるのだ。

だが、いわゆる経済学者、とりわけ現代日本の経済学者はこういうことを考えない。また、こういうふうには考えない。他方、スミスやマルクスやケインズは、こういうことをこういうふうに考えていたように見えるのである。佐伯啓思も同じだ。

たとえば、時代遅れになったとはいえマルクスの『資本論』には驚嘆すべき経済人類学の知が横溢《おういつ》している。とりわけ第一巻第一篇の「商品と貨幣」がそうだ。「遊牧民族が、最初に貨幣形態を発展させる」という第二章「交換過程」の一節など、まさに見事な洞察を示している。「というのは」とマルクスはその理由を説明している、「彼らの一切の財産は動かしうる、したがって直接に譲渡しうる形態にあるからであり、また彼らの生活様式は、彼らをつねに他の共同体と接触させ、したがって、生産物交換を引起していくからである。人間は、しばしば人間自身を、奴隷の姿で最初の貨幣材料にした。しかしまだかつて、土地を貨幣材料にしたことはない。このような思想は、ただ、すでに完成したブルジョア社会においてのみ、出現することができた」（向坂逸郎訳、岩波文庫版）というのである。さすがである。

引用したのは、この一節が『貨幣と欲望』のなかに引用されても少しもおかしくないからだ。マルクスはここで「遊牧民族が、最初に貨幣形態を発展させる」と明記している。それは、彼らの財産はすべて動産であって不動産ではないからであり、さらにまた彼らの活動領域が共同体と共同体の間にあったからだというのだ。ユーラシアの広大な砂漠が地中海の役割を果たしたこと、それを制覇したモンゴル帝国がやがてイタリア・ルネサンスを惹き起こすことになったことを示唆しているのである。

マルクスがここでいう遊牧民族は佐伯啓思がユダヤ人を論じて抽出した象徴的役割と同じ役割を担っている。それはまた、グローバリズムの嚆矢《こうし》をモンゴル帝国に見る岡田英弘の視点をも思い起こさせる。だがマルクスはここで世界史を俎上にしているだけではない。貨幣を人間の存在様式に結びつけることによって人間存在論を展開しているのだ。少なくともその端緒を披瀝している。人間そのものが奴隷というかたちで貨幣になった、というのはそういうことである。

考えてみればすぐに分かることだが、人間が人間を奴隷にすることができるのは、人間が自分自身を自分自身の奴隷であると見なすことができるからである。身体は精神の奴隷なのだ。自己を律するとはそういうことである。だからこそ禁欲が意味を持つのであって、清教徒の国が長く奴隷の国であったのは逆説でも矛盾でもない。だが、ここでの問題は、最初の貨幣は人間であったというマルクスの指摘の、その射程の広さである。それは、疑いなく、ラカンを手がかりにフロイトを論じて貨幣の本質へ迫ろうとする佐伯啓思の射程と重なっているのである。

最初の貨幣は人間であった。なぜなら人間は、そして人間だけが、自身を対象化できる存在、自身を一個の他者として扱うことができる存在——それがそれであってそれでない存在——だからだ。人間の存在の在り方と貨幣の在り方とは相同形をなしているのだ。そのことは婚姻が交易の原初形態であることからもたやすく知ることができる。レヴィ＝ストロースの構造主義人類学の着眼点はまさにそこにあったのである。

とすれば、自己確認のための呪物である首環や腰紐——それらは多く貝や宝石や貴金属であった——が、自己の分身として貨幣の役割を果たすことになるのは、理の当然といわなければならない。貨幣は自己という現象と同じほどに古いのである。それは自己認識の、自己実現の、そしてそれを我慢し先延ばしする——人間的時間すなわち利潤の起源——というかたちでの自己抑制の、その自己という現象の対象化にほかならないからである。ちなみに、マルクスはまた貨幣を象形文字すなわち言語の比喩で語ってもいる。保存すること、記憶すること、記録することは一線に並び、それが交易を、交通を、伝達を促したことは見やすい道理だ。言語と貨幣はほとんど起源を等しくしているのである。

指摘するまでもなく、最初の貨幣は人間であったとするマルクスの洞察は、最初に貨幣があったとする佐伯啓思の洞察——『経済学の犯罪』（講談社現代新書、二〇一二年）にさらに詳しく展開されている——にきわめて近いといわなければならない。

だが、そのマルクスも、スミスの提起した「労働」という主題、「労働」というパラダイム——抽象された労働一般という概念はおそらくそれ以前にはなかっただろう——の前で挫折するのである。問題は貨幣が仲立ちして成立させる等価交換の、その等価ということにあった。マルクスは、アリストテレスにまで遡って等価という問題の周囲をめぐりながら、やがて、等価を計る目盛として「労働」という抽象概念をほとんど自明であるかのように導入し、労働時間を一個の実体に変えてしまうのである。そして、最初の貨幣は人間であったとするほどの洞察をどこへ捨ててしまったのか、たとえば、金塊には鉱山労働者の労働時間が詰まっている、というように説明してしまうのだ。

マルクスはここで、主と奴の弁証法を展開したヘーゲルの傘下を抜けて、労働を価値の源泉とするスミスの傘下に入ってしまっているように見える。というか、スミスのパラダイムから少しも抜け出ていないことを露呈してしまう。さらに、眼が初めから悲惨な労働者の状態に釘付けになってしまっていることを——共産主義者なのだから当然といえば当然だが——顕わにしてしまう。産業資本主義時代の必然というべきか。その後につづく帝国主義時代の、そして金融資本主義時代のケインズが一貫して「貨幣」を主題にするのとは対照的である。それにしても、いまや労働という語が五十年前とはまったく違う響きを帯びていることに驚くほかない。労働という概念もまた新たな系譜学、新たな遠近法のもとに見られなければならないのである。はたして労働とは何であるのか、と。

名著を祖述するなどという野暮なことをせずに、迂回するように『貨幣と欲望』の魅力を語ってきたのは——佐伯啓思は自身裨益《ひえき》されるところ少なくなかっただろうにもかかわらずマルクスにはほとんど触れていない——、本文の魅力そのものはじかに体験すべきだと考えたからだが、ここまで概観すると、思想家・佐伯啓思の全体像が浮かび上がってくるように思える。『貨幣と欲望』のみならず、一九九〇年代から二〇〇〇年代へといたる著作の全体において、佐伯啓思の思想は潜在的に二つの力線によって方向づけられているのである。それを一言でいえば不易流行ということになる。古風な言い方を改めれば、経済思想における本質的なものと現象的なもの、ということになる。

佐伯啓思の思想の根幹には、不易すなわち経済思想における本質的なものとしての人間存在論がある。貨幣に人間存在の謎が潜むと確信しているのだ。『貨幣と欲望』においてそれは、ヴェーバーやゾンバルトの社会学、フロイトやラカンの精神分析を通して解明されてゆく。さらにハイデガーの芸術論から「大地」と「世界」という概念が引かれ、そこから現代経済の状況がいっそう鋭く批判される。

ここでもうひとつの力線と交差する。すなわち人間存在にとって現代経済の状況がかくも悲惨になったその元凶としての経済学に対する批判である。人間存在論が不易であるとすれば、経済学は流行のほうであって、要するに最近流行の経済思想に対する容赦のない批判である。最近流行の経済思想がいわゆるグローバリズムであり、規制緩和の自由市場主義であることは繰り返すまでもない。重商主義に対するスミス、ゾンバルトに対するヴェーバー、シカゴ学派に対するケインズと、詳細にたどって、結局、どのような理由でシカゴ学派が世界経済を破綻に導いたか、また、そのシカゴ学派の路線に盲従してきた日本の政治家と官僚が、いかに日本経済ひいては日本文化を破壊してきたか、徹底的に検証するというものである。

人間存在論を原点において、そこに立ち返って悲惨な現状を批判し、いかにあるべきかを考えるように促す、というかたちになっているわけだ。二つの力線は相互に影響しあって、著作を追うごとにいっそう強固になっている。経済学者で、ヴェーバーやゾンバルトはともかく、フロイトやラカンやハイデガー、あるいは、これは『経済学の犯罪』においてだが、マリノウスキーやバタイユを論じるものは、まずいない。おそらく学界なるものが許さないだろう。佐伯啓思はしかし、批判は原点に立ち返ってしかなしえないと考えているのであり、その立ち返りにおいては、いわゆる経済思想にだけとどまっているわけにはいかないと考えているのだ。

佐伯啓思のこの流儀が『貨幣と欲望』を名著にしているのだと述べたが、その流儀をここでもう少し説明しておきたい。『経済学の犯罪』のなかで佐伯啓思はケインズの論文「国民的自給自足」から、現在のグローバリズムをあからさまに批判するような箇所を引いている。「われわれはそろそろ金融経済の利潤動機から離れなければならない。この金融的な利潤原則こそが、ロンドンを煤だらけの街にし、田舎の美しさを破壊し、土地を貧しくして農村に残る古き良き慣習を失わせたのである」。「かくてわれわれが手にしている、頽廃的で国際的で個人主義的な資本主義は決して成功していない。それは知的ではなく、美的でもなく、公正でもなく、有徳でもない。われわれはそれを軽蔑し始めている」というのだ。

一九三三年の論文だが、ケインズのこの嘆息は二十一世紀初頭の日本にいっそうよく当てはまるというべきではないか。グローバリズムは何も全地球規模で見なければ見えないものではない。新幹線で貫かれ、空路網で覆われた日本列島そのものが、グローバリズムの典型的な症例のようなものなのだ。新幹線の駅がみな似ていることは喋々するまでもない。空港もそうだ。各地のお土産はそれぞれの趣向を凝らしてはいても、凝らし方がみな同じで、よく見ればその多くが中国製だったりするのである。

新幹線の駅や空港だけではない。そもそも地方都市なるものがいまやみな同じになってしまった。往年のメイン・ストリートは閑散としたシャッター街になってしまい、都市を囲む乗用車向けの環状道路に大型量販店やゲームセンターがずらりと並んでいる。ネオンまでそっくり。日本全国どこへ行っても判で押したように同じ光景が見られるのである。これが驚異の日本経済なるものが打ち立てた国土の姿であると思えばまったく慄然とするほかない。政官民こぞって努力してこういう国を実現しようとしてきたのかと思えば脱力感に襲われる。ケインズの論文名を借りていえば「地方的自給自足」を完璧に破壊したのが、日本流グローバリズムにほかならなかったのだ。

いまや日本に優美な地方都市など皆無になってしまった。この事実はヨーロッパの地方都市と比べればいっそう顕著に感じられるだろう。故郷に対する愛着が日本人は驚くほど薄い。そういわれてもしようがない体たらくである。それを辛うじて免れているのが保守的であるほかない神社仏閣だが、それさえもいまや建築様式が怪しくなってきているようだ。百年越しの大カテドラルをいまなお建築中であるニューヨークの「保守」と、スカイツリーを作って喜んでいる東京の「革新」の差には溜息をつくほかない。

パソコンの普及とインターネットの浸透は、この傾向に拍車をかけこそすれ止めはしないだろう。事態はいっそうこの方向に進み、ひたすら老齢化社会の様相を強めるだろう。それが経済学なるもののもたらした日本の現状なのだ。

佐伯啓思はハイデガーを引いて「大地」と「世界」を対比している。淡々としてはいるが、本音は怒り狂っているのだ。ほんとうはハイデガーを引くまでもなかっただろうが、おそらく現代日本の知識人にはそのほうが通じやすいと思ったのだろう。実際にはハイデガーの「大地」と佐伯啓思の「大地」はかなり違っているように見える。あえていえば、佐伯啓思のそれはむしろ「故郷の山河」とでもいうべきものだろう。

日本人はいまや「故郷の山河」を失っている。失っていることに気づかないほど徹底的に失っている。人間存在とは何かをどうしても問うてしまうという流儀によって浮かび上がってくるのは、じつはこの深い喪失と悲哀の感情にほかならない。興味深い問題は、それがほんとうに日本の現実に根差しているのか、それとも人間存在そのもの——佐伯啓思自身——に根差しているのか必ずしも分明ではない、あるいは分明ではありえないところにあるのだが、いずれにせよその喪失と悲哀の感情が『貨幣と欲望』をいっそう名著にしているのである。

本書は二〇〇〇年十二月三十日に新書館より刊行された『貨幣・欲望・資本主義』に補論を加え改題し、文庫化したものである。

ちくま学芸文庫

貨幣《かへい》と欲望《よくぼう》　資本主義《しほんしゅぎ》の精神解剖学《せいしんかいぼうがく》

二〇一三年六月十日　第一刷発行
二〇二四年十月二十日　第三刷発行

著者　佐伯啓思（さえき・けいし）
発行者　増田健史
発行所　株式会社　筑摩書房
東京都台東区蔵前二―五―三　〒一一一―八七五五
電話番号　〇三―五六八七―二六〇一（代表）
装幀者　安野光雅
印刷所　中央精版印刷株式会社
製本所　中央精版印刷株式会社

乱丁・落丁本の場合は、送料小社負担でお取り替えいたします。
本書をコピー、スキャニング等の方法により無許諾で複製することは、法令に規定された場合を除いて禁止されています。請負業者等の第三者によるデジタル化は一切認められていませんので、ご注意ください。

© KEISHI SAEKI 2013　Printed in Japan

ISBN978-4-480-09561-9 C0130